Hedwig Kellner

Die Teamlüge

Von der Kunst, den eigenen Weg zu gehen

Eichborn.

4 5 6   02 01 00

© Eichborn AG, Frankfurt am Main, August 1997.
Umschlaggestaltung: Petra Wagner.
Grafiken: Khalil Balbisi.
Lektorat: Palma Müller-Scherf.
Satz: Fuldaer Verlagsagentur, Fulda.
Druck und Bindung: WS Bookwell, Finnland.
ISBN 3-8218-0506-4.

Verlagsverzeichnis schickt gern:
Eichborn Verlag, Kaiserstraße 66, D-60329 Frankfurt am Main
www.eichborn.de

Inhalt

Vorwort

Liest man die Stellenanzeigen, fällt spontan auf, daß von neuen Mitarbeitern neben der fachlichen Qualifikation und beruflichen Erfahrung unbedingt auch Teamfähigkeit verlangt wird. Der Begriff »Team« gehört zu den Modebegriffen heutiger Personalführung.

Aber was wird eigentlich unter »Teamfähigkeit« verstanden? Warum legen Führungskräfte so viel Wert darauf, daß die Mitarbeiter nicht nur die ihnen aufgetragenen Aufgaben sehr gut erledigen, sondern sich auch reibungslos ins Team eingliedern? Warum wird von den Kollegen stets gefordert, daß sich nur keiner über die anderen erhebt oder gar absondert?

Gelten Individualität und Einzelleistungen nicht mehr? Haben wir Angst vor Eliten, die sich über die Masse der anderen erheben? Sind Kollegen eifersüchtig auf jene im Team, die für sich individuelle Wege gehen und sogar Karrieren schaffen, die nicht jedem möglich sind? Suchen wir im beruflichen Team eine Geborgenheit, die wir in der Zeit von Lebensabschnittspartnerschaften im privaten Umfeld nicht mehr finden? Oder sind wir von einem Hordeninstinkt geprägt, der endlich auch von Führungskräften erkannt und genutzt wird?

Stimmt es, daß im Team kreative Prozesse frei werden, die eine viel höhere Gesamtleistung produzieren, als eine Summierung der Einzelleistungen je möglich machen würde? Stimmt es, daß Mitarbeiter als Teammitglieder ihr Arbeitsumfeld befriedigender erleben, als wenn sie lediglich unter der Leitung des Vorgesetzten ihre Aufgaben erfüllen?

Kann es sein, daß der Teamgedanke ganz einfach nur mißbraucht wird, um noch mehr Leistung und noch mehr Arbeitskraft aus den Mitarbeitern herauszuholen? Warum setzen Unternehmen angeblich alles daran, es den Angestellten so nett wie nur möglich zu machen? Sollen die Mitarbeiter sich in der Firma so wohl fühlen, daß sie gar nicht mehr nach Hause wollen? Daß sie freiwillig auf Hobbys und Freizeit verzichten? Warum werden Mitarbeiter nach Feierabend oder an Wochenenden zu gemeinsamen Lokalbesuchen, Grillfesten oder Betriebsausflügen genötigt, um den »Teamgeist« zu fördern? Warum gelten Menschen, die nach Dienstschluß zügig den Heimweg antreten, um mit der Familie oder Freunden zusammenzusein, als »Außenseiter«? Warum wird Bewerbern empfohlen, bei einem Vorstellungsgespräch niemals zu sagen, sie würden gern Bücher lesen oder im Garten arbeiten? Statt dessen sollen sie behaupten, daß sie Mannschaftssport betreiben. Warum werden gezielt Managementtrainer eingesetzt, um den Mitarbeitern die Individualität madig und den Führungskräften die Techniken der Gruppenmanipulation verständlich zu machen?

Kann es sein, daß sich Führungskräfte aufgrund eigener Führungsschwäche gern hinter »demokratischen« Strukturen verstecken? Kann es sein, daß Vorgesetzte im Kreise ihrer Teammitglieder die patriarchalische Rolle finden, die sie als »entmachtete Familienväter« oder als einsame Singles nicht mehr innehaben? Kann es sein, daß Vorgesetzte Teamgeist predigen, um aufstrebende Nachwuchskräfte klein zu halten?

Bei allem Gerede über den Segen des Teamgedankens kann man letztlich feststellen, daß — wo kein Tarifsystem existiert – Gehaltsabsprachen nicht mit Teams, sondern mit Einzelpersonen getroffen werden. So sind zwar viele eifrig bemüht, sich selbst als teamfähig darzustellen, aber nicht jeder ist so dumm, sich tatsächlich vollständig im Team zu integrieren. Manche predigen Teamgeist und betreiben gleichzeitig die persönliche Abnabelung und den persönlichen Aufstieg. Andere befolgen ergeben den Rat zu völliger Anpassung, Bescheidenheit und Einordnung. Erst viel später erkennen sie, daß sie Egoisten auf den Leim gegangen sind. Wieder andere finden es ganz gemütlich, sich im Team einzurichten. Man steht bei Fehlern nicht dafür alleine gerade, kann bei Problemen darauf verweisen, daß »alle« es so gewollt haben.

Was ist Teamfähigkeit? Wo liegen die Grenzen zwischen Teamgeist und Gruppenzwang? Wie individuell dürfen und müssen wir sein? Wie soll man sich verhalten, wenn man einerseits gut mit den Kollegen auskommen und andererseits nicht in der Masse untergehen will?

I. Teamgeist – heilige Kuh oder Heiliger Geist?

1. ...suchen wir für unser junges Team

Heute gibt es kaum noch Stellenanzeigen, in denen nicht ausdrücklich darauf hingewiesen wird, daß der neue Mitarbeiter unbedingt »teamfähig« sein muß.

Beispiele:

In einer Anzeige für Archäologen und Grabungstechniker: »Vorausgesetzt werden neben einer abgeschlossenen fachlichen Ausbildung, praktischer Berufserfahrung und Kenntnissen in der Textverarbeitung mit modernen EDV-Systemen Engagement, Teamgeist und Verantwortungsbewußtsein.«

In einer Anzeige für Tierernährer: »Sie verfügen über: Kommunikationsfähigkeit und Teamgeist.«

In einer Anzeige für Dipl.-Sozialarbeiter: »Wir erwarten: Führungsqualitäten und Bereitschaft zur Teamarbeit.«

Lehrkräfte für ein privates Gymnasium wurden folgendermaßen angesprochen: »Passen Sie zu uns? Wir wünschen uns überdurchschnittlich einsatzfreudige, belastbare und kooperative Kolleginnen und Kollegen mit pädagogischem Optimismus, die Kinder und Jugendliche mögen und verstehen und das Zusammenleben mit ihnen genießen können. Macht Ihnen das Unterrichten Spaß? Praktizieren Sie einen schülerfreundlichen und demokratischen Unterrichts- und Umgangsstil? Hätten Sie Freude an Projekten und an der Teamarbeit in einem sehr engagierten Kollegium?«

Für eine private Grundschule wurde etwas bescheidener gesucht: »Neben kleinen Klassen bieten wir eine abwechslungsreiche Arbeitsatmosphäre in einem jungen Team.«

Biologen und Ökonomen sollten für ein Forschungsinstitut angeworben werden: »Wir bieten eine anspruchsvolle, vielseitige und interessante Tätigkeit mit intensiven Kontakten zu Wissenschaft, Industrie, Politik und Verwaltung sowie ein gutes Arbeitsklima in einem aufgeschlossenen und kollegialen Team.«

Da in Stellenanzeigen meist unerwähnt bleibt, was eigentlich unter »Team« oder »Teamgeist« oder »Teamfähigkeit« verstanden wurde, muß man davon ausgehen, daß heute jeder weiß, was damit gemeint ist. Vermutlich glauben etliche Bewerber, es soll damit lediglich gesagt werden, daß außer ihnen noch andere Personen in der Nähe ihres zukünftigen Arbeitsplatzes tätig sind und man mit diesen Leuten keinen Streit anfängt. Wahrscheinlich trifft es auch das, was die personalsuchenden Chefs selbst unter »Teamfähigkeit« verstehen: »Seid fleißig und zankt euch nicht.«

Nur eine Softwarefirma drückte sich deutlicher aus: »Die XY AG erwartet Teamgeist und Kollegialität; jeder hilft dem anderen, einen aggressionsfreien Raum der Zusammenarbeit zu gestalten.«

Bei der Formulierung von Stellenanzeigen wurde in der Regel wohl nicht sonderlich intensiv darüber nachgedacht, was nun unter »Teamfähigkeit« zu verstehen ist und wie der Bewerber diese Qualifikation nach seiner Einstellung zu leben habe. Wahrscheinlich wurde einfach ein Textbaustein in die Anzeige eingebaut, oder es wurden die Formulierungen von Anzeigen vergleichbarer Firmen abgeschrieben.

Für Vorstellungsgespräche raten uns Bewerberhandbücher dringend, darauf zu achten und dann richtig zu reagieren, wenn der potentielle Chef uns im Hinblick auf Teamfähigkeit aushorcht. Wird zum Beispiel nach Hobbys gefragt, dann ist es äußerst unklug, sich als Leseratte oder Bauer von Schiffsmodellen zu outen. Das klingt zu verdächtig nach kommunikationsscheuem Sonderling mit Bildungs- und Bastelinteressen. Wenn nach sportlichen Aktivitäten gefragt wird, sollte man nicht erwähnen, daß man im Morgengrauen durch den Stadtpark joggt. Die körperliche Ertüchtigung des Bewerbers interessiert niemanden. Wird hingegen gefragt, ob man in einer Partei, Gemeinde oder Bürgerorganisation tätig ist, handelt es sich keineswegs um Gesinnungsschnüffelei. Diese Fragen sollen herauskitzeln, ob der Bewerber »teamfähig« ist oder nicht und ob er gar fähig ist, in einem Team Führungsaufgaben zu übernehmen.

Ganz egal, was Sie in Ihrer Freizeit treiben, behaupten Sie im Vorstellungsgespräch immer, daß Sie Mannschaftssportler (z.B.: Handball, Fußball) und Vereinsmeier (z.B.: beim Roten Kreuz, im Kirchengemeinderat) sind. Verweisen Sie auf ehrenamtliche Tätigkeiten als Jugendleiter, Vereinsvorstand oder Organisator von beispielsweise Stadtteilfesten.

Sollte Ihnen versehentlich herausgerutscht sein, daß Sie gern kochen, dann betonen Sie sofort, daß Sie das am liebsten für Ihre vielen Freunde tun, die Sie immer gern zu sich einladen.

Gleichzeitig müssen Sie unmißverständlich klarstellen, daß Ihre geselligen Freizeitaktivitäten Sie niemals von einem völligen Aufgehen im Beruf abhalten werden.

Tatsache ist, daß Einzelkämpfer heute nicht mehr oder nur noch selten – und dann für sehr spezielle Aufgaben – gesucht werden. Wer heute im Beruf vorankommen will, muß das Leben und Arbeiten im Team beherrschen. Nur in den wenigsten Berufen kann man als Einzelperson ohne Absprachen und Kooperationen bestehen. In den meisten Berufen hingegen ist es unabdingbar, daß man mit anderen gemeinsam Aufgaben löst, sich koordiniert, miteinander kommuniziert und sich schnell aufeinander einspielt.

Allerdings besteht bei der Zusammenarbeit mit anderen immer auch die Gefahr, daß man sich zu sehr anpaßt, in der Menge untergeht oder unter die Fuchtel von dominanten und egoistischen Kollegen und Vorgesetzten gerät.

Ist der Begriff »Team« aber nur ein Modewort heutiger Personalführung, oder verbirgt sich mehr dahinter? Hat es das nicht schon immer gegeben, daß Mitarbeiter kollegial zusammenarbeiten sollen?

In der relevanten Fachliteratur existieren verschiedene Definitionen, was mit »Team« gemeint ist, im Unterschied zur traditionellen Belegschaft einer Abteilung oder sonstigen Organisationseinheit.

Von folgenden Merkmalen wird am häufigsten ausgegangen:

- Teams sind fach- und abteilungsübergreifende Gruppen.
- Innerhalb eines Teams hat jedes Mitglied, unabhängig von hierarchischen Gegebenheiten, die gleichen Rechte und Pflichten.
- Unterschiedliches Spezialisten- und Laienwissen und unterschiedliche Erfahrungen werden im Team zur gemeinsamen Lösung komplexer Aufgaben kombiniert.
- Teams sind Arbeitsgruppen, die sich unter der Moderation eines Teamleiters selbst organisieren.

- Zwischen den Teams eines Unternehmens bestehen rege Kontakte. Informationen werden offen ausgetauscht.
- Einzelne Mitarbeiter können gleichzeitig in verschiedenen Teams Aufgaben übernehmen. Das gilt speziell für Projektteams.
- Teams werden nicht auf Dauer installiert, sondern für bestimmte Vorhaben oder Projekte zusammengestellt.
- Innerhalb eines Teams gibt es keine Hierarchiestufen. Jeder beteiligt sich nach persönlichen Fähigkeiten und Fertigkeiten an der gemeinsamen Aufgabe.
- Wenn das gemeinsame Ziel erreicht oder die gemeinsame Aufgabe gelöst ist, können die einzelnen Mitglieder neuen Teams zugeordnet werden.

Damit unterscheidet sich ein Team sehr wohl von der traditionellen Organisationseinheit. Es wird ein ungleich höheres Maß an Flexibilität, Selbstantrieb und Eigenverantwortung verlangt. Man geht davon aus, daß ein Team eine Gruppe von Personen ist, die sich selbst organisiert, selbst steuert und gemeinsam die Verantwortung für eine bestimmte Aufgabe trägt.

Leider müssen viele Unternehmen feststellen, daß es gar nicht so einfach ist, jeden Mitarbeiter »teamfähig« zu machen. Viele Menschen sind immer noch an Obrigkeitsdenken, an klare Anweisungen und Befehle gewöhnt. Wenn sie plötzlich erfahren, daß ihnen nicht mehr eine Führungskraft als »Aufpasser« auf die Finger schaut, dann ist es um ihre Disziplin gleich schlechter bestellt. Die angeblich so motivierende Chance zur Selbstorganisation und Eigenverantwortlichkeit scheint befehlsgewohnte Mitarbeiter schlicht zu überfordern.

In etlichen Firmen konnte man nach Einführung der Teamarbeit beobachten, wie Mitarbeiter »Teamwork« verstanden:
- Ich darf selbst entscheiden, was ich machen will.
- Niemand darf mir mehr Befehle geben.

So war das natürlich nicht gemeint. Einige Mitarbeiter können sich jedoch nur schwer von der traditionellen Arbeitsweise in festgefügten Abteilungen oder sonstigen Organisationseinheiten umstellen.

Die typischen Merkmale für traditionelle Organisationseinheiten sind:

- Abläufe und Vorgänge sind schriftlich fixiert. Jeder weiß genau, wer was wie zu tun hat.
- Die Aufgaben werden den einzelnen Mitarbeitern vom jeweiligen Vorgesetzten zugeteilt.
- Es gibt klare Kontrollmechanismen zur Sicherung der vorschriftsmäßigen Arbeitsdurchführung.
- Kommunikation und übergreifende Problemlösungen mit anderen Abteilungen oder sonstigen Unternehmensbereichen erfolgen über den Vorgesetzten oder durch eine ausdrücklich von diesem bestimmte Person.
- Organisationseinheiten sind dauerhaft installiert, haben klar umrissene Aufgaben- und Kompetenzbereiche und sind, anders als die flexiblen Teams, im Organigramm dokumentiert.

Nicht jede Führungskraft weiß allerdings zwischen »Team« und »Org.-Einheit« zu unterscheiden. Chefs nennen ihre Mitarbeiter »mein Team« und führen genau so, wie sie es von ihren Vorgesetzten gewöhnt sind. Sie verstehen unter »Teamfähigkeit« die Neigung zu Harmonie und den Verzicht auf individuelle Ziele. Fleißig sollen die Mitarbeiter sein, sich anpassen und auf keinen Fall Konflikte oder Reibungsverluste produzieren. Niemand soll sich über die anderen erheben. Alle müssen dem Durchschnitt angepaßt sein.

In manchen Unternehmen werden spezielle Trainings angeboten, um die Mitarbeiter von der traditionellen Arbeit nach dem Muster Befehl-Gehorsam-Kontrolle weg- und zur eigenverantwortlichen Teamarbeit hinzuführen. Die Mitarbeiter sollen lernen, bewußt die neuen Kompetenzen anzunehmen, die Freiheit der selbstdefinierten Vorgehensweise zu nutzen und die gemeinsamen Ziele kooperativ zu verfolgen. Was das eigentlich soll, wird dabei leider nicht immer klar. Nicht selten halten Mitarbeiter das Gerede um »Teamwork« bloß für einen weiteren Trick der Manager. Nicht selten haben sie damit sogar recht.

2. Individualität oder In-Sein

Wir haben widersprüchliche Ziele in uns. Einerseits möchten wir unsere ganz speziellen Fähigkeiten und Begabungen leben und individuelle Wünsche und Ziele realisieren. Auf der anderen Seite sind die meisten aber besorgt, nur ja nicht zu Außenseitern zu werden. Man möchte nicht am Rande stehen, nicht dazugehören, »out« sein.

Diese widerstreitenden Bestrebungen drücken sich zum Beispiel auch in der Mode aus. Wir tragen, was »man« trägt, und versuchen gleichzeitig mit Accessoires oder besonderen Kombinationen doch etwas anders auszusehen als die Masse. Auch Leute, die großen Wert darauf legen, ihre Umgebung darüber zu informieren, daß sie auf keinen Fall unter irgendeinem Modediktat stehen, sehen bei näherer Betrachtung genauso aus wie ihre gleichgesinnten »Modeverächter«.

Urlauber betonen bei ihrer Rückkehr, daß sie selbstverständlich dort waren, wo es überhaupt keine Touristen gab. Dennoch versammeln sich auch Reiseindividualisten an den immer gleichen Orten. Man reist in die Toskana, nach Nepal oder auf die Insel Goa. Man trifft sich in Selbstbesinnungs- oder Kreativcenters irgendwelcher Gurus.

Ein anderes Beispiel: Viele von uns sind stolz, werden sie einmal in einer Zeitung mit Namen erwähnt. Sei es, daß ihr Kaninchen den ersten Preis des Züchtervereins gewonnen hat oder sie als Solosänger des Schützenfestes in der Heimatzeitung hervorgehoben werden. Wir genießen es, wenn andere uns um diese kurze Prominenz beneiden. Auf der anderen Seite wollen wir auf keinen Fall ins Gerede kommen. Niemand soll sich auf der Straße nach uns umdrehen und tuscheln. Lieber wären wir unsichtbar.

Das Streben nach Selbstbehauptung und Abgrenzung ist in jedem von uns ebenso ausgeprägt wie das Streben nach In-Sein, Dazugehören und Anpassung. Wir brauchen auch beides. Dumpfe Hordeninstinkte sind schädlich. Sie würden uns zur willenlosen Masse im Interesse von Demagogen machen. Gnadenloses Durchsetzen egoistischer Ziele würde dazu führen, daß wir gar nicht mehr in Frieden mit anderen leben könnten. Wir brauchen beide Strebungen in gesunder Ausgewogenheit. Die Frage ist jedoch: Werden unsere Strebungen eigentlich ausgenutzt?

Und wer nutzt sie aus? Wozu? Und warum lassen wir das so leicht mit uns machen?

Die Widersprüchlichkeit, sich einerseits Individualität und andererseits Anpassung zu wünschen, hat natürlich Auswirkungen auf unseren Berufsalltag. Wir lassen uns davon überzeugen, daß »Teamfähigkeit« eine Tugend ist, die mit Kollegialität, Freundlichkeit, Hilfsbereitschaft und Integrationsfähigkeit, somit mit höheren moralischen Werten, verbunden wird. »Teamfähigkeit« verlangt von uns, auf die konsequente Verfolgung eigener Ziele zu verzichten. Nur Egoisten wollen mit Einzelleistungen, persönlichen Erfolgen und Sonderstellungen auf den Karriereleitern glänzen. Pfui!

Und warum lassen wir uns von unserem Chef – der schließlich auch nicht im Team, sondern allein auf seinem Machtposten sitzt – einreden, daß wir uns pflegeleicht in seine Mitarbeiterschar einzugliedern haben? Weshalb beäugen wir uns im Kollegenkreis mißtrauisch und wachen eifersüchtig darüber, daß es nur ja keiner wagt, sich aus der Menge hervorzutun oder sich als Einzelgänger zurückzuziehen?

Schon als Kind wird uns eingeprägt, daß andere Schüler Konkurrenten sind. Unsere Eltern ermahnen uns, andere auf keinen Fall abschreiben zu lassen. Je mehr wir wissen und an Wissen für uns behalten, desto besser wird unser Notendurchschnitt im Vergleich sein. Studienplätze und Lehrstellen sind knapp. Jeder muß an sich selbst zuerst denken. Auf der anderen Seite sollen wir später als Mitglieder eines Teams offene Informationspolitik betreiben. Mauern gilt als teamunfähig, egoistisch und destruktiv.

Unsere Vorgesetzten versuchen uns einzureden, daß wir nicht auf Kosten der Kollegen mit Einzelleistungen glänzen dürfen. Gehälter aber werden zunehmend mit individuellen Prämien, Provisionen, Tantiemen ergänzt. Man geht scheinbar davon aus, daß Mitarbeiter nur dann mit Ehrgeiz bei der Arbeit sind, wenn sie die Chance haben, für sich allein und in Konkurrenz zu den Kollegen mehr an Geld herauszuschlagen. Der »gesunde Wettbewerb« untereinander (speziell: Akkordarbeit und Verkauf) soll alle antreiben. Ob das die »Teamfähigkeit« fördert?

Könnte es sein, daß Führungskräfte mit psychologischem Grundwissen und Manipulationstechniken vertraut gemacht werden, damit sie

ihre Mitarbeiter optimal je nach ihren Zielen zu Anpassung (»Teamfähigkeit«) oder zu Individualität (»leistungsorientierter Wettbewerb«)
trimmen können? Die sich widerstrebenden Bedürfnisse haben wir alle.
Die Frage ist nun: Was nutzt dem Chef oder dem Unternehmen? Und
noch wichtiger: Was nutzt mir?

3. »Ich bin der Thomas.«

Eine Unternehmensberatung mit dem Anspruch, progressiv und mitar-
beiterorientiert zu sein, schreibt zu ihrer Unternehmensphilosophie:
»Der Umgang miteinander soll offen, ehrlich und auch im Verhältnis
zwischen Vorgesetzten und Unterstellten ungezwungen und ohne takti-
sche Hintergedanken sein; wir wollen einander immer vertrauen können. Unsere Mitarbeiter achten auf Teamgeist und Kollegialität und sind
bemüht, beides zu fördern. Äußerer Ausdruck der offenen und vertrau-
ensvollen Atmosphäre ist die Anrede mit dem Vornamen.«

Wie nett. Kollegen, Vorgesetzte und Mitarbeiter reden sich mit dem
Vornamen an. Man duzt sich und pflegt die lockere und familiäre Atmosphäre, die das Zusammensein so erfreulich macht. Das muß einfach
zu gutem Teamverhalten führen!

Daß wir uns innerhalb der Familie, im Bekannten- und Freundeskreis
duzen, ist sicherlich in Ordnung. Dabei handelt es sich schließlich um
Menschen, die zu uns gehören, mit denen wir in Liebe oder aufgrund uralter Familiengeschichten oder durch besondere Sympathie verbunden sind.

Wenn junge Leute sich in der Kneipe oder im Laden duzen, obwohl
sie sich nicht kennen, so ist das Ausdruck für die Zusammengehörigkeit
einer bestimmten Generation.

Wenn sich aber an meinem Arbeitsplatz der fünfzigjährige Verkaufs-
leiter einer anderen Niederlassung mir mit den Worten »Ich bin der Tho-
mas« vorstellt, dann finde ich das kindisch. Ich möchte auch nicht zu
meinem Chef gehen und fragen: »Dieter, könntest du mir bitte mein
Gehalt erhöhen?«

Ob man sich im beruflichen Umfeld mit Vornamen anspricht und
duzt oder mit Nachnamen und siezt, ist nicht bloße Formsache. Die Art

des Miteinanderumgehens wird dadurch geprägt. Zwischen Hilde, Karin und Hannes herrscht eine andere Kommunikation als zwischen Frau Schreiber, Frau Dankert und Herrn Mühlenstein.

Kennen Sie die Volksweisheit: »Mit Verwandten soll man Kaffee trinken, aber keine Geschäfte machen«? Bestimmt können Sie sich vorstellen, warum es in den meisten Fällen klug ist, sich an diese Weisheit zu halten.

Haben Sie schon einmal einem guten Freund ein Buch oder hundert Mark oder Ihr Surfbrett geliehen? Kennen Sie die peinliche Situation, wenn der gute Freund leider immer wieder vergißt, das Geliehene zurückzugeben? Einerseits möchte man sein Eigentum wiederhaben, andererseits mit einem Freund keinen Streit anfangen. Man macht zunächst diskrete Andeutungen, dann winkt man mit Zaunpfählen und hat zugleich Sorge, der gute Freund könne einen für pingelig und viel zu materialistisch halten.

Mit Fremden können wir geschäftliche Dinge oft viel besser regeln als mit Freunden und Verwandten. Wenn sich die andere Seite nicht an die Abmachungen oder den Vertrag hält, dann geht die Sache notfalls bis vors Gericht. Aber wer mag schon seinen Kegelbruder verklagen, wenn sich herausstellt, daß der ihm abgekaufte Gebrauchtwagen doch noch ein paar Macken mehr hat?

Fremden Menschen gegenüber können wir auch viel leichter ein Nein äußern, wenn die etwas von uns wollen, was uns nicht recht ist. »Nein, am Wochenende habe ich keine Zeit, Ihnen bei der Renovierung zu helfen.« »Nein, Ihren Hund kann ich während Ihres Urlaubs nicht in Pflege nehmen.«

Je vertraulicher der Umgang, desto schwerer fällt es uns, unsere Rechte oder Wünsche zu behaupten. Es ist ja auch richtig, daß Freunde und Verwandte sich helfen und großzügig zueinander sind. Meistens beruhen die Gefälligkeiten auf Gegenseitigkeit. Dennoch gibt es dickfellige Egoisten, die zwar gut fordern, aber nicht zurückgeben können. Wenn es sich um Fremde handelt, kann man sich leichter gegen ihre Forderungen verwahren oder knallhart auftreten. Sind es aber Menschen aus dem Familien- oder Freundeskreis, taktiert man ganz anders, um nicht allzusehr ausgenutzt zu werden.

Kommen wir auf das »Du« am Arbeitsplatz zurück. Das Duzen und die Anrede mit dem Vornamen fördert keineswegs den Teamgeist. Es führt statt dessen zu einer viel zu persönlichen und emotionalen Bindung, die schnell von Vorgesetzten und Kollegen ausgenutzt wird.

In einem Führungstraining für zukünftige Vorgesetzte eines boomenden Medien-Unternehmens wurde den Teilnehmern psychologisch verdeutlicht, wieviel leichter es ist, aus geduzten Mitarbeitern unbezahlte Überstunden, Einsatz auch am Wochenende etc. herauszuholen, und wieviel schwerer geduzte Mitarbeiter sich damit tun, dem Chef gegenüber Bitten um Gehaltserhöhungen oder sonstige Dinge zu äußern.

Wenn Sie sich durch die gute Zusammenarbeit mit Kollegen auch persönlich näherkommen und anfreunden, dann ist ein Du sicher in Ordnung. Aber hüten Sie sich vor betont jugendlich lockeren und fortschrittlichen Chefs. Wer mit moralischem Druck (»Wir duzen uns hier alle«) diese Gleichschaltung durchzusetzen versucht, hat seine Gründe!

Vergessen Sie nicht: Ein Arbeitsvertrag dokumentiert eine geschäftliche Beziehung. Sie verkaufen gegen Geld Ihre Zeit, Ihr Können und Ihre Kraft. Mit der Unterschrift darf nicht automatisch eine »Zwangsfreundschaft« eingeleitet werden. Das geht immer unter dem Deckmäntelchen von außerordentlichem Teamgeist zu Ihren Ungunsten aus.

4. Was ist das Neue am Team?

Da wir heute alle so jung, dynamisch, flott und familiär in Teams geführt werden oder uns angeblich sogar selber führen dürfen, stellt sich die Frage: Was ist denn überhaupt das Neue daran? Warum wollen unsere Führungskräfte die Teamarbeit? Ganz sicher nicht, um uns Mitarbeiter glücklich zu machen.

In der Fachliteratur wird »Teamführung« als kooperative Form der Führung ohne disziplinarische Eingriffe durch Vorgesetzte definiert. So entstehe mehr Motivation bei den Mitarbeitern, es werde stärker praxisgerecht gearbeitet und entschieden, wenn die Leute (die Mitarbeiter), die mehr mit der Praxis verbunden sind als ihre Manager, selbst ihre Arbeit regeln und entscheiden.

Man geht also davon aus, daß beim traditionellen Führungsstil »oben« bei den Chefs Entscheidungen getroffen werden, die nicht immer realitätsnah sind. Außerdem berücksichtigen Chef-Entscheidungen zu wenig die Kenntnisse und Erfahrungen der Praktiker. Die Entscheidungen tröpfeln als Anweisungen und Befehle nach unten zu den Mitarbeitern und müssen dort unter Aufsicht von »Unter-Chefs« ausgeführt werden. Die »Unter-Chefs« (z.B. Gruppenleiter) melden nach oben Vollzug und die Ergebnisse ihrer Kontrollen im Hinblick auf die Leistungen der Mitarbeiter. Die »Unter-Chefs« stehen dabei ihrerseits unter der Kontrolle der »Mittel-« oder »Ober-Chefs«. So wird beim traditionellen Führen von oben nach unten befohlen und kontrolliert. Von unten nach oben wird jeweils berichtet. Das führt wiederum zu einem Herunterreichen von Lob oder Tadel. Jeder befindet sich unter Aufsicht einer höhergestellten Person. Mit zunehmendem Erfolg steigt man auf und erwirbt sich das Privileg, andere kontrollieren, loben oder tadeln zu dürfen.

Die traditionelle Führung beruht auf dem Grundsatz: »Oben wird gedacht, und unten wird gemacht.«

Dieses Obrigkeitsdenken wird nun als schädlich für den wirtschaftlichen Erfolg des Unternehmens betrachtet, weil man heute in den unteren Reihen statt ungebildeter Gehorcher gut ausgebildete Fachleute hat. Deshalb sei es klüger, die Erfahrungen und das Wissen der »einfachen Mitarbeiter« zu nutzen. Es fördere zudem die Motivation. Gebildete Menschen wollen nicht bloß gehorchen. Sie wollen mitdenken und mitentscheiden.

Aber hat sich durch den Trend zum »Teamwork« wirklich so viel geändert?

Der Führungsstil mit Befehlsgeber- und Befehlsempfängermentalität existiert nach wie vor. Nicht nur in kleinen, patriarchalischen Handwerksbetrieben oder in Behörden, auch in angeblich modernen Unternehmen, in denen Vorgesetzte ihre Untergebenen als »Mitarbeiter« und als »mein Team« bezeichnen, wird vielfach noch blinder Gehorsam verlangt. Gleichzeitig erwarten die Angestellten auch, daß der Chef weiß, »wo es langgeht«. Den Kaiser-Wilhelm-Führungsstil will keiner. Aber wer will die partnerschaftlichen Endlosdiskussionen, die heute als kooperativer und teamorientierter Führungsstil gelten?

Wie sieht eine vorbildliche Teamführung aus? Fachbücher und Team-trainer nennen folgende Kennzeichen einer Teamorientierung:

1. Zusammensetzung und Struktur von Teams

Die Mitarbeiterzahl variiert je nach Bedarf im Hinblick auf die Aufgabe. Zum Team gehören immer die Personen, die gerade gebraucht werden. Die Mitglieder des Teams kommen aus unterschiedlichen Fachbereichen und bringen unterschiedliche Erfahrungen mit. Mit ihren Fähigkeiten und Kenntnissen ergänzen sie sich. Untereinander sprechen die Mitglieder sich selbständig ab. Jeder lernt von jedem.

Teams sind traditionellen Organisationseinheiten (z.B. Abteilungen) nicht vergleichbar. Die Gruppe bleibt nicht dauerhaft zusammen. Nach Erreichen eines bestimmten Ziels oder nach Erledigung der gemeinsamen Aufgabe löst sich das Team wieder auf. Die Mitarbeiter strukturieren sich für neue Aufgaben und neue Ziele in anderen Gruppen.

2. Leitung eines Teams

Es gibt keinen dauerhaften »Chef«. Teamleiter werden entweder für eine bestimmte Aufgabe von der Unternehmensleitung als »Projektleiter« eingesetzt, oder das jeweilige Team arbeitet ohne definierten Leiter und steuert sich selbst. Nach Beendigung der Aufgabe gibt ein eingesetzter Teamleiter die Führungsrolle wieder ab. Somit kann jeder Mitarbeiter als Teamleiter oder als normales Mitglied im Team auftreten. Die Position des Teamleiters ist nicht den traditionellen Positionen hierarchischer Organisationen vergleichbar. In traditionellen Hierarchien gibt es – von seltenen Ausnahmen abgesehen – keine Rückstufungen auf der Karriereleiter. Die Benennung zum Teamleiter ist in dem Sinne keine Beförderung. Sie gilt nur für eine bestimmte Aufgabe. Niemand hat das Anrecht darauf, in einem neuen Team wieder zum Teamleiter ernannt zu werden. Innerhalb des Teams übernehmen auch die normalen Mitglieder immer wieder Führungsfunktionen je nach Erfahrungen, nach persönlicher Anerkennung und nach Fähigkeiten.

3. Arbeitsweise des Teams

Das Team lenkt sich selbst ohne disziplinarische Eingriffe von Vorgesetzten. Es übernimmt jedoch je nach aktueller Aufgabe von Zeit zu Zeit die dafür geeignetste Person temporär die Führung. Das gilt auch für Teams mit offiziellem Team- oder Projektleiter. Da im Team unterschiedliches Fachwissen zusammenkommt, kann die Gruppe ihre Aufgaben selbständig lösen. Was der eine nicht kann, kann der andere. Jedes Mitglied ist motiviert im Hinblick auf die gemeinsamen Ziele. »Standesunterschiede«, Hierarchien oder Unterschiede im Ansehen gibt es nicht. Alle sind gleichwertig und gleichberechtigt bei der Arbeit und bei Entscheidungsfindungen.

4. Vorteile der Teamarbeit

- Die Mitarbeiter erhalten mehr Freiheit im Arbeitsstil, bei der Strukturierung, in der Selbstorganisation, in der Entscheidungsfindung.
- Die Mitarbeiter können auf Rivalitäten und Machtkämpfe im Hinblick auf ihre jeweiligen Karrieren verzichten.
- Das Abteilungsdenken mit den Gefahren von Bunkermentalität oder zu engem Blickwinkel wird ersetzt durch übergreifende und offene Kommunikation.
- Das Verhalten ist nicht von Hierarchien mit Unter- und Überordnung geprägt, sondern von partnerschaftlicher Zusammenarbeit und gemeinsamer Begeisterung für die zu lösende Aufgabe.
- Niemand kann sich hinter Rollen oder Positionen verstecken. Jeder hat das Recht, gleichwertig an Prozessen beteiligt zu sein und mitzuwirken.
- Die unterschiedlichen Stärken und Schwächen der erfahrenen und der noch unerfahrenen Mitglieder der Gruppe gleichen sich aus. Die Jüngeren bringen frischen Wind hinein, die Älteren geben ihre Erfahrungen weiter.
- Jedes Teammitglied fühlt sich der Gruppe und dem gemeinsamen Ziel verpflichtet. Dadurch wird eine höhere Motivation erreicht, im Vergleich zur Erledigung von spezifischen Aufgaben auf Anweisung eines Vorgesetzten hin.
- Der Verzicht auf disziplinarische Eingriffe und Kontrolle »von oben nach unten« ermöglicht kreative Prozesse in einem angstfreien Raum. Neue Ideen und Versuche bereichern die Gruppe, während

die Gefahr sturer Routine ebenso wie ein Nichtbeteiligen aus Angst vor Fehlern und Tadel umgangen wird.

- Die sinnvolle und aufgabenorientierte Verteilung der Funktionen und die Zuordnung der jeweils vernünftigsten Führungsautorität läßt Probleme optimal bewältigen. Dinge werden erledigt und Entscheidungen von denjenigen getroffen, die dazu am geeignetsten erscheinen, und nicht von Personen mit positions- oder rollenbedingten Berechtigungen.
- Die zwanglose und von Rangordnungen befreite Kommunikation unter den Mitarbeitern schafft Vertrauensverhältnisse. Die Zusammenarbeit gestaltet sich für alle entspannter und angenehmer. Gegenseitige Anerkennung, Respektierung der Meinung anderer und Hilfsbereitschaft nehmen zu.

So betrachtet, ist »Teamwork« eine tolle Sache. Aber gibt es dieses Ideal auch in der Realität?

5. Wir wollen Teams – oder nicht?

Mit Einführung der Teamarbeit soll alles besser werden:

- Teure Hierarchien können abgebaut werden, weil die Chefs nicht mehr allein für das Denken und Entscheiden, das Delegieren und Kontrollieren, das Motivieren und Kritisieren zuständig sind.
- »Nieten in Nadelstreifen« können auf Dauer Führungspositionen nicht mehr blockieren.
- Die Mitarbeiter können ihre Kreativität und ihre Fähigkeiten besser einbringen.
- Einzelkämpfer mit Konkurrenzverhalten und Rivalitätsgefühlen sind nicht mehr gefragt. Statt ihrer sind es nun die kooperativen Mitarbeiter mit Teamgeist. Sie fördern, inspirieren und ermutigen sich gegenseitig zu allgemeinem Vorteil.
- Bisheriges Abteilungsdenken wird abgeschafft. Wo Teamgeist herrscht, da können Buchhaltung und Außendienst, Revision und Marketing, Produktion und Forschung miteinander vorurteilsfrei kommunizie-

ren. Man kennt sich aus der Teamarbeit und weiß um Probleme und Schwierigkeiten, um nette Seiten und Vorzüge.

»Teamwork« heißt: Alle arbeiten harmonisch auf Ziele hin, die man sich gemeinsam gesetzt hat, an deren Erreichung jeder interessiert ist. Toll!

Aber wie ist es mit dem Gehalt? Verdienen auch alle gleich viel? Was ist mit den Trägen und Langsamen? Werden die von den Intelligenten und Engagierten mitgezogen? Verdienen einige etwa doch mehr als andere? Führt das nicht wieder zu Privilegien, Statusdenken und Rivalität?

Was ist mit Beförderungen? Wird nach erfolgreicher Zielerreichung das gesamte Team in einem Aufwasch befördert? Wenn es aber wie gehabt zu Beförderungen von einzelnen kommt, muß dann ebenfalls wie gehabt mit Karrierekämpfen gerechnet werden? Und wenn Beförderungen ganz abgeschafft werden sollen, woher nimmt man dann Geschäftsführer, Prokuristen, Direktoren, Vorstände? Warum soll sich der einzelne ins Zeug legen, wenn er doch nicht höher aufsteigen kann als die anderen?

Wie steht es mit der hierarchiefreien Zusammenarbeit im Team, mit offener Kommunikation und Gleichberechtigung, wenn unterschiedliche Meinungen zu Auseinandersetzungen führen? Soll grundsätzlich alles bis zur Erschöpfung durchdiskutiert werden, um letztlich die Meinung der Zähesten zur Geltung kommen zu lassen? Soll prinzipiell mehrheitlich abgestimmt und entschieden werden? Wer trägt die Verantwortung, wenn sich später herausstellt, daß bei der Abstimmung die Dummen in der Überzahl waren?

Wie wird verhindert, daß die Robusten, die Durchsetzungsfähigen und die rhetorisch Begabteren sich die Sensiblen, die Schüchternen und die verbal Hilfloseren unterordnen? Wer sorgt für die Gleichberechtigung der Starken und der Schwachen? Wie kommt man in die Machtposition, um bei den anderen für Gleichberechtigung sorgen zu dürfen?

Und was macht man mit jenen Mitarbeitern, die nicht ständig in neuen Gruppen und unter neuen Bedingungen arbeiten wollen? Wie behandelt man jene, die ihren festen Arbeitsplatz, ihren eigenen Aufgabenbereich, ihren bestimmten Kollegenkreis und ihren ständigen Chef und ansonsten möglichst ihre Ruhe haben wollen? Die ihren »Team-geist« im Kegelclub, im Kirchenchor oder in der Familie ausleben wollen und am Arbeitsplatz mit einem kollegialen und freundlichen Umfeld vollkommen zufrieden sind?

6. Geselligkeit und Gemeinschaftssinn haben ihre Reize

Die These vom »Teamgeist« hat sich erstaunlich erfolgreich verbreitet. Jeder scheint mittlerweile willig, die eigene Teamfähigkeit zu beweisen. Was fasziniert uns so daran? Warum lassen wir uns von dem Verspre-chen, teamorientiert geführt zu werden, anlocken?

Mit dem Begriff »Team« verbinden wir Angenehmes:
- Ein Team ist eine Gruppe. Wer zu einem Team gehört, hat am Ar-beitsplatz Geselligkeit. Also das, was wir in unserer Freizeit bei Freun-den und Vereinen auch suchen.
- Die Gemeinschaft bietet Schutz. Man ist scheinbar nicht mehr allein den Launen der Chefs ausgeliefert, sondern sitzt mit Kollegen im gleichen Boot.
- Die Gemeinschaft bewahrt auch vor der alleinigen Verantwortung für eine Aufgabe. Wo keine »Einzelkämpfer« mehr gefragt sind, sondern alles im »Teamwork« erledigt wird, da können Pannen und Fehler einzelnen Personen nicht angehängt werden.
- Zu einem Team zu gehören, bedeutet dabeisein. Man steht nicht al-lein, sondern gehört einer Gemeinschaft an. Man kann sich anpas-sungsfähig zeigen und wird dafür von den anderen anerkannt.

Was uns am Team Spaß macht:
- Die Angst vorm Alleinsein wird genommen. Im Privatleben drohen wir ohne Nachbarschafts- oder Verwandtenkontakte zu vereinzeln. Für das Bedürfnis nach Sozialkontakten haben wir aber nun das Team.
- Wir wollen »gute« Menschen sein. Das können wir im Team bewei-sen. Dort können wir edle Tugenden pflegen wie: Harmoniefähigkeit, Hilfsbereitschaft, Kontaktfreude und Rücksichtnahme. Dafür brau-

chen wir uns dann im Privatleben nicht mehr um andere zu kümmern. Die »guten Taten« erledigen wir am Arbeitsplatz.

- Wir wollen beliebt sein. Andere sollen uns mögen und in ihren Kreis aufnehmen. Sie sollen sich um uns bemühen und sich für uns interessieren. Familien haben wir selten. Die Nachbarn kennen wir nicht, und die bucklige Verwandtschaft kann uns gestohlen bleiben. Wir werden von den Kollegen im Team geliebt. Das reicht. Die Führungskräfte bestätigen uns ja auch, wie sehr uns das motiviert.
- Wir wollen nicht für uns selbst die Verantwortung übernehmen. Im Team finden wir Geborgenheit. Wenn etwas zu entscheiden ist, dann wird das diskutiert und mehrheitlich entschieden. Niemand muß mehr einzeln für etwas geradestehen. Außerdem gibt es den Teamleiter und innerhalb des Teams den Wortführer oder den Meinungsbildner oder Trendsetter. Das sind jene Leute, denen wir uns anpassen. Anpassung und die Fähigkeit, sich einzufügen, sind Teamtugenden. Sie entlasten von Eigenverantwortlichkeit.
- Wir wollen uns nicht mehr einzeln dem Leistungsdruck beugen. Im Team können wir im Strom mitschwimmen. Wenn wir uns mal nicht überarbeiten wollen, dann fällt das bei Teamwork weniger auf als bei Einzelarbeit. Nicht umsonst heißt es: »Team – toll, ein anderer macht's!«

Wer sich nicht in die Gruppe integrieren läßt, wird von den »Teamfähigen« ausgestoßen oder verwarnt:
- »Sei kein Einzelschicksal!«
- »Schließ dich nicht aus!«
- »Sei nicht egoistisch!«
- »Mach mit bei der Mehrheit!«
- »Entwickle das Wir-Gefühl!«

Aus Angst vor dem Ausgestoßenwerden strengen wir uns an, »teamfähig« zu sein:
- Wir geben unsere Individualität auf und passen uns der Gruppe an.
- Wir verzichten auf eigene Ziele und die Anerkennung individueller Leistungen.
- Wir lassen vom Meinungsbildner oder von der Mehrheit denken und entscheiden.

- Wir heucheln Sympathie für Kollegen, mit denen der Zufall uns in ein Team steckt, bis wir selbst daran glauben, sie zu lieben.
- Wir trotten bei der Mehrheit mit und sagen ja, wenn der eigene Verstand uns nein raten würde, und umgekehrt.
- Wir kultivieren unseren Hordeninstinkt und die Bereitschaft, auf persönliche Erfolge zu verzichten.

Da es so einfach ist, Menschen vom Segen der Teamarbeit zu überzeugen, muß man sich fragen: Ist das denn wirklich so neu? Hatten wir nicht schon immer die Neigung, uns in Gruppen und Horden zu formieren und anzupassen? Gab es nicht immer schon welche, die sich über die anderen erheben, und solche, die willig folgen?

Gab es das nicht schon immer, daß die Mächtigen für sich den Glanz des Erfolgs in Anspruch nehmen und der Gefolgschaft einreden, es sei egoistisch, als Einzelperson aus der Masse herausragen zu wollen? Kein Wunder eigentlich, daß wir darauf hereinfallen, wenn Teamtrainer uns im Auftrag unserer Führungskräfte einreden, auf Glanz und Erfolg für uns zu verzichten und statt dessen anzustreben, ganz im Team aufzugehen. Der einzelne ist nichts, die Gruppe ist alles. Komisch, daß unsere Chefs dennoch Wert legen auf ihre Individualität, auf ihren Machtbereich, auf die Profilierung ihrer Person. Und dann jammern sie uns was vor von der »Einsamkeit der Könige«. Seltsam!

II. Sie gehen nie unter einen Hut

1. Es gibt keine Harmonie im Team

In der Forderung nach Teamfähigkeit, Teamarbeit und Teamführung schwingt stets der Wunsch nach Harmonie sowohl zwischen den Mitgliedern der Gruppe wie auch zwischen Mitarbeitern und Vorgesetzten mit. Kooperation, Kommunikation und soziale Tugenden sollen sich wie von selbst entwickeln, wenn teamorientiert geführt wird.

Viele Vorgesetzte sind zu harmonischer Teamführung entschlossen und so mitarbeiterfreundlich engagiert, daß sich jeder in der Gruppe wohl fühlt und die Gemeinschaft genießt. Aber auch diese Vorgesetzten stellen eines Tages verzweifelt fest, daß es unmöglich ist, echte Harmonie im Team zu erreichen. »Ich kriege sie nicht unter einen Hut!« Mit diesem Seufzer spricht manche Führungskraft ihre Ratlosigkeit aus angesichts vergeblicher Versuche, ein teamorientiertes Team voller teamfähiger Mitarbeiter zwecks Teamarbeit aufzubauen und auf ein gemeinsames Ziel hin einzuschwören.

Was wird statt dessen erreicht? Man findet sich in einem Haufen von Eigenbrötlern und Egoisten wieder. Alle wollen zwar Teamarbeit, aber keiner will sich den anderen anpassen. Jeder glaubt, die Weisheit mit Löffeln gefuttert zu haben und unbedingt die eigene Meinung durchsetzen zu müssen. Die Robusten kämpfen für ihre Ansprüche. Die Sanfteren geben nach, zeigen ihr Leiden jedoch deutlich. Die Verkniffenen verbeißen sich in rechthaberischen Diskussionen. Die Verschlagenen denken sich Tricks aus, um ihre Vorstellungen umzusetzen. Den Desinteressierten ist alles egal, Hauptsache, es wird mal irgendwas von irgendwem entschieden...

Wie soll es also unter so unterschiedlichen Charakteren jemals Harmonie geben?

Es gibt nicht einmal Harmonie in einer Person. Wir alle kennen das Gefühl von »zwei Seelen, ach, in meiner Brust«. Auch in einem scheinbar gut funktionierenden Team gibt es Konfliktstoff durch widerstrebende Absichten, Wünsche, Ziele. Führungskräfte verzweifeln manchmal schier daran, wenn Mitarbeiter einerseits unbedingt als Team geführt werden wollen, mit allen Vorteilen der Geborgenheit, der Selbststeuerung, der hierarchiefreien Kommunikation. Andererseits verlangen sie dennoch nach klaren Anweisungen vom Chef, nach persönlicher Förderung und Anerkennung für Einzelleistungen und der Chance des Aufstiegs.

Ein weiterer Gegensatz ergibt sich aus widersprüchlichen Haltungen gegenüber Neuerungen und Veränderungen. Einerseits will man »alte Zöpfe« abschneiden, will neue Teamstrukturen und neue Freiheiten der Selbstorganisation, neue Kommunikationsformen und einen neuen Stil bei den Vorgesetzten. Gleichzeitig wird bei jeder Neuerung gemeutert. Man sieht nicht ein, wieso schon wieder »alles ganz anders« sein soll, früher war doch auch...

Manche Führungskraft fragt sich da: »Was wollen die eigentlich?«

Ganz klar, was Mitarbeiter wollen: sich der Gemeinschaft des Teams hingeben und gleichzeitig individuell aus der Menge herausragen. Sie wollen, daß sich alles erneuert, aber bitte ohne Änderungen. »Wasch mich, aber mach mir den Pelz nicht naß.«

An diesen widerstrebenden Strömungen entzünden sich automatisch in jedem Team größere oder kleinere Reibereien. Immer gibt es Mitglieder, die das Neue wollen, und welche, die am Alten festhalten. Es gibt diejenigen, die nicht dulden, daß sich im Team Einzelpersonen profilieren, und solche, die darauf bestehen, daß Einzelleistungen herausgehoben werden.

Harmonie in dem Sinne, daß man sich auf der Stelle einigt, gibt es nicht oder nur unter folgenden Bedingungen:

- Der Vorgesetzte entscheidet, wie er will. Die Teamarbeiter wissen das aus Erfahrung und verzichten auf Gegenpositionen.
- Der Trendsetter oder Meinungsbildner bestimmt, wo es langgeht, und die Horde trottet hinterher.
- Der Engagierte bestimmt den Trend, und den Uninteressierten ist es ohnehin egal. Sie machen Dienst nach Vorschrift.

2. Die vier Bestrebungen im Team

Dem Psychoanalytiker Fritz Riemann zufolge fühlen wir vier Grundimpulse in uns, von denen jeweils zwei polar entgegengesetzt sind:

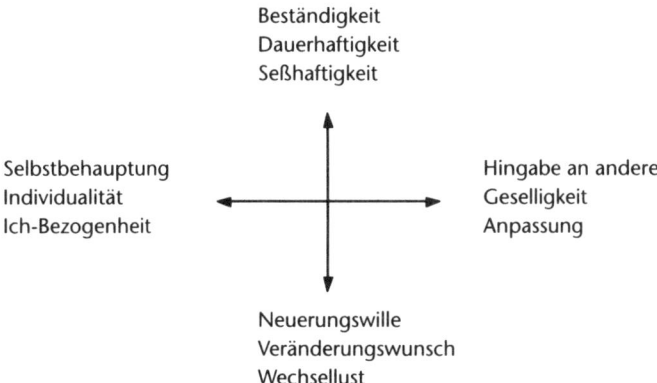

Beständigkeit
Dauerhaftigkeit
Seßhaftigkeit

Selbstbehauptung
Individualität
Ich-Bezogenheit

Hingabe an andere
Geselligkeit
Anpassung

Neuerungswille
Veränderungswunsch
Wechsellust

Diese Grundimpulse verursachen in vielen Fällen innere Zerrissenheit. Uns reizt einerseits das Neue, andererseits fühlen wir uns im Vertrauten sicherer. Wir wollen innig mit anderen Menschen auskommen, legen aber zugleich großen Wert auf persönliche Abgrenzung.

Es kann zum Beispiel sein, daß sich jemand jahrelang über sein schreckliches Arbeitsleben in der ungeliebten Firma beklagt und es dennoch nicht schafft, sich endlich einen neuen Job zu suchen. Ein anderer mäkelt jahrelang über seine mißratene Ehe und läßt sich trotzdem nicht scheiden.

Es gibt umgekehrt Menschen, die sich pausenlos beruflich verändern, immer wieder neue Beziehungen eingehen oder den Wohnort wechseln...

Es gibt Menschen, die sehr viel »seßhafter« oder »dauerhafter« sind als andere. Es gibt Leute, die jahrelang immer im Mai im Schwarzwald ihren Urlaub in der Pension »Alpenblick«, möglichst in Zimmer 8, verbringen. Andere würden das für langweilig halten. Die fahren jedes Jahr an einen anderen Ort.

Es gibt Menschen, die sich nach Feierabend am liebsten mit einem

Buch oder mit einer Beschäftigung zurückziehen und ungestört sein möchten. Es gibt jedoch auch jene, die vor Langeweile umkommen, wenn sie keine Gesellschaft haben.

Man denke nur an Urlaubsvorlieben! Der eine mag individuell verreisen und möglichst seine Ruhe genießen. Den anderen zieht es in riesige Club-Hotels mit Animation rund um die Uhr.

Es gibt nun einmal Menschen, die sehr auf sich selbst bezogen sind, und solche, die sich erst in Gesellschaft mit anderen glücklich fühlen.

Man könnte noch viele Beispiele anführen. Eines muß klar sein: Jeder hat die vier Grundimpulse in sich:

- Streben nach Veränderungen und Neuem gegenüber einem Streben nach Dauerhaftigkeit und nach Verharren im Gewohnten.
- Streben nach Autonomie und Selbstbestimmung gegenüber einem Streben nach Geselligkeit, Anpassung und Hingabe an andere.

Worin wir uns unterscheiden, ist, in welche Richtung uns der eine oder andere Impuls stärker zieht.

Wenn man sich jetzt vorstellt, daß in einem Team Menschen zusammenkommen, die individuell unterschiedlich von ihren Grundimpulsen gesteuert werden, ist verständlich, warum es in jedem Team zu Reibereien kommt, wenn der eine das Neue und der andere das Bewährte will, der eine die Individualität und der andere die Hingabe an die Gemeinschaft sucht.

Die Harmonie wird leider zusätzlich von einer typisch menschlichen Schwäche gefährdet: Wir können andere Menschen in ihrer Andersartigkeit schwer als gleichwertig gelten lassen. Vom Verstand her mag jeder von uns der Ansicht sein, daß alle Menschen gleich sind, aber im täglichen Umgang fällen wir schnell abschätzige Urteile.

Die dauerhaft oder seßhaft Orientierten sehen in den nach Neuem Strebenden leicht flatterhafte Menschen, die jeder Mode blind nachjagen.

Die Neuerer sehen in den anderen Spießer, Traditionalisten oder Feiglinge.

Die mehr geselligen Menschen sehen in den Einzelgängern sonderbare Käuze, Egoisten oder verklemmte Schüchterlinge.

Die Einzelgänger nehmen ihre geselligen Kollegen als platte Plauderer, Vereinsmeier oder oberflächliche Hordenmenschen wahr.

Kein Wunder, daß das im Team zu Harmonieproblemen führt. Dabei sind wir nicht nur unterschiedlich, wir sind auch verengt im Denken, legen alles gleich als »richtig« oder »falsch«, »gut« oder »böse« aus. Richtig, gut und vollwertig ist dabei natürlich, wie ich gestrickt bin. Wer anders ist als ich, macht es falsch, ist böse oder zumindest minderwertig.

Jeder der Impulse hat seine Vorteile. Ohne das Streben nach Neuerung käme es zum Stillstand. Nichts würde mehr entwickelt oder ausprobiert. Wir würden auf der Stelle treten und letztlich wahrscheinlich beim sturen Befolgen uralter Riten und Gewohnheiten verblöden. Das Streben nach Bewährtem und Festhalten an Vertrautem ist der notwendige Gegenpol. Es hält uns davon ab, voreilig Gutes und Bewährtes über Bord zu werfen. Wir brauchen die Erfahrungen der Vergangenheit und die Geborgenheit im Vertrauten. Das Streben nach Hingabe an die Gemeinschaft ist wichtig für unsere geistige Entwicklung. Wir lassen uns von anderen anregen und brauchen deren Liebe und Anerkennung für unsere eigene seelische Entwicklung. Wir brauchen auch die Reaktionen der Mitmenschen als Kontrollfunktionen für unser eigenes Verhalten. Der erste Schritt ins Asoziale geht meistens damit einher, daß es einer Person völlig egal ist, wie sie auf ihre Mitmenschen wirkt, ob andere sich ekeln oder sonstige Abneigungen entwickeln. Außerdem können wir nur als Teil einer Gemeinschaft soziale Tugenden entwickeln, wie Rücksichtnahme, Hilfsbereitschaft, Fähigkeit zum Teilen etc. Auf der anderen Seite brauchen wir auch Autonomie und Individualität. Wer sich immer nur in Gesellschaft bewegt, verliert am Ende die Fähigkeit zum eigenen Urteil. Wer immer nur danach schielt, anerkannt zu werden, folgt stumpf selbst der verblödetsten Mehrheit.

Jedes Team braucht alle vier Bestrebungen. Die Mitglieder finden ja auch meist nach kleineren Reibereien und größeren Konflikten wieder zur Harmonie zurück – bis zum nächsten Streitpunkt.

Es stimmt zwar, daß es die Teamidylle mit dauerhafter Harmonie nicht geben kann. Und es ist auch gar nicht wünschenswert, daß immer Friede-Freude-Eierkuchen-Stimmung vorherrscht. Leider geraten dennoch Führungskräfte in Panik, wenn sich Widersprüche im Team zeigen, Diskussionen heftig werden, die Mitglieder aufeinander losgehen und sich ihre Standpunkte und gegensätzlichen Meinungen vorhalten. Dann ist manche Führungskraft sofort bemüht, schnell wieder Frieden herzustellen.

Die Mitarbeiter lernen daraus: »Aha, der Chef will nicht, daß wir uneins sind. Wir müssen immer alle gleicher Meinung sein, sonst gelten wir als nicht harmonisch. Wer sich in gegensätzlichen Bestrebungen exponiert, stört die Harmonie und gilt somit auch als teamunfähig.«

Kein Wunder, daß in manchen Teams schließlich eine merkwürdige Stille unter Gleichgeschalteten herrscht. Man kann sich dann an Ehepaare aus Loriot-Filmen erinnert fühlen: »Wir haben uns in all den Jahren noch nie gestritten.« Toll.

3. Die vier Wege zur Spinnerei

Konflikte also sind aufgrund der vier unterschiedlichen Bestrebungen nicht nur normal, sie sind notwendig für ein gesundes Team.

Probleme entstehen innerhalb der Gruppe, wenn bei einer Person oder bei mehreren eine der vier Bestrebungen extrem stark ausgeprägt ist, bis hin zur »Spinnerei« oder gar bis zur krankhaften Persönlichkeitsstörung. Liebenswürdige Marottenpfleger, Paradiesvögel oder »Originale« kann ein Team meist verkraften. Krankhafte Störungen aber können weder die Kollegen noch der Leiter des Teams auffangen. Gutgemeinte Versuche, eine schwer gestörte Person in der Gemeinschaft zu halten, enden oft damit, daß sich der Reihe nach die anderen Mitarbeiter aus dem Team verabschieden. Jede Führungskraft muß sich deshalb überlegen, ob sie das Recht hat, dem Team die Betreuung von Neurotikern oder Psychopathen zuzumuten.

Oft haben ausgerechnet Teamleiter – zum Beispiel Projektleiter oder Leiter von Arbeitsgruppen – häufiger das Problem mit schwierigen Mitarbeitern als Führungskräfte der Linienorganisation. Abteilungsleiter nutzen gern die Chance, ihre Problemfälle in Teams abzuschieben. Soll doch der Projektleiter damit fertigwerden. Oft werden solche Entsorgungsaktionen hinter scheinbarer Sozialfürsorge verschleiert. Man behauptet einfach, daß es für den Gestörten bestimmt motivierend und seelisch aufbauend ist, wenn er aus seiner gewohnten Abteilung herauskommt und nun im Team mitarbeiten darf. In vielen Unternehmen ist es durchaus üblich, Teams – zum Beispiel Projektteams – als Auffanglager, Strafkolonien oder Reha-Kliniken für schwierige Mitarbeiter zu mißbrauchen.

Zum Glück hat man es selten mit wirklich Kranken zu tun. Dennoch kennt wohl jeder aus dem eigenen beruflichen Umfeld Beispiele, von denen man eigentlich nur noch sagen kann: »Sie spinnen!« Neben vielen anderen Varianten des »Verrückten« gibt es die vier typischen Formen der »Spinnerei« als extreme Übersteigerungen der Bestrebungen:

1. Autisten und Egoisten
   als Übersteigerung der Bestrebung nach Selbstbehauptung, Individualität und Ich-Bezogenheit oder auch Eigenbrötelei.
2. Weiche und Wohltäter
   als Übersteigerung der Bestrebung nach Hingabe, Anpassung und Geselligkeit.
3. Perfekte und Korrekte
   als Übersteigerung der Bestrebung nach Dauerhaftigkeit, Seßhaftigkeit, Beständigkeit und Festhalten am Gewohnten.
4. Charmeure und Hasardeure
   als Übersteigerung der Bestrebung nach Neuem, Unbekanntem, nach Wechsel und Veränderung.

Zunächst hört sich das gar nicht so schlimm an. »Jeder hat doch eine Macke«, mag man sich denken. Das stimmt auch. Die Vorstellung, in einem Team nur wundervolle Menschen mit netten Eigenschaften und durchschnittlichem Verhalten zu haben, ist eher gespenstisch. Wir brauchen und lieben jene Kollegen und Mitarbeiter, die mit ihren Marotten ein wenig Farbe in die Gruppe bringen. Problematisch wird es, wenn man Extremtypen im Team hat. Und davon soll hier die Rede sein.

Die Psychologen bezeichnen die extremen Übersteigerungen der vier Bestrebungen mit folgenden Begriffen:
1. Schizoide Persönlichkeit bei extremer Ich-Bezogenheit.
2. Depressive Persönlichkeit bei extremer Anpasserei.
3. Zwanghafte Persönlichkeit bei extremem Festhalten an Gewohntem.

4. Hysterische Persönlichkeit bei extremer Neigung zu Wechsel und Veränderung.

Ganz so schlimm, daß man von »Krankheitsbildern« reden muß, ist es meist nicht. Trotzdem können die extremen Übersteigerungen im Team große Probleme verursachen, bis hin zur Auflösung des Teams.

4. Autisten und Egoisten

Bei Autisten und Egoisten — wobei diese Begriffe hier ein wenig übertrieben sind — handelt es sich um Menschen mit übersteigertem Streben nach Autonomie, Selbstbehauptung, Individualität und persönlicher Durchsetzung. Dabei kann man unterscheiden zwischen denen, die sich introvertiert zurückziehen, und solchen, die extravertiert nach außen wirken. In beiden Fällen kann von »Teamorientierung« eigentlich keine Rede sein.

Der Autist lehnt die Zusammenarbeit mit anderen ab. Er möchte am liebsten allein für sich arbeiten und möglichst wenig mit anderen kommunizieren müssen. Der Autist kann sich weder mit anderen austauschen noch sich auf andere Menschen einstellen. Je mehr man ihn in Ruhe läßt, desto glücklicher fühlt er sich. Der Autist erlebt seine Teamkollegen – soweit er sie überhaupt wahrnimmt – als Störer. Vielfach wirkt der Autist wie ein Einsiedler im Gehäuse seiner Gedanken und seiner speziellen Arbeit. Was die anderen tun, interessiert ihn nicht. Er nimmt auch nicht an, daß die anderen sich für ihn interessieren oder auch nur in der Lage wären, seine Arbeit richtig zu würdigen.

Der Egoist sucht hingegen den Kontakt mit den Kollegen oder mit den Vorgesetzten. Er braucht die anderen als Hintergrund für seine Machtspiele und für seine Durchsetzungskämpfe. Der Egoist erlebt seine Kollegen als potentielle Widersacher, die ihm jeden Moment etwas wegnehmen oder streitig machen wollen oder denen er etwas abjagen will. Der Egoist befindet sich in ständiger Kampfbereitschaft. Innerhalb des Teams kann er auch zum Problem für den Teamleiter werden. Den greift er besonders gern an und ringt mit ihm um Macht und Einfluß. Nicht selten entwickelt sich der Egoist schließlich zum inoffiziellen Führer der

Gruppe, zum Trendsetter oder Meinungsbildner. Wenn man Pech hat, wird er zum Rädelsführer gegen den Teamleiter oder zum Querulanten.

Psychologen deuten diesen extremen Drang nach Selbstbehauptung und Autonomie als mögliche Folge frühkindlicher Enttäuschung oder eines frühkindlichen Gefühls des Ausgeliefertseins. Zur Kompensation will der Autist sich unbedingt von anderen Menschen unabhängig machen. Der Egoist möchte die früh erlebte Hilflosigkeit durch Stärke und Macht über andere kompensieren. Beide Typen wollen auf keinen Fall von anderen abhängig oder irgendwem gegenüber verpflichtet sein. »Ich brauche keinen.« »Ich kann alles allein.« »Ich brauche mir nichts gefallen zu lassen.«

Im Team sind diese Menschen oft zu außerordentlichen Leistungen fähig. Der Autist verbürgt sich für hohe Qualität. Der Egoist kann wundervoll Dinge in Bewegung setzen und zum Beispiel für das Team kämpferisch eintreten. Emotional halten sich beide den Kollegen gegenüber eher auf Distanz.

Wenn sie mit ihren Eigenheiten und Marotten nicht übertreiben, haben die Autisten und Egoisten für das Team sehr positive Seiten:

- Die Egoisten können zum Teil recht gut Führungsfunktionen übernehmen.
- Sie diskutieren mutig und lassen sich dabei von anderen nicht einschüchtern.
- Sie treffen eigenständige Entscheidungen und fallen nicht auf den Gruppendruck angeblicher Teamorientierung herein.
- Zivilcourage und Selbständigkeit sind Merkmale der Egoisten.
- Sie können Prioritäten gut unterscheiden und kommen bei Diskussionen oder Problembearbeitungen schnell auf den wesentlichen Punkt.
- Sie drücken sich klar aus. Sie verzichten auf Andeutungen, Schönfärberei oder Verschleierungstaktiken.
- Sie können fast immer mitreißende Vorträge halten.

- Die Autisten sind ebenfalls eigenständig in ihrer Meinung.
- Sie arbeiten sehr gut auch ohne Aufsicht oder Kontrolle.
- Sie denken kritisch und unbestechlich. Niemals folgen sie dummtrottelig der Herde (des Teams).

- Sie beobachten messerscharf, analysieren sauber und kommen zu treffsicheren Meinungen.
- Sie können gut abstrakt denken und erkennen im Einzelfall das Generelle.

Egoisten und Autisten haben, vermutlich wegen ihrer distanzierten Haltung, eine besonders gute Menschenkenntnis. Sie kann man nur schwer einwickeln. Sie unterscheiden immer zwischen: »Gut für mich.« Oder: »Schadet mir.« Sie unterscheiden auch selbständig zwischen: »Das erscheint mir richtig.« Oder: »Dem stimme ich nicht zu.«

Weder Autisten noch Egoisten lassen sich von der »Teamlüge« einwickeln. Dazu sind sie innerlich zu unabhängig. Es macht ihnen nichts aus, Außenseiter zu sein. Das ist ihnen lieber, als sich einer Herde einzugliedern, deren Wege und Ziele sie nicht billigen. Der Autist will weder »teamfähig« sein noch so wirken. Er pflegt bewußt und unübersehbar seine Individualität. Der Egoist hat innerlich die Haltung, daß ihm persönlich »Teamfähigkeit« nur schaden kann. Nach außen jedoch tritt er durchaus als Verfechter der Teamorientierung auf. Er hat nämlich begriffen, daß es seine Machtposition stärkt, wenn andere sich willig in die Herde eingliedern lassen. Egoisten kommen deshalb leichter als andere in Führungspositionen. Sie predigen den Untergebenen Teamgeist und betreiben für sich die egoistische Verfolgung individueller Machtziele.

5. Weiche und Wohltäter

Die Weichen und die Wohltäter streben in übersteigerter Form nach Hingabe, Geselligkeit, Anpassung und Gruppenorientierung. Dabei kann man unterscheiden zwischen denen, die sich vollständig an den Kollegen ausrichten und zu allem ja und amen sagen, und solchen, die sich beständig um die Kollegen und deren Wohlbefinden bemühen. In beiden Fällen spricht man häufig lobend von ausgezeichneter »Teamorientierung«. Beide fördern den Zusammenhalt der Gruppe und ver- oder behindern Unstimmigkeiten und individuelle Bestrebungen.

Für den Weichen bedeutet »Teamfähigkeit«, daß man sich anpaßt und nicht durch Widerstand oder Quertreiberei zum Außenseiter wird. Der Weiche möchte in der Menge untergehen. Er folgt jeder Mode, jedem Trend, jedem Vorschlag, jeder Entscheidung. Bloß nicht auffällig werden, bloß keine Merkmale zeigen, die sich von denen der anderen unterscheiden. Glücklich ist der Weiche, wenn im Team Einstimmigkeit herrscht. Wenn sich ein Team jedoch innerlich in Parteien spaltet, kann der Weiche in einen Konflikt geraten. An welche Partei soll er sich hängen? Der Weiche erlebt seine Kollegen als Maßstab für sich selbst: Solange ich genauso bin wie die anderen, bin ich richtig.

Der Wohltäter will aktiv und positiv im Team wirken. Seine Sorge gilt vor allem der »Teamfähigkeit« seiner Kollegen. Jeder, der auch nur Anzeichen von Individualität oder den Trieb nach Alleinsein signalisiert, wird vom Wohltäter wie vom »Guten Hirten« verfolgt und schleunigst zur Herde zurückgebracht. Für den Wohltäter bedeutet »Teamfähigkeit«, daß immer alle zusammenbleiben. Man geht mittags als geschlossene Gruppe zum Essen, man bespricht Probleme gemeinsam bis zur endgültigen Einigkeit, man schließt sich als Einzelperson niemals aus. Vom Wohltäter kann der bekannte Gruppenterror ausgehen. Da er häufig wirklich ein sehr netter und hilfsbereiter Kollege ist, fällt es den mehr individuell Ausgeprägten oft schwer, sich ihm zu entziehen. Man hat schnell ein schlechtes Gewissen, wenn man sich seiner liebevollen Fürsorge zu entziehen versucht. Der Wohltäter kann innerhalb des Teams zur Gouvernante werden, weil er ständig die anderen im Auge behält und jeden Ausbruch aus der Horde sofort verhindert. »Schön am Händchen bleiben!« Das ist die Botschaft der Wohltäter.

Psychologen deuten diesen ausgeprägten Drang nach Hingabe, Geselligkeit und Anpassung als Ausdruck einer häufig angeborenen Gefühlswärme einerseits oder einer erworbenen depressiven Grundhaltung andererseits: »Ich bin nichts. Die anderen sind wichtig.« Eine frühkindliche Ursache kann auch sein: übermäßige Umsorgung und Abschirmung vor der feindlichen Umwelt. Oder: übermäßige Dressur auf moralische Werte. Oder: frühe Erlebnisse von Verlassenheit und Liebesentzug.

Die anpassungsorientierten Jasager erleben sich selbst als abhängig vom Schutz der anderen. Sie haben Angst, durch ein Nein die Sympathie zu verlieren und dann ganz allein dazustehen. Der weiche Jasager ist stets bemüht, es allen und jedem recht zu machen. Und dennoch bedrückt ihn die Sorge: »Bin ich auch wirklich brav genug? Haben die anderen mich noch lieb?«

Unter den Jasagern finden sich häufig Muttersöhnchen, die nicht nur im Team willig alles mitmachen, sondern auch nach Feierabend als liebe Kinder gehorchen.

Die Wohltäter haben verinnerlicht, daß sie nur geliebt werden, wenn sie sich aufopfern und für andere gute Werke tun. Sie spüren oft selbst, daß sie mit ihrem Helfersyndrom einerseits sich selbst überlasten und andererseits den Kollegen auf die Nerven gehen. Aber sie können es nicht lassen. Sie mischen sich ein, sie lösen die Probleme der anderen, sie tragen das Leid der ganzen Welt auf ihrem Buckel. Und dennoch sind sie immer in Sorge: »Bin ich auch gut genug?«

Wenn sie mit ihren Eigenheiten und Marotten nicht übertreiben, haben die Weichen und Wohltäter für das Team ihre positiven Seiten:

- Sie tragen zur guten Stimmung im Team bei.
- Sie sind nett zu den Kollegen, hilfsbereit, freundlich und rücksichtsvoll.
- Sie bringen Verständnis für die Fehler der anderen auf und können vergeben.
- Niemals sind sie nachtragend oder rachsüchtig.
- Sie sind bereit, im Interesse der Gruppe eigene Wünsche zurückzustellen.
- Sie übernehmen gern die Verantwortung für gemeinsame Aufgaben.
- Sie sind liebevolle Gesprächspartner auch bei privaten Sorgen ihrer Kollegen.
- Niemals geht von ihnen Aggression oder Ärger aus. Statt dessen bemühen sie sich, die Konflikte der anderen zu schlichten.

Weiche und Wohltäter gelten als die Musterschüler der »Teamfähigkeit«. Niemand paßt sich so willig und nahtlos an, wie sie es tun.

Die Weichen lassen sich aufgrund ihrer Jasagerei auch bedenkenlos ausbeuten und mißbrauchen. Man denke nur an das Mauerschützenphänomen, an Mitarbeiter in Waffenfabriken und an Mitarbeiter der Konzern-Manager und Großbanken, die heute der Reihe nach wegen ihrer kriminellen Aktivitäten im Rampenlicht stehen. Als Außenstehender

fragt man sich: »Wieso haben die bei solchen Aktionen mitgemacht?!«
»Was bringt so einen kleinen DDR-Grenzer dazu, der doch eigentlich
kein schlechter Mensch ist, auf einen Flüchtling zu schießen?«

Das ist deren »Teamfähigkeit«. Wenn der Vorgesetzte befiehlt, und
alle haben genickt, dann wird sich der Weiche nicht dagegenstellen. In
manchen Kreditinstituten wird die Willigkeit der Weichen heute bewußt
ausgenutzt: Die Kunden verlangen von ihren Banken oder Sparkassen
Hilfe beim Verstecken von Schwarzgeld. Die Führungskräfte sind jedoch
aufgeschreckt durch die zunehmenden Durchsuchungen der Staatsan-
waltschaften. Um nicht selber schuldig zu werden und trotzdem den
Kunden nicht zu verärgern, setzt man »teamorientierte« Jasager und
Gehorcher auf die entsprechenden Positionen. Jasager tun, was Chefs
befehlen. Wenn die Sache auffliegt, hofft der Jasager (leider vergeblich),
daß er mildernde Umstände erhält, weil er ja nur auf Befehl gehandelt
habe. Der Chef heuchelt Überraschung. Er habe doch davon nichts ge-
wußt!

Der Wohltäter ist in jedem Team der Hauptbetreiber für die Entwicklung vom »Teamgeist« zur »Hordenmentalität«. Es verschafft ihm dabei
ein gewisses Machtgefühl, wenn er die anderen unter Druck setzen
kann: »Entweder du ordnest dich ein, oder du bist nicht teamfähig!«
Und teamfähig muß man heutzutage sein, wie wir pausenlos gepredigt
bekommen.

6. Perfekte und Korrekte

Die Perfekten und Korrekten streben in übersteigerter Form nach Beständigkeit, Dauerhaftigkeit, Seßhaftigkeit und dem Festhalten an Gewohntem und Bewährtem. Dabei kann man unterscheiden zwischen denen,
die sich mit liebevoller Hingabe ihrer Aufgabe widmen, alles perfekt erledigen und mehrfach kontrollieren, und solchen, die ständig ein Auge darauf haben, daß auch alles korrekt nach Vorschriften und Regeln verläuft.

Der Perfekte interessiert sich wenig für die Kollegen im Team. Er hat
ausschließlich Interesse für seine Arbeit. Ihn stört es eher, wenn er mit
anderen zusammenarbeiten muß. Sein Motto scheint zu sein: »Wenn

ich es selber mache, weiß ich wenigstens, daß ich es richtig mache.«
Wann immer ein anderer sich an seiner Arbeit zu schaffen macht, muß
der Perfekte es kontrollieren. In der Zeit hätte er es auch selber machen
können. Der Perfekte haßt nichts so sehr wie falsche Entscheidungen
und Experimente, bei denen der »richtige« Ausgang nicht garantiert ist.
Deshalb sperrt sich der Perfekte gegen jede Änderung und jeden kreativen Einfall. Für ihn muß vorher erwiesen sein, daß das Neue auch wirklich besser ist. Da das nicht möglich ist, wird der Perfekte alles daranset-
zen, Neuerungen zu verhindern. Der Perfekte erlebt seine Kollegen als
potentielle Pfuscher und Fehlerquellen.

Der Korrekte interessiert sich mehr für die Kollegen als für die Arbeit.
Er läuft wie eine Art Polizist herum und kontrolliert pausenlos, daß alle
sich an die Regeln halten, daß niemand heimlich gegen Vorschriften
verstößt. In der Regeltreue findet der Korrekte seine Sicherheit. Für ihn
bedeutet das: »Wenn ich mich an die Gebote halte, kann mir niemand
einen Vorwurf machen.« Bezogen auf die Kollegen heißt es: »Wenn sich
hier alle an die Regeln halten, herrscht Ordnung.« Der Korrekte sperrt
sich gegen Neuerungen, weil er in jedem kreativen Versuch, in jeder un-
gewohnten Handlung und in jedem Experiment die Gefahr von Chaos
wittert. Wo immer ein Kollege einen Vorschlag macht, einmal etwas aus-
zuprobieren, wird der Korrekte die entsprechende Vorschrift parat haben und darauf verweisen: »So muß es gemacht werden. So war es
schon immer!« Der Korrekte erlebt seine Kollegen als potentielle Verur-
sacher von Unübersichtlichkeit und Chaos.

Psychologen deuten diesen ausgeprägten Drang nach Dauerhaftigkeit, Beständigkeit und dem Festhalten am Gewohnten als entweder an-
geborene Behäbigkeit und einen Mangel an innerer Lebendigkeit oder
als Folge einer zu rigiden Erziehung, die dem Kind bereits in frühen Jahren die Neugierde und die Lust am Experimentieren genommen hat. Innerlich verfügt der Perfekte oder der Korrekte über ein starres Gerüst
von Vorschriften und Anweisungen: »Du mußt perfekt sein.« »Du mußt
den Regeln gehorchen.« »Du darfst nicht gegen Traditionen und die
übernommenen Werte verstoßen.« Die Perfekten und Korrekten fallen
im Team häufig durch Zwanghaftigkeit auf. Alles wird x-mal kontrolliert,
die Bleistifte liegen sauber ausgerichtet parat, die Schubladen sind nach

einem perfekten System geordnet. Nichts darf in Unordnung geraten, jede Überraschung muß vermieden werden, nichts darf kaputtgehen oder falsch gemacht werden. Es ist, als habe der Erwachsene immer noch die strengen Erzieher im Rücken, die nur darauf lauern, ihm eine Schuld anzuhängen. Da bleibt er lieber auf sicherem Boden und tut auch heute nur das, wofür er gestern schon nicht bestraft wurde. Perfektion in der Leistung und die korrekte Einhaltung von Regeln und Geboten geben diesen Menschen die innere Gewißheit: »Ich bin unschuldig. Mir kann keiner etwas vorwerfen.«

Im Team sind sie völlig unbrauchbar, wenn es darum geht, neue Problemlösungen zu entwickeln oder neue Aufgaben zu übernehmen. Der Perfekte und der Korrekte können niemals etwas tun, wofür sie vorher nicht intensiv geschult wurden. Sie gleichen dem Mann, der eigentlich Autofahrer werden wollte, sich jedoch in der ersten Fahrstunde weigerte, ohne Führerschein ans Steuer zu gehen, weil das – wie jeder weiß – strafbar ist.

Wenn sie mit ihren Eigenheiten und Marotten nicht übertreiben, haben die Perfekten und Korrekten für das Team ihre positiven Seiten:

- Sie sind sehr beharrlich und gehen selbst den Sachen auf den Grund, die andere längst aufgegeben haben.
- Sie verfügen über eine unbestechliche Konsequenz. Sie lassen sich von niemandem gegen besseres Wissen eine Meinung aufschwatzen.
- Sie halten immer zuverlässig ihr Wort. Man kann sich auf sie absolut verlassen.
- Sie garantieren die Qualität der Teamarbeit. Sie pfuschen nicht nur selber nicht, sie erkennen auch den Pfusch der anderen.
- Sie sind fast immer die »Eierköpfe« des Teams. Sie wissen mehr als andere oder wissen, wo man sich fehlende Unterlagen und Informationen beschaffen kann.

Von »Teamfähigkeit« kann man leider meist weder bei den Perfekten noch bei den Korrekten sprechen. Dafür sind ihnen die Menschen zu unwichtig. Sie sind viel zu sach- und fachorientiert, als daß sie auch nur ansatzweise darüber nachdenken, ob sie vielleicht die Gefühle der Kollegen verletzen. Wenn es im Team zu schlechtem Arbeitsklima kommt, sind fast immer die Perfekten und die Korrekten die Quelle des Problems. Beide sind – falls sie ihre Marotten nicht im Griff haben – schrecklich zwanghaft und wahre Nervensägen. Die Perfekten zeigen den Kollegen deutlich ihre Verachtung, falls einmal jemandem ein Fehler unterläuft. Sie stellen dann ihre eigene Perfektion ins Rampenlicht und demütigen den armen Fehlermacher gnadenlos. In jeder Teambesprechung verbeißt sich der Perfekte in winzige Details und quält mit seiner Rechthaberei die Kollegen. Es kann jedoch auch sein, daß der Perfekte tückisch wird. Dann sagt er in einer Besprechung kein Wort. Aber später untergräbt er wie ein Trüffelschwein das gemeinsame Ergebnis. Dann geht er im Unternehmen herum und zieht über die Besprechung her. Wer das einmal erlebt, wie so ein Perfekter mit Pokerface dabeisaß, nichts sagte und später alles vernichtete, der meidet diese Leute in Zukunft konsequent.

Warum machen die Perfekten das? Es ist ihnen egal, was die Kollegen fühlen. Es ist ihnen egal, ob das Team erfolgreich ist, ob es einen kollegialen Zusammenhalt hat, ob es im Unternehmen einen guten Ruf genießt. Der Perfekte macht seine Arbeit, rechts und links davon interessiert ihn nichts, am allerwenigsten die Menschen.

Die Korrekten sind auch nicht immer teamgeeignet. Sie führen sich manchmal auf wie verhinderte Schaffner, die stets auf der Suche nach einem Reisenden ohne Fahrschein durch die Abteile laufen. Man kann sie auch mit den Leuten vergleichen, die mit Notizblock und Bleistift durch die Straßen marschieren und Falschparker aufschreiben. Die Korrekten führen sich auf wie Teampolizisten. Ihr Hauptinteresse scheint darin zu liegen, die Kollegen bei Missetaten zu erwischen.

Das macht aus jedem Teamgeist ein Teamgespenst!

7. Charmeure und Hasardeure

Charmeure und Hasardeure streben in übersteigerter Form nach Neuerungen, Abwechslungen, Veränderungen und Abenteuern. Dabei kann man unterscheiden zwischen jenen, die sich eher auf andere Menschen und auf die eigene Person bezogen verändern, und solchen, die gezielt das Abenteuer suchen.

Der Charmeur ist eine häufig schillernde wie auch faszinierende Gestalt. Heute zeigt er diese und morgen jene Merkmale. Heute verletzt er seine Mitmenschen, morgen umschmeichelt er sie auf unwiderstehliche Weise. Der Charmeur ist einerseits eine große Bereicherung für das Team, weil es ihm gelingt, die anderen zu verzaubern und zu begeistern. Auf der anderen Seite macht ihn seine Unberechenbarkeit auch zum Störer im Team. Man weiß heute nicht, welche Meinung er morgen vertreten wird. Der Charmeur lebt im Hier und Jetzt. Er hängt Vergangenem nicht an und ist deshalb auch nicht nachtragend. Zuverlässig ist er aber auch nicht. Er ist zwar zukunftsorientiert, hat aber jeden Tag ein anderes Ziel vor Augen. Deshalb gilt die Meinung, die er hier und jetzt vertritt, auch immer nur für den Augenblick. Auch als Freund oder Geliebter ist der Charmeur selten ein zuverlässiger Partner. Er liebt auch in dieser Hinsicht den Wechsel.

Der Hasardeur ist der Abenteurer im Team. Ihn verlangt es beständig nach neuen Herausforderungen. Waghalsig begibt er sich in Vorhaben und Situationen, die andere in Angst und Schrecken versetzen. Der Hasardeur liebt das Risiko. Er braucht den Kitzel des Unbekannten und Gefährlichen. Innerhalb des Teams fühlt sich der Hasardeur deshalb nicht selten gebremst und geknebelt. Ihn nerven Regeln und Vorschriften ebenso wie die ewigen Bedenken der Bremser und Vorsichtigen. Somit ist der Hasardeur manchmal schwer zu führen und auch schwer im Kollegenkreis zu ertragen. Er liebt Alleingänge und Experimente, die er womöglich mit niemandem abgesprochen hat, die dann aber das Team oder den Teamleiter in Schwierigkeiten bringen. Sein Leichtsinn kann durchaus für die anderen zur Gefahr werden.

Charmeure und Hasardeure wirken häufig auf den ersten Blick wie Sonntagskinder oder Glückspilze. Sie scheinen auf der Sonnenseite des Lebens zu stehen. Man verzeiht ihnen ihre Fehler und fällt immer wieder auf ihren Charme herein. Sie überstehen die tollsten Abenteuer und kommen überall heil heraus. Sie sind beliebt und führen ein beneidenswert interessantes Leben. Sie sind lebhaft, kreativ und stehen immer im Mittelpunkt.

Auf der anderen Seite fragt man sich: »Ist das echt?« »Spielt die Person uns nur etwas vor?« Allein die Wechselhaftigkeit läßt uns darüber nachdenken, was denn nun der wahre Kern der betreffenden Person ist. Psychologen deuten diesen ausgeprägten Drang nach Neuerungen, Veränderungen und Abwechslung als mögliche Folge frühkindlicher Orientierungslosigkeit oder Verwöhnung. Dem Kind wurden keine Grenzen gesetzt, so daß es später als Erwachsener auch noch probiert, wie weit es eigentlich gehen kann. Oder das Kind wurde so gehätschelt, daß sich ihm eingeprägt hat: »Ich kann mir alles erlauben. Die anderen werden sich von mir alles bieten lassen, und aus kniffeligen Situationen hilft man mir bestimmt wieder heraus.«

Wenn sie mit ihren Eigenheiten und Marotten nicht übertreiben, haben die Charmeure und Hasardeure für das Team ihre positiven Seiten:

- Sie bringen frischen Wind und neue Ideen ins Team.
- Sie können die anderen begeistern, ermuntern und mitreißen.
- Sie sind optimistisch und tragen damit zur positiven Stimmung bei.
- Ihre Kreativität läßt die Teamkollegen gewohnte Dinge in neuem Licht sehen. Somit verhindern sie Stillstand oder ein Festfahren in gewohntem Trott.
- Ihr Charme gibt ihnen die Fähigkeit, auch Vorgesetzte für sich einzunehmen. Damit können sie oft Vorteile für das Team erreichen.
- Mit ihrer faszinierenden Ausstrahlung können sie zum Beispiel bei der Präsentation von Teamergebnissen auch Außenstehende überzeugen. Sie tragen damit zum guten Ruf des Teams bei.
- Es macht, wenn sie ihre Marotten nicht übertreiben, meist Spaß, mit ihnen zusammenzuarbeiten.
- Sie sind flexibel und können sich blitzschnell neuen Situationen anpassen. Während die anderen noch grübeln, wie sie mit einem plötzlichen Problem umgehen sollen, haben die Charmeure und Hasardeure bereits viele neue Ideen.
- Sie sind manchmal vielleicht etwas aufbrausend und zu forsch im Umgang mit anderen, jedoch niemals tückisch oder nachtragend.
  Auf den ersten Blick stellen die Charmeure und Hasardeure genau das dar, was die Theoretiker sich unter einem kreativen und aufgeschlossenen Teammitglied vorstellen. Trotzdem klappt die Teamarbeit mit ihnen oft nicht. Das kann folgende Gründe haben:
- Charmeure und Hasardeure neigen dazu, unzuverlässig, ungenau

und unpünktlich zu sein. Sie nehmen ihre Arbeit und ihre Verantwortung nicht ernst genug. Sie verlassen sich darauf, daß die Kollegen sich schon rechtzeitig um das kümmern, was sie vergessen oder zu spät erledigen. Damit leben sie rücksichtslos auf Kosten der anderen.

- Die Charmeure und Hasardeure sind die einzigen, die mit ihrer lockeren Art tatsächlich der Ideologie der hierarchiefreien Zusammenarbeit folgen. Sie katzbuckeln nicht vor dem Vorgesetzten, sondern widersprechen ihm genauso selbstbewußt wie jedem beliebigen Kollegen. Damit tun sie das, was die Teamideologie vorschreibt. Leider gehört die Lehre von der hierarchiefreien Zusammenarbeit mit zu den vielen Lügen über Teamarbeit. Die wenigsten Führungskräfte wollen wirklich, daß ihre Mitarbeiter mit ihnen den gleichen Umgangsstil pflegen wie mit den Kollegen. Bei ihnen ist es ein bloßes Lippenbekenntnis, wenn sie sich als »Gleiche unter Gleichen« bezeichnen. Sie wissen, daß die Mode von der Teamarbeit das verlangt. Tief in ihrem Herzen hassen sie trotzdem die »Untergebenen«, die ihrem »gehobenen Status« keine Referenz erweisen. Aber auch Kollegen mit der Neigung zu Anpassung und Hingabe können den lockeren Ton der Charmeure und Hasardeure oft schlecht ertragen. Für sie ist es fast eine quälend zu beobachtende Majestätsbeleidigung, wenn sie sehen, wie selbstbewußt die Charmeure und Hasardeure mit dem Vorgesetzten umgehen.
- Charmeure und Hasardeure gehen sehr selten emotionale Bindungen am Arbeitsplatz ein. Sie schließen schnell Kontakte oder gar freundschaftliche Beziehungen, vergessen ihre Kollegen aber auf der Stelle, wenn sich ihnen woanders neue Chancen bieten. Ihnen ist das Team letztlich vollkommen egal.

8. Und alle machen Druck!

Unabhängig davon, in welche der vier beschriebenen Richtungen sich die »Spinnerei« eines Kollegen entwickelt, kann man zusätzlich mit dem Problem rechnen, daß einige der Mitglieder im Team heftigen Druck auf andere ausüben. Man will nicht nur die eigenen Marotten durchsetzen, man will auch die Kollegen zwingen, sich in einer bestimmten Weise zu verhalten.

Die Geselligen üben Gruppenterror aus. Sie hassen es, wenn sich jemand zurückziehen möchte. Sie hassen es auch, wenn sich kleine Gruppen – sofort abfällig als »Cliquen« bezeichnet – bilden. Die Geselligen setzen »Teamfähigkeit« mit dem Einverständnis mit ständigem Zusammensein gleich. Niemand darf sich vom gemeinsamen Gang zur Kantine ausschließen, niemand sich innerhalb des Kollegenkreises spezielle Freunde suchen. Die Geselligen bestehen darauf, daß die Horde stets zusammensteht. Der schlimmste Gruppenterror bricht aus, wenn ein Geselliger im Team ist, der zu Hause weder Partner noch Familie hat. Solche Leute können es oft nicht einmal ertragen, wenn nach Feierabend die Kollegen heimgehen. Nein, man geht selbstverständlich zwecks Förderung des Teamgeistes am Abend zusammen in die Kneipe. Man trifft sich möglichst am Wochenende zu gemeinsamen Unternehmungen. Man zieht jede Sitzung und jedes Meeting in die Länge, bis tief in den Abend hinein. Die Geselligen klammern sich an die Kollegen und lassen keinen entkommen.

Die Rechthaberischen zwingen anderen ihre Meinung auf. Dabei kann es sich um militante Nichtraucher, fanatische Vegetarier, extreme Protestanten, verbissene Kommunisten, intellektualisierende Hobbypsychologen oder sonstige Sektierer handeln. Niemals lassen sie zu, daß ein Kollege zu ihrem Lieblingsthema eine andere Meinung vertritt als sie. Bohrend und quälend ausführlich belehren sie ihre Mitmenschen über die einzig richtige Meinung dieser Welt. Ganz egal, ob andere das Thema überhaupt interessiert, sie müssen sich die Monologe der Rechthaberischen anhören. Und wehe, jemand versucht die Aussagen zu relativieren!

Die Hilflosen machen ihre bedauernswerte Hilflosigkeit den Kollegen zur Aufgabe. Man hat sich gefälligst um sie zu kümmern, sie zu umsorgen, lieb zu ihnen zu sein, Rücksicht auf sie zu nehmen. Wer sich weigert, dem Hilflosen zu Diensten zu sein, wird sofort moralisch abgewertet. Es kann sich dann nur um einen herzlosen Egoisten ohne Teamgeist handeln. Für die Hilflosen ist es selbstverständlich, daß sie ihre Schwäche von anderen gepflegt bekommen. Das Team ist ihr persönliches Sanatorium. Niemals macht ein Hilfloser einen Finger für das Team krumm. Nein, umgekehrt!

Die Robusten benutzen das Team als persönliches Trainingslager für geistige Muskelspiele. Sie greifen andere an, versuchen sich in der Kunst des Unterdrückens und Manipulierens. Mal sehen, wen von den Kollegen man wie in Angst versetzen kann. Den Robusten macht es Spaß, ihre Kräfte zu messen. Jede Diskussion wird zum Machtkampf, jeder kleine Konflikt zu einem Krieg um Sieg oder Niederlage. Der Robuste will immer wissen, wer ihm gewachsen ist und wer lieber kuschen sollte. »Dem habe ich es aber gegeben!« Das ist der Lieblingsspruch des Robusten. Seine Botschaft lautet: »Ich bin stark, und ihr seid schwach.«

In jedem Team treten allein deshalb von Zeit zu Zeit Konflikte auf, weil die anderen sich dem Druck einer bestimmten Person nicht länger beugen wollen. Man will einfach nicht dauernd im Troß des Geselligen traben. Das ewige Predigen des Rechthaberischen wird unerträglich, weil man es einfach zu oft gehört hat. Die Hilflosigkeit des Schwachen nervt ohne Ende. Man hat ihm so oft geholfen, und dennoch ist keine Besserung seiner Situation in Sicht. Man hat irgendwann das Gefühl, sich lange genug dem Robusten unterworfen zu haben.

Wenn sich Widerstand gegen den Druck einer Person regt, kommt es unweigerlich zu Konflikten. Die einen glauben, der Teamleiter müsse endlich etwas gegen den Quälgeist unternehmen. Die Selbständigen wollen der betreffenden Person gleich persönlich an den Kragen. Die Unentschlossenen fragen sich, ob es denn wirklich so schlimm ist. Die Mitleidigen ändern plötzlich ihre bisher ebenfalls ablehnende Haltung gegenüber dem Problemfall und entdecken ihr warmes Herz für den Kollegen, gegen den sich nun alle zur Wehr setzen wollen. Das darf man doch nicht machen: Alle gegen einen!

Es gibt keine dauerhafte Harmonie im Team. Nie bringt man alle unter einen Hut. Nie bringt man sie dazu, sich alle wirklich zu mögen und als gleichwertige Kollegen zu respektieren.

Man könnte einiges an Frust allein dadurch abbauen, wenn man sich endlich von den Idealen der angeblich so wunderbaren Teamarbeit verabschiedete.

9. Jeder trägt seine eigene Brille

Das Zusammenarbeiten im Team wird schon dadurch erschwert, daß jedes Mitglied einen anderen Blick auf die Realität hat. Beständig ergeben sich Gelegenheiten, miteinander in Wortgefechte bis hin zu echten Streitereien zu geraten. Und immer ist sich einer absolut sicher, die Dinge realistisch und vernünftig zu sehen. Das wäre ja nicht so schlimm, wenn wir nicht immer von dem Zwang erfaßt würden, anderen unsere Sichtweise aufdrängen zu wollen. Allein deshalb kann es keine dauerhafte Harmonie in einer Personengruppe oder in einem Team geben. In jeder Runde befindet sich ein Missionar. Und der wird keine Ruhe lassen. Egal, um welches Thema es sich handelt, der Missionar wird die anderen mit seiner Botschaft drangsalieren.

Beim individuellen Blick auf die Welt unterscheidet man sechs »Typen«:

1. Der Theoretiker
Der Theoretiker ist intellektuell orientiert. Die Realität ist für ihn immer nur Anlaß, sich darüber aufzuregen, daß die Dinge nicht so sind, wie sie eigentlich sein müßten. Der Theoretiker hat das Ideal stets vor Augen. Seine Sprache zeichnet sich aus durch Wörter wie: hätte, sollte, könnte, müßte, wäre. Der Theoretiker kann weder wirtschaftlich noch praktisch denken oder entsprechende Entscheidungen akzeptieren. Er will immer die 150%-Lösung. Er kann die Dinge oder die Menschen nicht so nehmen, wie sie sind, sondern wird verbissene Diskussionen darum führen, wie sie sein sollten. Der größte Feind des Theoretikers ist der Pragmatiker.

2. Der Pragmatiker
Der Pragmatiker läßt fünfe gerade sein, wenn man nur vom Reden zum Handeln kommt. Er weiß, daß es keine Ideallösungen gibt, also muß das realistisch Machbare reichen. Intellektualität und Theorien haben für den Pragmatiker keinen Wert in sich. Für ihn gilt: Ist die Idee brauchbar oder nicht? Ist die Lösung umsetzbar oder nicht? Lohnt es sich oder nicht? Ist es bezahlbar oder nicht? Wird unsere Entscheidung auf Akzep-

tanz stoßen oder nicht? Der Pragmatiker nimmt die Welt, wie sie ist, und richtet sich danach. Die Spitzfindigkeiten der realitätsfernen Theoretiker nerven den Pragmatiker.

3. Der Ästhet

Der Ästhet will unbedingt gute Arbeit leisten und gute Entscheidungen treffen. Auch er ist von wirtschaftlichen Überlegungen weit entfernt. Der Ästhet kann ohne jedes Gespür für Eile liebevoll auch noch die abgelegensten Nippel seiner Arbeit vergolden. Qualität ist sein Lieblingswort. Angewidert schaut er auf Kollegen, die zügig an die Arbeit gehen und in der geplanten Zeit ihre Ergebnisse produzieren. Das kann nur Pfusch sein!

4. Der Moralist

Der Moralist hat in sich ein starres Gerüst von Regeln und Gesetzen. Dabei kann es sich um die Regeln der Höflichkeit handeln, um die Gesetze der Betriebsordnung, um die zehn Gebote, um die Gebote einer jeden anderen Weltanschauung oder um irgendwelche Regeln irgendeiner Theorie. Ist er religiös geprägt, wird er überall Sünde wittern. Ist er Kommunist, wird er sich stets fragen, ob auch nicht die Arbeitermassen geschädigt werden. Ist er wohlerzogen und aus bürgerlichem Haus, wird er überall schlechtes Benehmen erkennen. Ist er fanatischer Anhänger der Lehre vom positiven Denken, sieht er überall Verstöße gegen den Optimismus. Der Moralist hat ein klares Schwarz-Weiß-Weltbild. Er stellt immer fest: gut oder böse, richtig oder falsch, erlaubt oder verboten. Grautöne oder Zwischenwerte gibt es für ihn nicht.

5. Der Retter der Menschheit

Der Retter der Menschheit ist vom Eifer beseelt, Gutes tun zu müssen. Das Team muß der Menschheit dienen. Er dient im Team den Schwachen. Niemandem gesteht er das Recht zu, sich notfalls selbst unglücklich zu machen. Vom Retter der Menschheit wird jeder zu seinem Glück gezwungen. Er weiß, was den anderen gut tut, was ihnen hilft, was für sie richtig ist. Mit seinem Helfersyndrom kann er zur Pest derer werden, die keine Lust haben, sich retten zu lassen. Der Retter läßt sich in seinen guten Werken nicht aufhalten. Wenn der andere nicht einsieht, was gut für ihn ist, dann muß man ihm halt mit Gewalt zu seinem Glück verhelfen. Er meint es ja nur gut, der Retter!

6. Der Politiker

Für den Politiker ist alles eine Machtfrage. Er will gewinnen und in jeder Besprechung, bei jeder Entscheidung recht behalten und Sieger sein. Außerdem liebt der Politiker Spiele der Macht und der Manipulation. Andere auf seine Seite bringen ist ein Teil des Politikerglücks. Der andere Teil ist die lustvolle Vernichtung von Gegnern. Der Politiker unterscheidet immer: Wer ist für mich? Wer ist gegen mich? Was nutzt meinen Zielen? Was schadet mir? Wie komme ich nach oben in der Hierarchie? Wer hat mehr Macht als ich? Wer ist mir unterlegen? Der Politiker will innerhalb des Teams eine Machtposition für sich persönlich. Er will aber auch mit Hilfe des Teams Macht im Unternehmen. Für den Politiker stellen die Teamkollegen seine Partei. Deshalb muß er sie ständig »auf Linie halten«. Niemand hat eine andere Meinung zu vertreten. Wer es dennoch tut, ist ein Gegner und muß besiegt werden.

Offene Kommunikation, gemeinsame Entscheidungsfindung, kooperativer Arbeitsstil und die Maxime, »Betroffene zu Beteiligten« machen zu müssen, führen unweigerlich zu typischen Endlosdiskussionen in der Teamarbeit. Der Vorgesetzte soll nicht disziplinarisch eingreifen, die Mitarbeiter sollen als gleichberechtigte Mitglieder des Teams ohne Hierarchieprioritäten gemeinsam zu Entscheidungen und Ergebnissen kommen. Wie soll das möglich sein, wenn jeder die ihn umgebende Wirklichkeit durch seine eigene Brille betrachtet, sich auch darum bemüht, die anderen zu belehren, sich selbst aber kein Stück von der eigenen »Wahrheit« abbringen läßt?

Der Vorgesetzte will auf keinen Fall durch autoritäres Gebaren seine eigene »Teamorientierung« in Frage stellen. Also werden Workshops abgehalten, Brainstormings zelebriert und kreative Prozesse mit vereinter Kraft angeleiert. Wohin führt das?
- Endlose Laberdiskussionen stehlen allen die Zeit.
- Die Starken setzen die Schwachen unter Druck.

- Die Schwachen erkennen sich sofort als »unterdrückte Minderheit« und setzen ihrerseits die Starken unter Druck.
- Die Theoretiker halten am Ideal fest und verbeißen sich in Diskussionen um des Kaisers Bart. Niemals können sie sich mit einer Lösung abfinden, die nicht das Optimum bedeutet.
- Die Pragmatiker wollen schlicht eine brauchbare Lösung für das jeweilige Problem, zumindest eine Notlösung. Hauptsache, die Arbeit kann endlich weitergehen.
- Die Ästheten wollen unbedingt ihre Arbeit vergolden. Sie bestehen auf Niveau. Wirtschaftliche Überlegungen sind meilenweit von ihren Gedanken entfernt.
- Die Moralisten appellieren an das Gewissen. Egal, was getan oder entschieden wird, irgendwo erkennen sie immer, daß Werte verletzt werden. Überall wittern sie finstere Absichten von Egoisten. Dagegen kämpfen sie an. Stillstand ist ihnen fast das liebste. Auf der anderen Seite wollen sie, daß bestehende miese Zustände sich ändern, aber auf keinen Fall so, wie die Kollegen es vorschlagen.
- Die Retter der Menschheit profilieren sich in Teamdiskussionen häufig dadurch, daß sie stets dann, wenn man gerade dabei ist, sich zu einigen, schnell noch diejenigen in der Runde ansprechen, die mit dem gemeinsamen Ergebnis nur teilweise einverstanden sind. Nein, auch deren Einwände dürfen nicht marginalisiert werden! Also geht die Diskussion von vorne los. Die Retter der Menschheit betrachten sich im Team als die Beschützer der jeweils Unterlegenen. Damit gelingt es ihnen, jeden Versuch, zu einer Teamentscheidung zu kommen, in einen Dauerprozeß zu verwandeln.
- Den Politikern ist es letztlich egal, worum es eigentlich inhaltlich geht. Sie wollen ihre Machtspielchen, ihre Manipulationstechniken, ihre Diskussionssiege.

Und alle zusammen sind dafür verantwortlich, daß in den meisten Fällen »Teamwork« mit endlosen »Laberdiskussionen« gleichgesetzt wird. Aufgrund dieser »Teambesprechungen« ödet die Mitarbeiter vieler Unternehmen das Thema »Team« längst an. Die Führungskraft befindet sich in einer Zwickmühle: Bricht sie die zähen Besprechungen ab und verzichtet für Entscheidungen auf die Zustimmung aller, muß sie sich den Vorwurf machen lassen, nicht teamorientiert, sondern autoritär zu führen. Läßt sie die Diskussionen laufen, ärgern sich die Mitarbeiter über die Langeweile und werfen dem Teamleiter vor, »führungsschwach« zu sein.

III. Letztlich stammen wir alle von den Hühnern ab

1. Wer sucht was im Team?

Die Mitglieder eines Teams unterscheiden sich nicht nur im Temperament, sondern auch in dem, was sie in ihrer Arbeit anstreben, was sie für sich im Team erreichen wollen, was ihnen wichtig ist. Die Haltung eines jeden Mitglieds unterscheidet sich im Hinblick auf die Kollegen, die Aufgabe, die persönliche Chance zur Einflußnahme und Machtausübung. Es gibt Menschen, die gern eine dominante Rolle spielen oder zumindest peinlich darauf achten, daß sich ihnen gegenüber niemand Dominanz anmaßt. Es gibt aber auch jene, die sich gern der Mehrheit anschließen und Anführern folgen. Es gibt Mitglieder im Team, denen es absolut wichtig ist, daß sie ihre Arbeiten mit höchster Qualität erledigen. Sie mögen sich vielleicht weniger für die Kollegen interessieren, konzentrieren sich statt dessen ganz auf die Aufgabe. Daneben gibt es welche, die im Team vor allem das gesellige Zusammensein mit den Kollegen suchen. Sie brauchen den Kontakt, interessieren sich für die persönlichen Belange der anderen und möchten am liebsten den Kollegenkreis in einen Freundeskreis verwandeln.

Grundsätzlich ist jeder von uns mehr oder weniger intensiv mit den drei folgenden Strebungen ausgestattet:

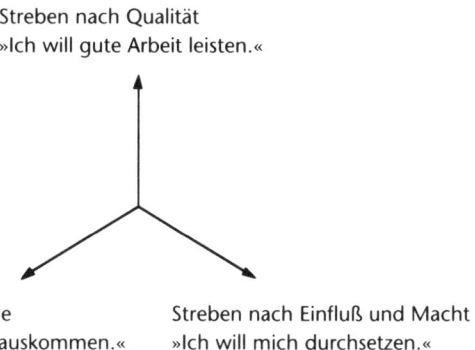

Streben nach Qualität
»Ich will gute Arbeit leisten.«

Streben nach Harmonie
»Ich will mit allen gut auskommen.«

Streben nach Einfluß und Macht
»Ich will mich durchsetzen.«

Obwohl jeder diese drei Bestrebungen in sich verspürt, ist auch hier die Intensität unterschiedlich ausgeprägt. Für einige ist das Team eine Arena der offenen bis heimlichen Machtausübung. Andere klammern sich vielleicht zu stark an die Kollegen und betreiben damit fast Gruppenterror, in der Sorge, es könne sich jemand von der »Herde« entfernen. Wieder anderen ist menschliche Nähe egal oder sogar lästig. Sie möchten ihre Ruhe, um sich voll auf den Job konzentrieren zu können.

Die machtorientierten Mitglieder des Teams werden von den anderen mitunter bewundert, wenn sie dem Chef mal die Meinung sagen. Man fürchtet sie aber auch heimlich. Niemand mag sich mit ihnen anlegen. Dafür wirken sie zu stark. »Mit dem ist nicht gut Kirschen essen!« heißt es dann. Diese starken Kollegen werden um ihre Machtposition beneidet. Man weiß, daß sie im Vergleich zu anderen bessere Karrierechancen haben.

Die geselligkeitsorientierten Mitglieder des Teams werden emotional gut aufgenommen. Sie gelten als nette Menschen, als gute Zuhörer und willige Helfer. Man wendet sich mit Problemen vertrauensvoll an sie, spricht sich bei ihnen aus, auch bei Konflikten. Oft gelingt es ihnen, Friedensengeln gleich, Streit zu schlichten, Feinde zu versöhnen und herbe Kritik seitens des Chefs abzufangen. Andererseits ist man mit diesen Kollegen auch etwas vorsichtig. Nicht selten sind sie die Tratschzentrale des Teams. Sie wissen zu viel, finden alles heraus und wittern selbst das, was noch keiner ihnen erzählt hat. In ihrem Streben nach Geselligkeit können sie ihre Zunge dann nicht im Zaum halten. Die geselligen Kollegen werden auch ein wenig verachtet. Sie sind einfach zu nett und zu nachgiebig. Sie können nicht nein sagen und lassen sich die Aufgaben und Probleme aufhalsen, zu denen kein anderer Lust hat.

Die aufgabenorientierten Mitglieder des Teams führen gelegentlich ein Eigenleben bis hin zum Autismus. Sie reden nicht viel, haben keine Ahnung von den Gerüchten um sie und zeigen auch recht deutlich, daß die Kollegen ihnen völlig schnuppe sind. Man bewundert das Fachwissen und die hohe Qualität dieser Leute, aber man kommt menschlich nicht an sie heran. Manchmal werden sie ein wenig gefürchtet. Sie wirken nicht selten arrogant, besserwisserisch, schulmeisternd oder zynisch. Mit einer gewissen Verachtung schauen sie auf die ihnen fachlich oder in der Leistung unterlegenen Kollegen herab. In den machtorientierten Kollegen sehen sie Schaumschläger und Angeber. Die geselligkeitsorientierten Kollegen betrachten sie als naive Dummköpfe und Vereinsmeier. Die Arroganz kann sich sogar auf den Vorgesetzten beziehen. Auch ihm gegenüber begreift sich der Aufgabenorientierte als klüger und tüchtiger. Manche von ihnen verbittern im Laufe der Jahre. Sie erleben sich selbst allen anderen gegenüber in fachlicher und sachlicher Hinsicht weit überlegen und müssen dann doch feststellen, daß nicht sie, sondern die in ihren Augen dümmeren und fauleren Aufschneider und Ellenbogentypen die Karriereleiter hinaufsteigen. Das empfinden sie als persönliche Zurücksetzung.

Es wäre falsch und ungerecht, Werturteile fällen zu wollen, welches Verhalten oder welche Haltung besser ist. Es kommt immer im Einzelfall darauf an, wie jemand seine Begabungen, Fähigkeiten oder Neigungen nutzt. Häufig werden spontan die aufgabenorientierten und die gemeinschaftsorientierten Menschen als gut und die machtorientierten als böse eingeschätzt. Das ist falsch.

Beispiel:
Bei einem deutschen Unternehmen werden in harmonischer Teamarbeit Tretminen für Krisengebiete hergestellt. Vorgabe ist unter anderem, daß die Minen einen bestimmten Wirkungsradius haben. Bei den aufgabenorientierten Mitarbeitern kann man sich darauf verlassen, daß sie die Minen technisch perfekt mit genau dem geforderten Wirkradius herstellen. Vage Gefühle wie Mitleid mit Kindern, denen Hände und Füße abgerissen werden, kommen ihnen nicht in den Sinn. Kampfgase, legale und illegale Medikamente für die Tiermast, Logistiksysteme für quälerische Viehtransporte... Alle diese Dinge funktionieren so einwandfrei, weil fleißige Aufgabenorientierte sich gewissenhaft auf die Herstellung konzentrieren und keinen Gedanken an jene verschwenden, denen ihre Produkte schaden.

Beispiel:
In einem Kreditinstitut werden in harmonischer Teamarbeit Kunden bei der Verschiebung von Schwarzgeld unterstützt. Obwohl allen be-

kannt ist, daß sie sich strafbar machen, lehnt sich niemand auf. Es sind die Gemeinschaftsorientierten, die darauf achten, daß die Herde dem Chef bei seinen Machenschaften nachtrottet. Später werden es auch die Gemeinschaftsorientierten sein, die nicht begreifen können, warum man sie vor Gericht stellt und bestraft. »Wir mußten das doch machen! Der Chef hat das angeordnet!« werden sie sagen. Oder: »Wenn wir es nicht getan hätten, dann hätten es andere getan.« Durch Mitläufertum und Hordeninstinkte zeichnen sich die Gemeinschaftsorientierten aus.

Beispiel:
In einer der Kirche zugehörigen Wohlfahrtsorganisation wird dem Chef bekannt, daß eine der unverheirateten Mitarbeiterinnen mit ihrem Freund zusammenlebt. Sie soll, da die Kirche sich nicht an alle verbindlichen Gesetze zu halten hat, gefeuert werden. Die aufgabenorientierten Teamkollegen ignorieren das Problem. Die Gemeinschaftsorientierten sprechen der Unglücklichen unter vier Augen ihr Bedauern aus und helfen mit Ratschlägen. Die Machtorientierten hauen auf die Pauke und setzen den Chef so unter Druck, daß er es vorzieht, diese Liebesgeschichte in Zukunft genauso zu übersehen, wie man in Kirchenkreisen auch an anderer Stelle die sexuellen Eskapaden sogar pädophiler Gemeindepfarrer übersieht.

Machtorientierte Menschen sind eben nicht nur die finsteren Egoisten, als die sie gern hingestellt werden. Es sind auch jene, die sich nicht der Masse oder den Mächtigen blind unterordnen. Häufig sind sie die Rebellen, die sich gegen Unrecht auflehnen, Zivilcourage beweisen, ihren Einfluß nutzen, um Dinge zu ändern, die geändert werden müssen.

Mit pauschalen Urteilen über das Verhalten oder Bestreben einzelner Teammitglieder sollte man immer vorsichtig sein. Den Vorgesetzten sind natürlich die aufgabenorientierten und die gemeinschaftsorientierten Mitarbeiter am liebsten. Die einen funktionieren am Arbeitsplatz perfekt, und die anderen halten die Herde in emotional pflegeleichtem Zustand.

Grundsätzlich führt die Unterschiedlichkeit der Bestrebungen für die Teamarbeit zu folgender Tendenz: Die Aufgabenorientierten neigen zu Einzelgängerverhalten. Die Geselligkeitsorientierten suchen ständig Kontakt und Kommunikation. Die Machtorientierten suchen immer steuernd einzugreifen und ihre Dominanz auszubauen.

Die Aufgabenorientierten haben kaum Einfluß auf das Verhalten der Gruppe. Hingegen können die anderen recht viel im Team bewirken. Ein Team kann somit eine Zusammenstellung von »gleichwertigen« oder »gleichberechtigten« Mitgliedern sein. »Gleichmächtigkeit« gibt es in einem Team aber niemals.

2. Hack- und Herdenordnung – Hühner und Kühe leben es vor

Mit der »Teamlüge« soll uns vorgegaukelt werden, daß es im Team – anders als in traditionellen Abteilungen – keine disziplinarischen oder hierarchischen Hemmnisse gibt, die die Kreativität, Leistungsbereitschaft und Harmonie der Mitarbeiter einschränken. Das macht den Traum vom Glück im Team zum unmittelbaren Nachfolger vom Traum der antiautoritären Erziehung in den siebziger Jahren. Damals glaubte man, Kindern durch eine antiautoritäre Erziehung die Freiheit zu verschaffen, sich angstfrei entwickeln und alle Potentiale ausleben zu können. Das Ergebnis davon war und ist, daß die Kinder heute zwar keine Angst vor traditionellen Respektspersonen (Eltern, Lehrer, Hausmeister etc.) mehr haben, dafür jedoch zunehmend Opfer brutaler Mitschüler werden und einen Hang zu streng hierarchischen Freizeitorganisationen (z.B. Wehrsportgruppen, Guru-Sekten) verspüren.

Vielleicht sind wir noch nicht oder grundsätzlich nicht in der Lage, hierarchiefrei miteinander zu leben. Es gibt immer Menschen – und sie scheinen in der Mehrheit zu sein – mit einem ausgeprägten Streben nach Unterordnung, Anpassung und Harmonie. Und es gibt Menschen – eher eine Minderheit – mit ausgeprägtem Streben nach Dominanz, Machtausübung und Konfliktbereitschaft. Dazwischen gibt es jene, die am liebsten in Ruhe ihren Interessen nachgehen. Kein Wunder, daß sich ganz natürlich Hierarchien entwickeln. Je weniger offizielle Machtstrukturen in das Zusammenleben oder Zusammenarbeiten eingreifen, desto härter wird in den inoffiziellen oder auch illegalen Hierarchien um persönliche Macht gekämpft. So wie leider in besonders freiheitlichen und demokratischen Staaten die Kriminalität rasant steigt, muß man auch in »freiheitlichen« Teams modern geführter Unternehmen beobachten, wie die Sitten unter den Kollegen rauher und gemeiner werden. Wo man früher katzbuckelte und den Chef umschleimte, werden heute Ellenbogengefechte ausgetragen und Mobbing-Orgien gefeiert.

Das soll nicht heißen, daß in der Kindererziehung der Rohrstock und in den Betrieben der Untertanengeist wieder eingeführt gehört. Wir sollten uns aber von den Illusionen über uns selbst verabschieden. Wir stammen nicht nur körperlich von den Tieren ab, sondern auch im Fühlen und Verhalten. So wie die Hühner ihre Hackordnung, die Wölfe ihre Rudelstruktur und die Kühe ihre Leitkuhtreue pflegen, haben wir unseren Hang zu inoffiziellen Hierarchien.

Manche Mitarbeiter in Teams wollen diese Strukturen nicht wahrhaben. Derart schreckliche Dinge wie Hackordnungen gäbe es bei ihnen nicht. Aber wenn man dann mit der Gruppe eine kleine, unverfängliche Übung – zum Beispiel Bau einer Brücke aus Spanholz – durchführt oder nur gemeinsam zum Essen geht, erkennt man auf der Stelle, wer die Anführer sind und wer zu den Mitläufern oder gar Unterdrückten gehört.

Die Hackordnung bildet sich automatisch nach den individuell unterschiedlich entwickelten Bestrebungen nach Macht und Einfluß, nach persönlicher Ausstrahlung, natürlicher Autorität oder auch nach Geschick im manipulativen Umgang mit den Kollegen. Im Wolfsrudel mag das körperlich stärkste Tier Rudelführer oder »Alpha-Tier« werden. Hirsche kämpfen mit aufeinanderknallenden Geweihen gegeneinander. Wir verfügen da über zum Teil feinere und unauffälligere Methoden. In Jugendbanden oder Schlägertrupps spielt die körperliche Überlegenheit vielleicht noch eine Rolle. Auch in Kneipen kann man gelegentlich noch beeindruckende Mannbarkeitsriten beobachten, die aus der menschlichen Urgeschichte zu stammen scheinen: Wer den anderen unter den Tisch saufen kann, ist der Held.

In den Teams moderner Unternehmen finden vergleichbare, aber zum Glück nicht ganz so brutale oder primitive Kämpfe um die Position des »Alpha-Tiers« statt. Oft ist es nicht die körperlich stärkste Person, die in der Gruppenhierarchie oben steht. Und dennoch kann man feststellen, daß die körperlich Robusten sich leichter durchsetzen als zierliche Personen. Niemals entscheidet die Intelligenz über den Rang in der inoffiziellen Hierarchie. Im Gegenteil, meist sind es gerade die »Intelligenzbestien« und die »Denkmaschinen«, die sich bitter darüber beklagen, daß die »Großmäuler« und die »Aufschneider« so mächtig sind.

Bei den ranghohen Personen einer Gruppe handelt es sich immer um solche, die einen starken Einfluß auf das Verhalten der anderen haben. Meistens ist der Ranghöchste eine Person mit starker Machtbestrebung. Manchmal ist es eine Person mit starkem Geselligkeitsstreben. Nie ist es die Person mit der stärksten Aufgabenorientierung, unabhängig davon, ob diese Person fachlich hoch anerkannt ist oder nicht.

Es verhält sich somit wie bei den Hühnern. Da steht auch nicht das Huhn ganz oben, welches die größten oder die meisten Eier legt.

Außenstehende erkennen bei einer Gruppe recht schnell, wer das Sagen hat, wer Wortführer ist. Man nennt das Alpha-Tier einer menschlichen Gruppe auch Trendsetter, Meinungsbildner oder Rädelsführer.

Moderne Führungskräfte, die ja angeblich nicht in Teamprozesse eingreifen und das Team sich selbst steuern lassen, lernen in Führungsseminaren eine gezielte Gruppenmanipulation. Diese funktioniert über die Person, die sich als »inoffizieller Führer« etabliert hat. Das klappt wie beim Alpenbauern, der im Herbst die Kühe von der Weide holt. Er dirigiert die Leitkuh, und ihr zockelt das Milchteam hinterher. Der Bauer hat überhaupt keinen Anlaß, die einzelnen Tiere der Herde auch nur eines Blickes zu würdigen, um ihre treue Gefolgschaft zu sichern.

Und das ist auch der Kern der »Teamlüge«. Den Mitarbeitern wird die Illusion gegeben, sie seien von der traditionellen Chef-Autorität befreit und könnten sich in trauter Runde der Kollegengruppe frei nach ihren Fähigkeiten und Neigungen entwickeln. Tatsächlich handelt es sich beim Team-Management lediglich um eine Führungsvereinfachung. Früher mußten Vorgesetzte sich noch um die einzelnen kümmern. Heute reicht es, die Leitkuh am Nasenring in die richtige Richtung zu führen. Innerhalb der Herde bilden sich gemäß den Instinkten ausreichend Mechanismen der gegenseitigen Kontrolle, der gegenseitigen Motivation und Niederknüppelung (»Mobbing«). Und niemand kann dem Vorgesetzten Vorwürfe machen, er habe falsch motiviert oder böswillig schikaniert. Hinter der Team-Ideologie steckt im Grunde nichts anderes als die Nutzung uralter Herden- oder Hordeninstinkte, die wir alle von den Hühnern, den Wölfen, den Kühen oder Pavianen, oder wer sonst noch vor uns war, geerbt haben.

3. Wer wird hier zum Alpha-Tier?

Vorgesetzte haben ihren eigenen Kandidaten im Team, den sie als Alpha-Tier favorisieren. Oft handelt es sich dabei um fleißige und gehorsame Personen mit hohem Nutzwert im Hinblick auf Leistung und Qualität. Dann versuchen die Vorgesetzten – natürlich vergeblich – die Gruppe davon zu überzeugen, daß diese Person wirklich großartig ist und von allen als Vorbild akzeptiert werden sollte.

Wir kennen diese Versuche aus unserer Schulzeit. Da gab es auch immer jene Schüler, die allen anderen von den Lehrern als Musterbeispiele vorgehalten wurden. Diese unglücklichen Kinder wurden vielleicht Musterschüler, aber auf keinen Fall Meinungsbildner oder Trendsetter oder Alpha-Tiere in der Klasse. Im Gegenteil! Während der Pausen und auf dem Schulweg wurden sie mehr verfolgt und gequält als andere.

Man kann auch in Teams nicht auf Wunsch der Unternehmensleitung hin eine bestimmte Person in die höchste Stufe der inoffiziellen Hierarchie heben. Die Rudelprozesse lassen sich so leicht nicht manipulieren, schon gar nicht von seiten der offiziellen Hierarchie. Das Team sucht sich instinktiv jene Person aus, die es als ranghöchste und somit als Leitfigur akzeptiert.

In jeder Gruppe gibt es Mitglieder, die aus sich selbst heraus den Willen haben, die höchste Machtposition einzunehmen. Aber auch der persönliche Wille zur Macht reicht nicht. Es gibt sehr fleißige und kluge Teammitglieder, die davon ausgehen, daß alle Kollegen sich ja wohl ein Beispiel an ihnen nehmen müßten. Dem ist natürlich nicht so. Man sieht in diesen Leuten eher Streber und lehnt sie ab. Solch gescheiterte Möchtegern-Alpha-Tiere werden meist zu Bürokraten. Sie wollten an die inoffizielle Macht und schafften es nur zu einer Rolle, in der sie die anderen mit ihrer Pingeligkeit und Verkniffenheit terrorisieren können.

Eine andere Variante des Scheiterns auf dem Weg nach oben erlebt man mit stark geselligkeitsorientierten Personen. Sie betrachten sich als väterliche oder mütterliche Freunde der Kollegen. Liebevoll, erzieherisch oder therapeutisch wollen sie alle anderen darin unterstützen, eine glückliche Gemeinschaft zu werden. Dafür möchten sie die Spitzenposition einnehmen, das Zentrum der Gruppe sein. Solche Personen enden oft als Betriebsnudel.

Die dritte Variante des Scheiterns beim Aufstieg auf der inoffiziellen Karriereleiter kennen wir von machtorientierten Teammitgliedern. Sie wollen unbedingt das Sagen haben, sich Gehör verschaffen und beständig durch Wortbeiträge alle Blicke auf sich lenken. Solche Personen enden leicht als Gruppenclown. Sie produzieren eine Menge Wirbel um sich, stehen im Zentrum der Aufmerksamkeit, können außer Lachern jedoch bei den anderen nichts hervorrufen.

Der Wille zur Macht reicht allein demnach nicht, um zum Alpha-Tier zu werden. Bürokraten, Betriebsnudeln und Gruppenclowns sind die tragischen Rollen derer, die es versucht haben, von der Gruppe aber in der Rolle des Ranghöchsten nicht akzeptiert wurden.

Wesentlich ist die persönliche Ausstrahlung. Es gibt Personen, die gar nicht viel dafür tun müssen, daß man ihnen immer wieder – egal, in welcher Gruppe sie sich bewegen – die höchste Position in der inoffiziellen Hierarchie zugesteht oder sogar anträgt. Es kann vorkommen, daß sie bereits in verschiedenen privaten Vereinen, Verbindungen, Bürgerinitiativen oder Clubs die Rudelführerrolle haben und deshalb gar kein Interesse verspüren, sich auch noch am Arbeitsplatz in diese Position drängen zu lassen. Und dennoch kommen die Kollegen mit Bitten wie: »Sorg du doch mal dafür, daß...!« Oder: »Kannst du nicht veranlassen, daß...?« Solche Personen strahlen Autorität, Stärke, Durchsetzungskraft und »Leadership« aus. Andere können es deshalb gar nicht lassen, sie zu bedrängen, die Rolle doch anzunehmen.

Dabei orientiert sich das Team weniger an dem, was es von der Intelligenz oder dem Anstand der betreffenden Person weiß. Es ist vielmehr ein instinktives Zutrauen in die Durchsetzungsfähigkeit oder Stärke der betreffenden Person. Und das hat tatsächlich mehr mit Ausstrahlung als mit allem anderen zu tun.

Bei Wahlen kann man es ebenfalls beobachten. Da will zum Beispiel eine Person mit vielleicht hoher Intelligenz oder ausgeprägtem Moralempfinden zum Alpha-Tier der Republik werden. Da gibt es eine ganze Partei mit ausgeklügeltem Programm. Da gibt es eine ausgelaugte Regierungspartei mit einem Kanzler, am dem laut Umfragen die Mehrheit sich längst sattgesehen hat. Aber nein, wenn das Möchtegern-Alpha-Tier über keine Ausstrahlung verfügt, ist nichts zu machen. Das Team (die Wähler) will keine blasse Erscheinung zum Ranghöchsten. Da bleiben sie lieber beim alten Kanzler.

Ausstrahlung, natürliche Autorität, zupackendes Wesen, Markigkeit... Das ist es, was man braucht, um in inoffiziellen Hierarchien oder bei Wahlen nach oben zu kommen.

4. Alpha-Tier – Steht die Rolle mir?

Vielleicht möchten Sie inoffizieller Führer Ihres Teams werden? Vielleicht möchten Sie nicht unbedingt ganz oben in der inoffiziellen Hierarchie stehen, aber doch in einer gehobenen Position und nicht unten beim Fußvolk? Der hier folgende Test ist zwar nicht umfassend, gibt Ihnen jedoch Anhaltspunkte über Ihre aktuellen Chancen, in der Hackordnung aufzusteigen. Wohlgemerkt: Diese Chancen müssen nicht auf Dauer gelten. Es kann sehr wohl sein, daß Sie durch Verhaltensänderungen aufgrund der später beschriebenen Tips Ihre Chancen längerfristig verbessern.

Bei den nun folgenden Aussagen kreuzen Sie bitte immer diejenigen an, die überwiegend auf Sie zutreffen oder denen Sie zustimmen. Was nicht zu Ihnen paßt oder was Sie für falsch halten, lassen Sie unmarkiert.

1. Viele Diskussionen sind allein deshalb sinnlos, weil die Wortgewaltigen sich durchsetzen. Wenn die Lautstärke wichtiger wird als der Inhalt, dann ziehe ich es vor, mich überhaupt nicht mehr an der Diskussion zu beteiligen.
2. Ich unterbreche andere niemals beim Sprechen. Auch dann nicht, wenn ich den endlosen Monologen gar nicht mehr folge.
3. Wenn man mich provoziert, kann ich ganz schön lospoltern. Vermutlich schüchtere ich andere damit gelegentlich etwas ein.

4. In Diskussionen steigere ich mich gern mal in emotionale Wortgefechte. Dann vertrete ich mitunter extreme Standpunkte, die ich so überspitzt natürlich nicht wirklich ernst meine.

5. In größeren Runden fällt es mir schwer, das Wort zu ergreifen.

6. Bei Kollegen und Vorgesetzten bin ich wegen meiner ruhigen und verträglichen Art recht beliebt. Ich kann auch Streithähne wieder an einen Tisch bringen.

7. Es kann sein, daß ich in Sitzungen zu Monologen neige. Aber dafür melde ich mich auch nicht so oft zu Wort. Ich rede nur, wenn ich etwas Sinnvolles beizutragen habe. Aber dann müssen die Details auch geklärt werden.

8. In konträren Diskussionen vertrete ich meinen Standpunkt nie aggressiv. Ich bleibe lieber diplomatisch, weil ich mich damit recht gut durchsetzen kann, ohne jemanden unnötig zu ärgern.

9. Wenn die anderen heftig diskutieren und dabei laut werden, fühle ich mich unwohl. Dann kann ich gar nichts mehr sagen. Ich finde es auch unmöglich, wie manche sich aufführen!

10. Niemals würde ich um des Diskutierens willen einen Standpunkt vertreten, den ich selbst nicht für vollkommen richtig halte.

11. In Diskussionen bin ich nie um ein Wort verlegen. Mir fällt immer auf der Stelle die passende Antwort ein.

12. Es kommt gelegentlich vor, daß ich aus lauter Spaß am Diskutieren auch dann noch heftig mitmache und unbedingt recht behalten will, wenn mich das Thema innerlich längst nicht mehr interessiert.

13. Es kann sein, daß ich auf Vorgesetzte und Kollegen schüchtern wirke. Ich bin nun einmal nicht so ein Ellenbogentyp oder Kämpfer.

14. Ich habe oft den Eindruck, daß Kollegen und Vorgesetzte die Zusammenhänge und Konsequenzen nicht so gründlich durchdenken wie ich. Ich glaube, daß die anderen einfach drauflosreden, ohne sich die Sache wirklich überlegt zu haben.

15. In Meetings und Besprechungen kommt es manchmal vor, daß ich mich zu Wort melde, aber niemand läßt mich reden. Ich bekomme einfach nicht die Chance, auch mal etwas beizutragen.

16. In Diskussionsrunden achte ich darauf, daß alle zu Wort kommen. Dabei unterstütze ich auch jene, die sich nicht so leicht Gehör verschaffen können.
17. Ich spreche eher leise. Damit kann man die anderen zwingen, aufmerksam zuzuhören.
18. Wenn mir jemand ins Wort fällt, höre ich sofort mit dem Sprechen auf. Ich selbst würde niemals anderen ins Wort fallen. Das gehört sich einfach nicht.
19. Manchmal könnte ich mir nach einem Meeting oder einer Besprechung auf die Zunge beißen, weil ich mich wieder zu sehr exponiert habe. Aber mir gehen dann einfach die Pferde durch.
20. Wenn es in einem Wortgefecht laut wird, rede ich automatisch auch lauter. Das merke ich oft erst im nachhinein, wenn es mir im Hals kratzt.
21. Es wäre mir sehr peinlich, etwas Dummes vor Kollegen oder gar Vorgesetzten zu sagen. Im Zweifel sage ich lieber nichts.
22. Auf Vorgesetzte und Kollegen wirke ich vermutlich ruhig und ausgeglichen. Ein Schwächling bin ich auch nicht. Man vergleicht mich wohl mit einem Felsen in der Brandung.
23. Es kann gut sein, daß ich auf Schwache und Schüchterne manchmal zu hart oder aggressiv wirke. Aber mir liegt diese sanfte und weiche Art nicht so.
24. Es kommt vor, daß ich mich gelegentlich mit Kollegen verplaudere und dabei die Uhr vergesse.
25. Ich finde, daß Vorgesetzte und Sitzungsleiter oder Moderatoren darauf achten müssen, daß in einer Diskussionsrunde die Regeln der Höflichkeit beachtet werden und jeder zu Wort kommt.
26. Endlose Monologe, die von einem Detail zum anderen führen, öden mich an. Ich höre dann auf keinen Fall zu. Entweder ich denke solange an etwas anderes, oder ich unterbreche den Monologisierer einfach.
27. Ich glaube, daß man mich für intelligent und vernünftig hält. Leider unterschätzen die anderen mich dennoch, weil ich nicht so große Töne spucke. Aber daran liegt mir auch wirklich nichts.
28. Wenn es in Diskussionen sehr laut wird, greife ich ein und versu-

che, den Wortwechsel wieder auf einen ruhigeren Level zu bringen.

29. Wenn es in Diskussionen lautstark zugeht, kann es gar nicht mehr sinnvoll sein, sich zu beteiligen. Ich ziehe mich dann zurück und lasse die anderen krakeelen. Krawall ist nicht mein Stil.

30. Ich bin eigentlich nie in heftige Wortwechsel verwickelt. Bei mir werden auch Hitzköpfe letztlich zahm.

31. Wenn ich etwas unbedingt durchsetzen will, gehe ich nicht in Konfrontation, sondern suche mir Verbündete.

32. Ich lasse mich in Diskussionen niemals zu unbedachten Äußerungen hinreißen, weil mich auch die heftigsten Provokationen völlig kaltlassen.

33. Wenn mich ein Thema sehr interessiert oder aufregt, falle ich sogar dem eigenen Chef ins Wort.

34. Wenn ich unbedingt etwas erreichen will, entwickele ich eine Strategie zu meinem Ziel. Daran halte ich mich konsequent.

35. Wenn mich jemand persönlich angreift, bin ich wie gelähmt. Ich kann mich dann auch gar nicht wehren.

36. Ich habe ein ziemlich dickes Fell. Wenn sich mal einer vergißt und mich angreift, nehme ich das nicht gleich persönlich. Man kommt ja später meist ohnehin wieder gut miteinander aus.

37. Wenn mich einer persönlich angreift, dann sage ich gar nichts mehr oder werde zynisch. Persönliche Angriffe sind mir einfach zu dumm. Auf das Niveau lasse ich mich nicht herab.

38. Es kommt gelegentlich vor, daß ich nach einer Besprechung oder einem Meeting einzelne Teilnehmer noch einmal unter vier Augen anspreche und etwas tröste, wenn ich glaube, daß sie sich von den Kollegen verletzt gefühlt haben.

39. Es ist eigentlich die Pflicht des Vorgesetzten, dafür zu sorgen, daß bei Gehaltserhöhungen und Beförderungen nach den jeweiligen Leistungen vorgegangen wird. Aber in der Praxis sind viele Führungskräfte in dieser Hinsicht sehr ungerecht.

40. Wer mich angreift, bekommt sofort eins auf die Mütze. Da kenne ich nichts.

Wenn Sie die auf Sie passenden Aussagen angekreuzt haben, dann folgt nun die Auswertung. Die Aussagen gehören in vier Kategorien: »Hirn«, »Herz«, »Faust« und »Herzchen«. Die Zuordnung ist wie folgt:

»Hirn«	»Herz«	»Faust«	»Herzchen«
1.	6.	3.	2.
7.	8.	4.	5.
10.	16.	11.	9.
14.	22.	12.	13.
17.	24.	19.	15.
27.	28.	20.	18.
29.	30.	23.	21.
32.	31.	26.	25.
34.	36.	33.	35.
37.	38.	40.	39.

In welcher der vier Kategorien haben Sie die meisten »Treffer«? Vermutlich haben Sie überall ein paar Aussagen gefunden, die zu Ihnen passen. Kaum jemand ist nur in einer der Kategorien vertreten. Von den folgenden Beschreibungen paßt jedoch diejenige am besten auf Sie, in der Sie die meisten »Treffer« haben.

»Hirn«

Sie haben kaum eine Chance, jemals als Alpha-Tier an die Spitze der inoffiziellen Hierarchie zu gelangen. Sie sind dafür viel zu »verkopft« und verfügen über zu wenig »soziale Kompetenz«. Vermutlich werden Sie als guter Sacharbeiter oder Fachprofi anerkannt. Menschlich stehen Sie aber am Rand. Sie sind sehr klug darin, sachliche und logische Argumente für die Beweisführung Ihrer Ansichten zu formulieren. Sie können jedoch niemals andere Menschen begeistern oder für sich einnehmen. Da Sie keinen Einfluß auf das Verhalten anderer haben, können Sie auch nicht führen.

Vermutlich sind Sie auch nicht gut in der Teamarbeit. Es liegt Ihnen nicht, sich mit anderen abzusprechen und die Ansichten anderer als gleichwertig zu akzeptieren. In einem eher intellektuellen Umfeld sind

Sie eine »Denkmaschine« oder ein »Eierkopf«. In einem weniger intellektuellen Umfeld sind Sie »der Beste von allen«.

Leider neigen Sie ein wenig (oder sehr stark) zu einem menschenverachtenden Verhalten. Sie lassen es die Kollegen und womöglich den Vorgesetzten fühlen, wenn Sie der Ansicht sind, daß die sich irren oder Fehler machen. Es ist Ihnen völlig egal, ob Sie die Gefühle anderer verletzen. Wichtig ist für Sie nur, ob die Sachzusammenhänge stimmen.

Sie wirken auf die Kollegen klug und kalt, vernünftig und verachtend. Damit wird man kein guter Teamkollege und schon gar kein inoffizieller Führer.

In traditionellen Unternehmen und in Behörden können Sie jedoch in der offiziellen Hierarchie aufsteigen. Da ist es nicht unüblich, daß man den besten Sachbearbeiter zum Abteilungsleiter macht. In der Position werden Sie bestimmt keine Teamarbeit propagieren. Sie behalten zu viel an Arbeit und Entscheidungen bei sich und fördern auch nicht gerade die Kommunikation. Ihr Motto könnte lauten: »Wenn ich es selber mache, dann weiß ich, daß es richtig gemacht ist.«

»Herz«

Sie haben gute Chancen, von den Kollegen als Alpha-Tier anerkannt zu werden. Sie arbeiten nicht stur an der Sache, sondern kümmern sich auch rechts und links um die Belange der Menschen um Sie. Sie sind warmherzig, rücksichtsvoll und mitdenkend. Trotzdem wirken Sie nicht wie ein Weichei.

Man folgt Ihnen und Ihren Vorschlägen, weil man Sie persönlich schätzt und davon ausgeht, daß Sie immer das Interesse aller im Auge behalten.

Ihre Führungsqualitäten kommen besonders bei Reibereien und Konflikten zum Tragen. Die anderen erkennen schnell, daß Sie ausgleichend wirken und selbst bei Chaos und heftigen Auseinandersetzungen innerlich Ruhe bewahren, den Überblick behalten und letztlich den Frieden wiederherstellen.

Sie sollten sich niemals einen Job suchen, an dem Sie allein arbeiten müßten. Sie lieben den Umgang mit anderen und sind auch für Vorgesetzte und Kollegen eine Bereicherung.

Eine Gefahr besteht allerdings bei Ihnen: Sie könnten sich zu sehr um die Belange der anderen kümmern und dabei sich selbst überfordern oder die Sacharbeit vergessen. Bedenken Sie immer, daß Ihre Kollegen und Ihre Vorgesetzten Sie nicht als Therapeuten brauchen. Auch Ihr Arbeitsplatz wird vermutlich keine Kurklinik sein. Beachten Sie, daß Sie von erwachsenen Menschen umgeben sind, die einer bezahlten Arbeit nachgehen. Es handelt sich nicht um hilflose Küken, deren Glucke Sie sind.

Sie können Alpha-Tier werden, aber auch »Team-Muttchen« oder »Gruppen-Onkel«. Lassen Sie sich nicht jedes Problem aufhalsen.

»Faust«

Sie haben die Durchsetzungsfähigkeit zum Alpha-Tier. Von Ihnen gehen Stärke und Kraft aus. Man bewundert und fürchtet Sie. Den Kollegen imponiert es, wie Sie den Vorgesetzten auf gleicher Ebene ohne jede Unterwürfigkeit begegnen. Ihr Mut ist es, der die anderen zu Ihnen aufschauen läßt.

Die meisten Alpha-Tiere sind Ihnen im Auftreten ähnlich. Wenn Sie darüber hinaus einen hohen Anteil an »Treffern« unter der Kategorie »Herz« hatten, dann ist Ihr Aufstieg in der inoffiziellen wie in der offiziellen Hierarchie praktisch unaufhaltsam. Sie verfügen über das, was als Charisma bezeichnet wird. Sie haben dann ein paar Feinde oder Konkurrenten mit ähnlichem Persönlichkeitsprofil weniger. Das sind jene Kollegen, die auch ganz oben in der Hackordnung sein möchten. Mit denen werden Sie eventuell zu kämpfen haben. Außerdem werden Sie von einigen wenigen der Kollegen (in der Kategorie »Hirn«) verachtet. Damit müssen Sie leben. Die Mehrzahl der Kollegen wird Ihnen folgen. Sie strahlen natürliche Autorität aus.

Leider sind Menschen wie Sie häufig unbeherrscht und zu spontan. Das kann dazu führen, daß Sie zwar aufsteigen, jedoch mit der Zeit mehr Feinde als Verbündete haben. Wenn Sie dann einmal schwach sind, finden sich viele, die Lust haben, sich nun an Ihnen zu rächen.

Man bewundert Sie und fürchtet Sie zugleich. Nicht selten sind Sie zu brutal und rücksichtslos. Vermutlich bemerken Sie das nicht einmal, weil Sie selbst »hart im Nehmen« sind. Denken Sie stets daran, daß andere empfindlicher sein können als Sie. Gehen Sie von Zeit zu Zeit zu den Kollegen und entschuldigen Sie sich für Ihre Direktheit. Menschen wie Sie haben immer einen Grund, andere um Verzeihung zu bitten. Besser wäre es natürlich, Sie würden Ihre Emotionen mehr in den Griff bekommen.

Für Vorgesetzte wirken Menschen wie Sie oft bedrohlich. Man unterstellt Ihnen – nicht immer zu Unrecht – Rebellion und Aufsässigkeit. Das kann dazu führen, daß Sie sich in Reibereien mit Chefs verlieren und es letztlich doch nicht schaffen, die Kollegen unter Ihre Alpha-Tier-Führung zu bekommen.

»Herzchen«

Sie sind ein liebes Mäuschen mit bestimmt gutem Benehmen. Niemals kommen Sie auf eine gehobene Position in der Hackordnung. Wenn Sie lieb sind, sind die anderen nett zu Ihnen. Man nimmt Sie zwar nicht für voll, läßt Sie aber ungequält existieren. Wenn Sie jedoch Marotten haben, die den Kollegen auf die Nerven gehen, dann sind Sie ganz schnell das Opfer von Mobbing.

Von Menschen wie Ihnen geht manchmal eine gewisse Arroganz aus. Man merkt es Ihnen förmlich an, wie Sie ständig das Benehmen der anderen beobachten und schaudernd feststellen, daß Knigge das niemals erlauben würde. Wie eine Gouvernante registrieren Sie jeden Bruch der Höflichkeitsregeln. Wahrscheinlich haben Sie schon lange festgestellt, daß der einzige anständige Mensch im Team Sie sind. Der Chef kümmert sich auch nicht um Gerechtigkeit, die Welt ist einfach schlecht und böse.

Sie sind ein Typ für den »Club der Versager«.

Als »Club der Versager« bezeichnet man jene, die im Team oder in der Abteilung nicht mithalten können und sich ungerecht behandelt fühlen. Man sieht, wie die anderen vorankommen, während man selbst beruflich auf der Stelle tritt. Da man mit dem Problem nicht allein bleiben möchte, sucht man sich Gleichgesinnte: andere Versager.

Frauen in diesem Club bestätigen sich gegenseitig, daß sie wegen ihres Geschlechtes diskriminiert werden. Männer ziehen sich darauf zurück, daß sie doch mehr auf innere Werte zugeschnitten sind und nicht auf die bulligen Kampftaktiken der Ellenbogentypen. Oder sie halten sich für aufrechte Charaktere mit Zivilcourage im Unterschied zu den Schleimern und Schleichern, die dem Chef sonstwo reinkriechen.

Männer im »Club der Versager« erleben zunehmend, daß ihr Scheitern in krassem Kontrast zum Erfolg von Frauen steht. Dann kommen sie zu der Erkenntnis, daß den Frauen heutzutage sowieso alles geschenkt wird. Bei den erfolgreichen Frauen kann es sich nur um dumme Quotenkühe, hochgevögelte Chefmiezen oder verbiesterte Emanzen mit miesen Tricks handeln. Auf keinen Fall können Intelligenz, Persönlichkeit und Qualifikation für den Erfolg einer Frau ausschlaggebend gewesen sein. Dann wären sie schließlich selbst oben in der inoffiziellen oder der offiziellen Hierarchie.

So trifft sich im »Club der Versager« alles, was ganz unten in der Hackordnung steht und sich selbst für den »Club der Gerechten« hält.

5. Typische Merkmale potentieller oder amtierender Alpha-Tiere

In einer bestehenden Gruppe ist meist auf Anhieb erkennbar, wer die höchste Position in der inoffiziellen Hierarchie inne hat. Häufig ist es die exponierteste Person und diejenige, die am meisten von den anderen angeschaut wird. Dabei muß es sich nicht unbedingt um die lauteste oder zunächst auffälligste Person handeln. Es gibt sowohl inoffizielle Führer mit offensichtlich dominantem Gehabe als auch stille Führer, die nur von Zeit zu Zeit durch ein Wort oder eine Geste die Gruppe lenken und beeinflussen.

Mancher überlegt sich, ob er selbst eine Chance hat, jemals irgendwo Alpha-Tier zu werden oder wenigstens auf einen höheren Posten in der inoffiziellen Hierarchie des Teams zu gelangen. Bei der Personalauswahl für offizielle Führungskräfte wird ebenfalls zunehmend nach Personen gesucht, die vergleichsweise leicht von anderen als dominant anerkannt werden. Wer in inoffiziellen Hierarchien aufsteigen kann, kann sich immer auch in offiziellen Hierarchien durchsetzen.

Was sind die typischen Merkmale potentieller offizieller oder inoffizieller Führer? Wenn Intelligenz, hohe Moralstandards, Fleiß und Engagement nicht reichen, so heißt das noch lange nicht, daß Dummheit, mieser Charakter, Faulheit und Uneindeutigkeit die Garanten für Erfolg sind.

Typische Merkmale, die man zwar nicht immer allesamt bei jedem Alpha-Tier beobachten kann, sind:

- Ausstrahlung von körperlicher Robustheit,
- Stimme, die sich auch in Tumulten noch durchsetzen kann,
- Bereitschaft, sich mit Kollegen und auch mit Vorgesetzten anzulegen, ohne dabei in zähe Rechthaberei zu geraten,
- Verzicht auf allseitige Beliebtheit,
- Fähigkeit, anderen Menschen Bitten ganz einfach abzuschlagen, ohne dabei Entschuldigungen oder langatmige Begründungen auszuführen,
- Fähigkeit und Bereitschaft, andere Menschen vor den Kopf zu stoßen oder sie einzuschüchtern, wenn eigene Ziele durchzusetzen sind,
- lustvolle Kampfbereitschaft in Konflikten, ohne sich in blinder Wut zu verzetteln,
- Lust an Sieger-Gehabe nach gewonnenen Konflikten,
- leicht ruppige Kommunikation und schlagfertige Reaktion auf Äußerungen anderer,
- Neigung zu Selbstbeweihräucherung und Selbstinszenierung,
- hemmungslos in Meetings verspätet hereinplatzen und Mut, alles bisher von den anderen Vereinbarte für ungültig zu erklären,
- erhöhter Geräuschpegel im Vergleich zu den Kollegen durch lautere Stimme, hemmungsloseres Stühlerücken und Türenknallen und durch feste Schritte beim Anmarsch oder Abgehen,
- Ungeduld in der Zusammenarbeit mit bedächtigeren, gründlicheren oder einfältigeren Kollegen,
- Dickfelligkeit bei Kritik und persönlichen Angriffen,
- Bereitschaft zur Verletzung von Höflichkeitsregeln, vor allem durch Neigung zum Unterbrechen und Übertönen in Diskussionen,
- kurzes Gedächtnis im Hinblick auf eigene Zusagen,
- messerscharfes Gedächtnis beim Einfordern der Zusagen anderer,
- blitzschnell im Erkennen günstiger Gelegenheiten,

- Bereitschaft zum Übertreten von Verboten und Regeln,
- Neigung zur ausgiebigen Nutzung des »kleinen Dienstweges«,
- demonstrativer Mangel an Respekt vor Ranghöheren bis zur Dreistigkeit,
- Fähigkeit, schnelle Entscheidungen zu treffen und Fehlentscheidungen souverän zu revidieren.

Das vermutlich typischste aller Merkmale ist, daß Alpha-Tiere immer viel größer wirken, als sie es tatsächlich sind. Man denke nur an kleine Männer wie Franz-Josef Strauß, Gerhard Schröder, Helmut Schmidt. Auch Margaret Thatcher ist zierlicher, als man von ihrer Ausstrahlung her vermuten würde.

Die körperliche Präsenz von Alpha-Tieren ist besonders gut in Meetings zu erkennen. Sie sitzen breit und bequem, beanspruchen viel mehr Platz auf dem Konferenztisch als die Sitznachbarn und haben keine Hemmung, langweilige Diskussionen lautstark anzutreiben und sich Dinge, die sie nicht begriffen haben, mehrfach wiederholen zu lassen. Sie können mitten in die andächtige Stille eines Chef-Vortrags hinein zischend eine Flasche öffnen, beim Einschenken mit den Gläsern klappern und sich dafür laut beim Nachbarn entschuldigen.

Für den Chef und die Kollegen wird damit demonstriert: Wenn ich nicht will, kann der da vorne nicht in Ruhe seinen Vortrag halten.

Alpha-Tiere sind nicht darauf aus, mit Bescheidenheit und guten Manieren einen netten Eindruck zu machen. Es ist ihnen schnuppe, was andere von ihnen und ihrem Benehmen halten, wenn sie nur ihren eigenen Willen durchsetzen können.

Und das ist es, was den anderen imponiert. Man fürchtet und bewundert sie. Das ist ihre Stärke.

Problematisch wird es in einem Team, wenn mehrere Personen von vergleichbarer Dynamik und Ausstrahlung zur gleichen Zeit die höchste Position in der Hackordnung anstreben. Wenn das Team groß genug ist – etwa ab acht Personen –, bilden sich dann um die jeweiligen Alpha-Tiere Cliquen. Wenn das Team für Cliquenbildung zu klein ist, kann es zu zermürbenden Kämpfen kommen.

In der kleinen Riege der Spitzenpolitiker, wenn mehr als einer glaubt, beim nächsten Mal gefälligst als Kanzlerkandidat eingesetzt werden zu müssen, passiert das sehr anschaulich. So entsteht auch der Parteitratsch, über den wir so viel in der Zeitung lesen: Haben sie sich wieder gekloppt, der aus Niedersachsen und der aus dem Saarland?

Machtkämpfe zwischen potentiellen Alpha-Tieren im beruflichen Umfeld können für die Leistung eines Teams tödlich sein. Die schwächeren Mitglieder der Gruppe erfüllt das »Gigantenringen« mit Schrecken oder auch mit lustvollem Interesse. Da bleibt für die Arbeit weder Zeit noch Kraft. Die geselligkeitsorientierten Mitglieder sind dann pausenlos bemüht, die Konflikte unter den Teppich zu kehren und Harmonie herbeizuzwingen. Die sachorientierten Kollegen versuchen es mit logischen Diskussionen über Sinn und Unsinn der Streitereien. Die Machtmenschen prügeln sich unterdessen weiter. Für sie gibt es keine friedliche Lösung, bis ausgekämpft ist, wer als Sieger schließlich die Top-Position in der inoffiziellen Hierarchie einnimmt.

Eine gewisse Zeit kann der Vorgesetzte diese Rangeleien dulden. Sie sind nichts anderes als das, was sich im Wolfsrudel oder in der Paviansippe auch abspielt, bis das Leittier ermittelt ist. Ziehen sich jedoch die Kämpfe zu lange hin, dann muß von den beiden potentiellen Alpha-Tieren die Person aus dem Team entfernt werden, die im Moment den schwächeren Eindruck macht. Dadurch wird der anderen die Chance gegeben, sich ganz oben zu positionieren. Wenn der Vorgesetzte aus irgendwelchen Gründen die im Moment stärker wirkende Person entfernt, fühlt sich das Team um sein »wahres« Alpha-Tier betrogen. Mit hoher Wahrscheinlichkeit kommt es danach zu unterschwelligen Unruhen in der Gruppe oder zu Fluktuationen. In manchen Unternehmen führte die interne Fluktuation dazu, daß der Reihe nach die Mitglieder des Teams dem versetzten »wahren« Alpha-Tier in dessen neue Gruppe folgten.

IV. Wenn wir schon bei den Tieren sind

1. Und der Haifisch, der hat Zähne...

Um die Phänomene zwischenmenschlicher Beziehungen zu veranschaulichen, werden gern Beispiele aus der Tierwelt gewählt. Die Vergleiche hinken zwar ein wenig, machen aber bildhaft deutlich, was ansonsten nur umständlich erklärt werden könnte.

Ein Modell zur Erklärung von Verhalten innerhalb von Teams ist der Vergleich mit Fischen oder anderen Wassertieren. Dieses Modell unterscheidet:

Karpfen
Karpfen ziehen ziellos im Trüben ihre Kreise. Jede Bewegung oder jeder Schatten, der aufs Wasser fällt, versetzt sie in Angst und Schrecken. Blitzschnell weichen sie aus und können dennoch keinen dauerhaften Schutz erreichen. Es ist ihnen auch nicht möglich, sich zusammenzutun, um gemeinsam gegen einen übermächtigen Feind zu bestehen. In der panischen Fluchtbewegung bekommen sie auch nicht mit, welche Gefahr ihnen wirklich droht und was man in Zukunft dagegen vorbeugend unternehmen kann. Karpfen suchen ihre Nahrung im Schmutz. Sie wühlen dabei Schlammwolken auf, die ihnen jegliche Sicht nehmen. Das Leben der Karpfen ist deshalb stets bedroht.

Im Team stellen Karpfen – nach diesem Modell – die Mehrheit der Mitglieder. Sie halten sich für »teamfähig«, weil sie sich untereinander nichts tun und immer in Massen anzutreffen sind. Aber sie können trotzdem nichts gegen Stärkere im eigenen Team oder bei Führungskräften ausrichten. Dieser Mangel ist in ihrer Unfähigkeit begründet, sich selbst zu organisieren und gemeinsam Ziele anzusteuern. Jeder werkelt vor sich hin, macht seine Arbeit, redet mal mit diesem, mal mit jenem Kollegen und fürchtet letztlich immer den Zorn des Vorgesetzten oder hofft, vom diesem irgendwann zur Belohnung für seinen Fleiß und sein Wohlverhalten befördert zu werden. Grundsätzlich gehen diese Teammitglieder Konflikten möglichst aus dem Weg. Sie vertreten keine konträren

Meinungen, werden nicht aufmüpfig und leben ein weitgehend kurz-sichtiges Leben ohne langfristige Karriereziele. Mit zunehmendem Alter verzehren sich die Energien der Karpfen. Noch immer schwimmen sie angstvoll im Trüben, beklagen die Ungerechtigkeit des Lebens und wer-den irgendwann vom Hai gefressen oder von den Menschen in die Pfan-ne gehauen.

Haie

Haie sind Raubfische. Zwar treten sie gelegentlich in Rudeln auf, werden aber untereinander niemals so »teamfähig«, sich beim Ergreifen der Beute den Vortritt zu lassen. Jeder Hai schnappt sich, was er kriegen kann. Sollte die Beute knapp werden, kämpfen sie sofort auch gegenein-ander. Nur bei ausreichender Beute können sie friedlich nebeneinander leben. Ihre Lieblingsnahrung sind Karpfen.

Im Team sind Haie in der Minderheit. Trotzdem ist jeder von ihnen viel stärker als ein Teil der anderen zusammen. Haie haben scharfe Zäh-ne, sind angriffslustig und rechthaberisch. Sie wollen sich mit allen Mit-teln durchsetzen und denken gar nicht daran, auf Karpfen Rücksicht zu nehmen. Ihren beruflichen Erfolg bauen sie häufig auf der Leistung der schwächeren Teammitglieder auf. Sie klauen deren Ideen, geben deren gute Ergebnisse als Eigenleistung aus und schaffen es immer, ihr persön-liches Versagen den Karpfen an die Flossen zu hängen. Von den Karpfen lassen sie sich bewundern. Zugleich sorgen sie dafür, daß diese sie fürchten. Haie wühlen nicht im Trüben und lassen sich auch nicht von selbstgemachten Schlammwolken den Blick vernebeln. Statt dessen rie-chen sie jede Verletzung eines potentiellen Opfers meilenweit, gleiten heran und verschlingen, was ihnen nicht ausweichen kann.

Delphine

Delphine sind hochintelligente Wesen. Sie verfügen untereinander über eine reiche Sprache und bleiben miteinander ständig in Kontakt. Von Zeit zu Zeit springen sie hoch und verschaffen sich so einen Überblick über ihre Unterwasserwelt hinaus. Sie sind geschickte Schwimmer und lieben das elegante Spiel geschmeidiger Bewegungen. Ein Hai könnte ihnen – solange sie gesund sind – niemals gefährlich werden. Dafür sind sie einfach zu wendig und zu schnell. Ihrerseits greifen sie weder Haie an noch fressen sie Karpfen. Wenn ihnen der aktuelle Aufenthaltsort nicht mehr gefällt, schwimmen sie zielsicher über weite Strecken in bessere Gefilde. Im Team sind Delphine noch seltener als Haie anzutreffen. Häufig sind sie auch nur für eine gewisse Zeit Mitglied eines Teams. Sie ziehen sofort weiter, wenn sich ihnen woanders bessere Chancen bieten. Wohin sie ziehen sollten, wissen sie aufgrund ihrer Fähigkeit, stets den Überblick zu behalten, auch über die Grenzen ihres derzeitigen Arbeitsplatzes hinaus. Delphine sind weder aggressiv gegenüber den schwächeren Kollegen noch ängstlich gegenüber den Haien. Niemals geht ihre »Teamfähigkeit« so weit, sich von den einen ins Trübe oder von den anderen in Bluträusche ziehen zu lassen. Delphine genießen ihr Leben. Das spielerische Arbeiten mit einem hohen Anteil an Kreativität macht ihnen Spaß. Sie kommunizieren ständig miteinander und informieren sich gegenseitig sofort über günstige Chancen an anderen Orten.

Einsiedlerkrebse
Einsiedlerkrebse kommen nur wenig herum in ihrer Unterwasserwelt. Ihr empfindliches Hinterteil müssen sie in Muscheln schützen, die ihre Bewegungsfreiheit sehr einschränken. Die größte Angst des Einsiedlerkrebses ist, daß jemand merkt, wie schwach er wirklich ist. Solange der Einsiedlerkrebs seinen Hintern sicher in der Muschel weiß, fuchtelt er kampfesmutig mit seiner gewaltigen Schere. Dann spielt er den Helden. Leider muß er von Zeit zu Zeit, wenn der Hintern zu fett wird, die Muschel verlassen und sich schnell eine größere suchen. Einerseits freut er sich über diesen »Aufstieg« vom Kleinkrebs zum größeren Krebs, andererseits versetzt ihn der Wechsel in Angst und Schrecken. Sein Hintern ist kurzfristig Gefahren ausgesetzt. Sobald er jedoch in der nächsten Muschel hockt, klappert er erneut kriegerisch mit der ebenfalls gewachsenen Schere.

Im Team sind Einsiedlerkrebse mürrische Einzelgänger, die zwischen Ängstlichkeit und Aggressivität schwanken. Wer ihnen zu nahe kommt, wird gezwickt oder sonstwie blitzschnell geschädigt. Wer es aber schafft, sie einzuschüchtern, kann sie ganz in ihre Muschel jagen. Dann verbarrikadiert der Einsiedlerkrebs sich hinter seiner Schere und traut sich gar nicht mehr heraus. Sobald die Gefahr vorbei ist, fuchtelt er mit alter Bosheit wieder herum.

Man sollte meinen, daß die ängstlichen Karpfen in ihrem trüben Umfeld depressiv und traurig sind. Dem ist nicht so. Im Gegenteil! Sie freuen sich über die Gewißheit, in der Überzahl zu sein. Das bestätigt ihnen, daß sie »normal« sind. Außerdem fühlen sie sich von den Menschen – den Führungskräften aller Tiere – am meisten geliebt. Einsiedlerkrebse werden von den Menschen ignoriert. Haie werden gar gefürchtet. Aber sie, die Karpfen, bekommen von den Menschen sorgfältig angelegte Teiche. Sie werden gepflegt und regelmäßig gefüttert. Zugegeben, auch die Delphine erhalten ihre Bassins von Menschen. Aber die Delphine dienen den Menschen nur zur Belustigung. Das ist gar nichts im Vergleich dazu, daß sie, die Karpfen, den Menschen zur Ernährung dienen. Was mag wohl wichtiger sein: Show oder Nahrung?!

Den Karpfen geht es wie den meisten Mitgliedern von Teams. Sie sind froh, zur Mehrheit zu gehören und nicht als Einzelgänger oder Außenseiter ihr Leben fristen zu müssen. Außerdem macht es sie glücklich, wenn diejenigen, die über ihnen stehen, sie dafür loben, nützlich zu sein.

Somit hat der Teamgedanke in den Herzen der Karpfen sein Zuhause. Man stelle sich nur einmal an einem Sommernachmittag an einen Teich und schaue dem munteren Treiben der gelegentlich auftauchenden Rückenflossen zu. Dann weiß man: Hier lebt eine verfressene und zufriedene Meute.

2. Hoch da oben kreisen sie

Ein anderes Modell, das sich an der Tierwelt orientiert, fragt danach, warum manche Menschen es schaffen, sich in der Firmenhierarchie ganz oben oder auf halber Höhe eine Position zu erobern und woran es liegt, daß die Masse der Mitarbeiter immer unten bleibt. Dabei sind es keineswegs die »teamorientierten« Menschen, denen der Aufstieg gelingt.

Dieses Modell unterscheidet drei Tiere: Adler, Füchse und Kaninchen.

Laut Modell soll es in den Unternehmen etwa 0,1 bis 0,5 % Mitarbeiter als »Adler-Typen« und 9,5 bis 9,9 % Mitarbeiter als »Fuchs-Typen« geben. Die große Mehrheit (90 %) der Mitarbeiter gehört ihrem Wesen nach zu den Kaninchen.

Adler

Adler sind Einzelwesen. Sie schließen sich niemals zu Rudeln oder Schwärmen oder Brutkolonien zusammen. Sie bauen sich ihre Horste so hoch und so unzugänglich wie möglich. Von da oben haben sie einen grandiosen Überblick. Von hier aus beobachten und verteidigen sie ihr weiträumiges Jagdrevier. Wenn Adler sich auf Beutezug befinden, dann kreisen sie in ruhigen Bahnen hoch am Himmel. Dabei haben sie einen scharfen Blick auf alles, was sich unten bewegt. Von unten sind kreisende Adler nur als kleine Schatten zu erkennen. Häufig werden nicht mal ihre Schatten wahrgenommen. Die Wesen sind dann viel zu sehr damit beschäftigt, nach unten vor die eigenen Füße zu schauen. Die Lieblingsbeute der Adler sind Kaninchen. Sie geben gutes Fleisch ab, sind schwer genug, um den Magen zu füllen, und leicht genug, um sich problemlos im Flug zum Horst transportieren zu lassen. Wenn der Adler einmal eine Beute im Blick hat, dann schießt er im Sturzflug herab, krallt sich das Opfer und ist schon wieder auf dem Weg nach oben.

Füchse

Füchse schleichen durchs Unterholz oder überqueren in geduckter Haltung Lichtungen und Gelände. Sie halten sich immer bedeckt und töten leise. Auch die Füchse schließen sich nicht dauerhaft in Rudeln zusammen. Manchmal treten sie in Gruppen auf. Dann tauschen sie wahre oder falsche Informationen über Jagdbestände aus. Niemals tun sich Füchse zusammen, um gemeinsam gegen Feinde zu kämpfen. Jeder Fuchs paßt für sich auf, daß ihn von oben kein Adler erspäht. Deshalb sind Füchse stets wachsam. Mit einem Auge schauen sie, daß ihnen selbst nichts passiert, mit dem anderen halten sie Ausschau nach leckeren Kaninchen.

Kaninchen

Kaninchen sind gesellig und friedfertig, ernähren sich vegetarisch. Ihren

Blick halten sie meistens gesenkt, weil sie andauernd damit beschäftigt sind, Gräser und Blätter zu knabbern. Wenn sie gerade nicht fressen, treiben sie muntere Liebesspiele. Kaninchen lieben das Leben im lustigen Rudel, in dem eine Rangordnung zwischen stärkeren und schwächeren Tieren besteht. Dennoch können sie nicht immer lustig sein. Sie leben in steter Gefahr, von Füchsen oder Adlern gepackt und gefressen zu werden. Widerstand können sie nicht leisten. Sie haben zwar scharfe Zähne, können damit aber weder Fuchs noch Adler gefährlich werden. Kaninchen haben nämlich eine »Beißhemmung«. Sie sind Pazifisten. Ihre einzige Überlebenschance sind Wachsamkeit, pausenlos hochgestellte Ohren und die Kunst, blitzschnell davonzurasen und auf dem Fluchtweg Haken zu schlagen. Ansonsten sorgen sie mit einer hohen Kinderzahl dafür, daß sie nicht aussterben.

Wenn man nun den Kaninchen den Rat gäbe, doch auch wie die Füchse einzeln durchs Unterholz zu schleichen und sich einen schmackhaften Braten zu jagen, dann würden sie moralisch entrüstet ablehnen. Nein, sie sind doch keine Mörder! Niemals würden sie einem anderen Tier etwas antun! Außerdem wollen sie nicht vereinzelt auftreten. Sie lieben die Geselligkeit und möchten ihre Zeit miteinander verbringen, Gras fressen und Liebesspielchen treiben.

Wenn man den Kaninchen den Rat gäbe, sich wie die Adler in die Lüfte zu schwingen und sich einen Überblick über die große weite Welt zu verschaffen, dann würden sie nur verständnislos gucken. Warum soll man wissen wollen, was sich jenseits des eigenen Horizontes abspielt?

Selbst wenn ein Kaninchen vom Ehrgeiz getrieben wäre, sich einmal in höhere Regionen begeben zu wollen, es könnte seine Läufe noch so schwingen. Niemals käme es auch nur einen Meter hinauf.

Und so kommt es, daß sich sowohl die Füchse als auch die Adler von den Kaninchen ernähren. Umgekehrt hat es das noch nie gegeben.

In der Firmenhierarchie entsprechen die Adler dem Top-Management. Jeder für sich ist Einzelkämpfer mit eigenem Revier. Sie halten zwar zu anderen Top-Managern Kontakt und pflegen Beziehungen zu Bankern, Aktionären, Politikern, aber niemals aus Freundschaft. Immer muß ein persönlicher Nutzen dahinter stehen, und sei es die Vorsorge für den

Notfall. Zunehmend treiben sie ihre Unternehmen in wirtschaftliche Katastrophen. Dann brauchen sie gute Freunde in der Finanzwelt, um die unausweichliche Pleite möglichst lange hinauszuschieben. Danach brauchen sie Kontakte zu Führungsetagen anderer Unternehmen, um dort in einer hochbezahlten Position abzutauchen. Oder sie brauchen Freunde in der Politik, um vor juristischen oder journalistischen Verfolgern möglichst sicher zu sein. Innerhalb des Unternehmens halten Top-Manager unter sich eine Reihe von Führungskräften des mittleren Managements. Diese sollen ihrerseits untereinander in Konkurrenz stehen, damit sie sich nicht gegen die oberste Führungselite zusammentun. Jeder mittlere Manager soll für sich die Hoffnung hegen, vielleicht auch einmal einen Machtposten ganz oben zu ergattern.

Top-Manager sind extrem prestige- und machtbewußt. Sie zeigen sich gern mit Statussymbolen und haben auch aufeinander einen scharfen Blick: Wer von den anderen Top-Managern hat mehr Status als ich? Wer wagt es, in mein Revier einzudringen? Top-Manager, genau wie Adler, lassen nicht zu, daß ein Artgenosse ihnen zu nahe kommt und in sein Revier eindringt.

Top-Manager sind untereinander absolut teamunfähig. »Jeder für sich«, lautet ihr Motto. Im Hinblick auf die Füchse vertreten die Top-Manager das Prinzip »teile und herrsche«. Sie gestehen jedem Fuchs ein eigenes Revier zu. Das brauchen sie, damit die Kaninchen nicht übermütig werden. Jeder Fuchs muß in seinem Revier für Ordnung sorgen. Untereinander sollen die Füchse jedoch Konkurrenten sein. »Teamfähigkeit« unter den Füchsen wird nicht gern gesehen. Es darf einfach nicht passieren, daß die Füchse sich gemeinsam gegen die Adler zusammentun.

Das Top-Management mit seinen Strategien, internen Beziehungen, persönlichen Vorlieben und Abneigungen ist für die Füchse (mittleres Management) und die Kaninchen undurchschaubar. Dennoch interessiert sich jeder im Unternehmen für die »Prominenz« da oben. Die Füchse sehnen sich danach, zu den Adlern in den Top-Chefetagen zu gehören. Die Kaninchen bewundern und fürchten die Top-Manager, betrachten sie aber auch mit dem gleichen unterwürfigen Interesse, wie sie privat in den Klatschspalten oder im Fernsehen ihren Idolen folgen. Die Kaninchen und die Füchse kennen jedes Mitglied des Top-Managements. Sie wissen, wer welches Auto fährt, wer verheiratet ist und wer welchem Golf-Club angehört. Umgekehrt gilt das nicht. Das Top-Management nimmt die Kaninchen nur als eine Masse (»Menschenmaterial«) wahr. Die Kaninchen nehmen von den Füchsen nur jene wahr, die sich im Unternehmen in ihrer Nähe befinden. Zum Beispiel kennen die Kaninchen der Produktionsabteilung die Füchse im Vertrieb nicht. Die Füchse kennen ebenfalls nur die Kaninchen ihres Jagdreviers. Allerdings interessieren sie sich nicht für die individuellen Charaktere der Kaninchen. Sie achten bloß scharf darauf, ob eines der Kaninchen etwa Ambitionen zeigt, sich selbst zu einem Fuchs zu entwickeln. Karriereorientierte Kaninchen werden möglichst gleich im Genick gepackt und totgebissen.

Füchse symbolisieren das mittlere Management. Diskret schleichen die mittleren Manager durchs Dickicht des Unternehmens. Sie stellen eine ständige Bedrohung für ambitionierte Kaninchen dar. Die unbedarften Kaninchen begreifen den »eigenen« Fuchs oft als Schutz. Sie sehen, daß ihr Vorgesetzter jedes Eindringen eines anderen Managers in seinen Machtbereich sofort bekämpft. Sollte sich jedoch einer der Adler an einem Kaninchen vergreifen, so ist der zuständige Fuchs vielleicht empört, verhindern kann er es nicht und wagt es auch nicht.

Untereinander imponieren die mittleren Manager sich mit Statussymbolen. Sie statten ihre Büros luxuriös aus, werden Mitglied in noblen Golf-Clubs, fahren große Autos und bauen Häuser, unter deren Schuldenlast sie schwer zu leiden haben. Die Füchse im Wald imponieren sich gegenseitig mit ihren großen, buschigen Schwänzen.

Wenn Füchse sich begegnen, beispielsweise bei Meetings, dann verhalten sie sich freundlich-kollegial. Sie beschnuppern sich hinten und vorne, tauschen Signale von Macht und Rangordnung aus und diskutieren Firmenpolitik. Sobald einer der Füchse die Chance wittert, einem schwächeren Fuchs dessen Revier streitig zu machen, geht es in Meetings hoch her. Es liegt in der Natur dieser Karrieristen, ständig am Ausbau der eigenen Machtposition zu arbeiten. Knurrend und beißend gehen sie aufeinander los.

Füchse verachten die friedliebenden und machtlosen Kaninchen. Jeder Fuchs fühlt sich von dem Adler, in dessen Revier er herumstreicht, zu wenig verstanden und gefördert. Wenn er den Adler über sich kreisen sieht, geht er angstvoll in Deckung. Zu gerne würde ein Fuchs auf Schleichwegen den Adlerhorst erreichen und von dort aus die Unternehmenswelt überblicken und regieren. Das gelingt fast nie. Und selbst wenn einmal ein Fuchs bis nach oben vorgedrungen ist, bricht ihm sein erster Versuch, Flugbahnen zu ziehen, das Genick.

Die Füchse sind genauso auf ihre Natur festgelegt wie die Adler und die Kaninchen.

»Teamfähig« im Unternehmen sind nur die Kaninchen, die Mitarbeiter. Ihnen leuchtet sofort ein, daß es nichts Schöneres gibt, als zusammenzusein, sich aneinander zu kuscheln und munter im Grünen herumzuhoppeln. Neben der »Teamfähigkeit« befolgen die Kaninchen gläubig auch andere Regeln:

- Beanspruche kein eigenes Revier.
- Beiße andere Tiere nicht.
- Bleibe auf dem Boden und nähre dich redlich.
- Mach dich nicht wichtig, sondern halte dich immer bedeckt.
- Sei nicht neugierig, sondern kümmere dich um das, was vor deinen eigenen Läufen zu sehen ist.
- Gründe eine Familie und kümmere dich um deine Kinder.
- Baue fleißig an deinem Haus (Höhle) und verzichte auf Symbole von Status und Macht.
- Sei nicht leichtsinnig, sondern paß auf, daß dich Fuchs und Adler nicht erwischen.

So kommt es, daß die Kaninchen ein teamorientiertes Leben führen, stets zusammen herumtollen und sich gleichzeitig fürchten.

3. Nicht jeder kann ein Adler sein

Wenn die Beispiele aus der Tierwelt auch hinken und sich im Detail kaum auf den Menschen übertragen lassen, so können sie uns dennoch zum Nachdenken über das Verhältnis von »oben und »unten«, von »erfolgreich« und »fleißig«, von Führungskräften und Mitarbeitern anregen.

Jeder sollte für sich überlegen:

- Was will ich beruflich eigentlich erreichen?
- Wie sind die Führungskräfte in unserem Unternehmen zu ihren Positionen gekommen?
- Wer predigt mir und meinen Kollegen »Teamfähigkeit«?
- Wie verhalten sich die »Prediger« selbst im Hinblick auf »Teamfähigkeit«?

Die Tierbeispiele lassen Tendenzen klar erkennen. Betrachtet man einmal Personen, die es geschafft haben, sich aus der Gruppe oder dem Team zu lösen und an die Spitze zu kommen, sind folgende Eigenschaften und Fähigkeiten meist offensichtlich:

- Weitblick
  Erfolgreiche Menschen blicken über die aktuellen Aufgaben und Probleme und über die eigenen Angelegenheiten hinaus. Sie verfügen über einen sehr viel weiteren Horizont als die weniger erfolgreichen Kollegen.

- Überblick
  Mit dem Weitblick geht oft auch der Überblick einher. Erfolgreiche Menschen vergraben sich nicht in den Niederungen von Details. Sie betrachten die Dinge von oben und orientieren sich lieber am »großen Ganzen«.
  Nun könnte man empört einwenden, daß es sehr wichtig ist, Details sorgfältig zu bearbeiten. Das stimmt. Man sollte einem detailverliebten Knispler auch nicht seine Leidenschaft ausreden. Man sollte sich lediglich der Tatsache bewußt sein, daß die Erbsense
zierer zwar wichtige Arbeit leisten, jedoch persönlich fast nie erfolgreich sind. Das wissen »Chef-Typen«. Deshalb halten sie sich auch von Detailarbeit fern.

- Einzelgänger
  Erfolgreiche Menschen sind nicht darauf angewiesen, immer Bestätigung von anderen oder Nestwärme in einer Gruppe zu erfahren. Sie sind statt dessen bereit, ganz individuell ihren eigenen Weg zu gehen.

- Zielorientierung
  Damit individuelle Wege auch sinnvoll sind, setzen »Erfolgs-Typen« sich eigene Ziele. Sie fragen sich: »Was will ich erreichen?« Oder:

»Wohin will ich mich entwickeln?« Die Mehrheit der Mitarbeiter eines Unternehmens fragt sich hingegen: »Was hat man uns zu tun aufgetragen?« »Wie und was sollen wir tun, damit unsere Vorgesetzten mit uns zufrieden sind?«

- Kampfbereitschaft
Erfolgreiche Menschen sind keine Duckmäuser. Sie lassen es nicht zu, daß man sie nach Belieben irgendwo im Unternehmen mit irgendwelchen Aufgaben betraut. Sie sind bereit, sich eigene Kompetenz- und Machtbereiche (Reviere) zu erobern und gegen Konkurrenten zu verteidigen. Über das Verteidigen bestehender Macht- und Einflußbereiche hinaus sind »Erfolgs-Typen« stets damit beschäftigt, jede Chance zu erkennen und sofort wahrzunehmen, um ihre Machtbereiche zu erweitern.
Nun könnte man einwenden: »Wäre es nicht besser um die Welt bestellt, wenn wir alle friedfertiger wären?« Ja, stimmt. Das ändert jedoch nichts an der Tatsache, daß es immer Menschen gibt, die kampfbereit und auf Eroberung aus sind, und solche, die sich ihrer tugendhaften Friedfertigkeit rühmen und dabei ständig bestohlen und überwältigt werden. Jeder einzelne muß für sich entscheiden, zu welcher der beiden Gruppen er gehören will.
- Prestigebewußtsein
»Erfolgs-Typen« stellen ihren Status gern mit Symbolen zur Schau.
Betrachtet man hingegen jene Menschen, die nicht in der Lage sind, Spitzenpositionen einzunehmen, fallen folgende Tugenden auf: Bescheidenheit, Rücksicht, Friedfertigkeit, Geselligkeit, Verzichtbereitschaft und natürlich: Teamfähigkeit!
Moralisch mag das Verhalten der Erfolglosen höherwertig sein, es bringt halt nur nicht weiter.
Man kann es vergleichen mit den traditionellen Werten, die Frauen und Männern zugeschrieben werden: Frauen sollen lieb und sanft sein, sich anpassen und unterordnen. Sie sollen sich bescheiden und auf die Bedürfnisse anderer eingehen, sich aufopfern.
Jungen werden erzogen nach den Maximen: Laß dir nichts gefallen! Sei mutig! Setz dich durch! Kämpfe! Niemals wird einem Jungen geraten, sich selbst so zu zügeln, daß er den Mädchen gefällt.

Auch hier sehen wir, daß die einen mit der höheren Moral abgespeist werden, während die anderen an die Macht kommen dürfen.

Leider hat der einzelne oft gar nicht die Wahl, ob er lieber zu denen gehören möchte, die anderen Moral predigen und sich selbst an die Spitze des Erfolgs katapultieren, oder ob er lieber eine »edle Seele« und ein »reines Gewissen« pflegt und dafür auf eigene Ziele und individuellen Erfolg verzichtet. Nur wenige haben überhaupt die Kraft, den Weitblick und die Charakterstärke, sich gegen Moralprediger zu behaupten und sich ihnen nicht gehorsam zu unterwerfen, wenn es heißt: »Sei fleißig und gehorsam. Tu deine Pflicht und freue dich, wenn die Mächtigen dich loben. Sei nett zu den anderen und entferne dich nicht von der Menge.«

4. Jedes Team ist ein Panoptikum

Für eine unterhaltsame Darstellung der verschiedenen Typen im Unternehmen muß man die Tierwelt nicht unbedingt bemühen. Jeder kennt inzwischen die mehr oder weniger boshaften Typisierungen des Panoptikums, das uns täglich umgibt.

Auch hier sollen die Beschreibungen der häufigsten Typen nicht fehlen. Man unterscheidet drei Gruppen von »skurrilen Gestalten« in einem Team:

- Personen, die sich mit dem Unternehmen und den fachlichen Aufgaben identifizieren: Bürokraten, Experten.
- Personen, die sich intensiv mit den Kollegen beschäftigen: Gouvernanten, Tröster, Betriebsnudeln.
- Personen, die sich mit sich selbst beschäftigen: Profilneurotiker, Babys, Powertypen, Clowns, Talkmaster.

Außerdem gibt es noch den Typ, der sich gar nicht zuordnen läßt. Das ist der Mitläufer.

Die einzelnen Typen zeichnen sich durch bestimmte Verhaltensweisen aus. Man kann dabei nicht immer sagen, daß sich diese Menschen falsch verhalten. Im Grunde braucht jedes Team Mitglieder mit unterschiedlichen Fähigkeiten und Verhaltensweisen. Zum »skurrilen Typ«

wird der einzelne erst, wenn er seine Rolle übertreibt und damit zur Karikatur gerät.

Bürokraten

Bürokraten fürchten Chaos und ungeregelte Zustände. Sie haben die Vorschriften und Anweisungen des Unternehmens verinnerlicht und kontrollieren penibel, daß auch jeder sich daran hält. Fünfe gerade sein zu lassen oder einmal ein Auge zuzudrücken, ist ihnen unvorstellbar. Bei jedem Vorgang, jedem Handschlag muß geregelt sein, was richtig oder falsch, verboten oder erlaubt ist.

Bürokraten sind Neuerungen gegenüber immer ablehnend. Jede Neuerung bringt Unwägbarkeiten mit sich. Und solange nicht bewiesen ist, daß das Neue eine Verbesserung darstellt, lehnen die Bürokraten es ab. Leider ist es fast unmöglich, den Beweis zu führen, solange man die Neuerung nicht ausprobiert hat. Das macht den Bürokraten zum Bremser und Bedenkenträger in jedem Team.

Experten

Experten sind fachliche Asse oder halten sich zumindest dafür. Sie interessieren sich nicht für emotionale Beziehungen im Team oder für so unlogische Dinge wie Gefühle und »Psychokram« im allgemeinen. Sie versenken sich mit eiserner Disziplin in die Sachzusammenhänge ihrer Aufgaben und bemühen sich dabei um Perfektion. Bei intellektuellen Anforderungen werden Experten zu »Denkmaschinen«. Niemand dringt so tief in die Thematik oder Wissenschaft ein wie sie. Im Extremzustand befinden sich die Experten zwischen Genie und Wahnsinn. Bei eher handwerklichen Tätigkeiten oder in Dienstleistungsbetrieben werden sie zu »Arbeitsmaschinen« oder »Arbeitstieren«. Unermüdlich rackern sie bis zur völligen Erschöpfung. Niemand darf ihnen im Weg stehen, wenn sie eilig hin- und herlaufen. »Arbeitstiere« sind immer effizient, nur leider oft nicht effektiv. Sie schaffen zwar irrsinnig viel Arbeit weg, häufig ist das, was sie tun, jedoch nicht unbedingt wichtig. Man kann sie mit Hausfrauen vergleichen, die sich rühmen, daß man bei ihnen jederzeit vom Fußboden essen könnte. Das ist natürlich vorbildlich. Aber wofür soll das gut sein?

Experten sind meistens nicht teamorientiert, weil sie fast immer das Gefühl haben, die anderen seien im Vergleich zu ihnen zu oberflächlich oder zu faul. Mit einer gewissen Arroganz ziehen sie sich in ihre Fach- oder Arbeitsbereiche zurück und nehmen dann mit Verbitterung zur Kenntnis, daß »einem hier niemand etwas dankt«.

Gouvernanten

Gouvernanten sind den Bürokraten ähnlich. So wie die Bürokraten kontrollieren, ob auch alle Arbeiten nach Vorschrift erledigt werden, kontrollieren die Gouvernanten, ob das Verhalten der Teammitglieder den Regeln der Höflichkeit und der guten Sitten entspricht. Sie empören sich, wenn Kollegen bei heißen Debatten einander ins Wort fallen oder Kraftausdrücke benutzen. Sie nehmen erbost zur Kenntnis, wenn jemand falsch gekleidet am Arbeitsplatz erscheint. Sie reagieren beleidigt, wenn jüngere Kollegen sie nicht zuerst grüßen oder wenn jemand mit den Händen in den Hosentaschen an ihnen vorbeigeht. Wenn sie sich einen Vortrag anhören, dann achten sie nicht auf den Inhalt, sondern kontrollieren den Redner, ob er sich auch konsequent an die 170 Regeln der Rhetorik hält. Wenn anschließend die Kollegen die vorgetragenen Thesen diskutieren und sich eine Meinung dazu bilden, hacken die Gouvernanten darauf herum, daß der Redner viermal mit dem Gesicht zur Wand gesprochen hat, sechzehnmal »äh« und fünfunddreißigmal »öh« gesagt hat.

Vor den Gouvernanten haben viele Teamkollegen beinah Angst. Denn letztlich stimmt es, daß man sich anständig benehmen und korrekt kleiden sollte. Aber wer kann sich immer daran halten?

Tröster

Tröster sind nette Menschen. Sie kümmern sich um die Traurigen und vermitteln bei Konflikten zwischen Mitgliedern des Teams oder bei Problemen mit dem Chef. Sie haben für jeden ein nettes Wort und können aus jeder Niederlage noch die Erkenntnis ziehen, daß man immerhin eine Menge dabei gelernt hat. Tröster kümmern sich auch vorbeugend darum, daß niemandem ein Leid widerfährt. Deshalb tun sich bei Neuerungen die Tröster gern mit den Bürokraten zusammen. Jede Neuerung würde ganz bestimmt dem einen oder anderen weh tun, würde Menschen verwirren oder unglücklich machen. So arbeiten Tröster und Bürokraten gemeinsam daran, daß keine neuen Arbeitsabläufe eingeführt werden, daß niemand sich mit neuen Techniken anfreunden muß, daß keiner verpflichtet wird, seine Gewohnheiten zu ändern oder etwas Neues zu lernen. So arbeiten sie gemeinsam am fachlichen und menschlichen Stillstand im Team.

Betriebsnudeln
Betriebsnudeln definieren »Teamgeist« bevorzugt über die Menge geistiger Getränke, die gemeinsam getrunken wird. Ginge es nach ihnen, würde jedes sonnige Wochenende zum gemeinsamen Grillen oder für Ausflüge (gern auch mit Anhang) genutzt. Betriebsnudeln sammeln für Geburtstage, Jubiläen und den Nachwuchs der Kollegen. Sie organisieren die Weihnachtsfeier, nötigen Neulinge zu Einständen und Geburtstagskinder zu firmeninternen Sektempfängen. Ihnen sind der Weihnachtsnippes ab November, die zerschnittenen Krawatten und die bunten Eier ab Februar zu verdanken. Beim Betriebsausflug sind sie die lustigsten, knutschen den Chef und zwingen den Buchhalter zum Tanzen. Sie ruhen und rasten nicht, bis es ihnen endlich gelungen ist, mit jedem und zwischen allen das Du einzuführen. Wenn das vollbracht ist, dann freuen sie sich, denn dieser familiäre Teamgeist ist ihr persönliches Werk.

Profilneurotiker
Profilneurotiker sind klug, schön und gerade auf dem Weg nach ganz oben zum Vorstand dieses oder eines anderen Unternehmens. Vorübergehend nehmen sie die Mitarbeit im Team in Kauf. Sie sind keineswegs boshaft oder gemein zu den Kollegen. Ihre wahre Größe erkennt man an der souveränen Bereitschaft, höflich und korrekt mit dem sie umgebenden Fußvolk der Durchschnittsmenschen umzugehen. Natürlich können sie nicht verhindern, daß ihre Überlegenheit in jeder Besprechung und in jedem Meeting offensichtlich wird. Sollen sie sich etwa künstlich dumm stellen? Sollen sie mit ihrer Meinung oder ihren Erkenntnissen hinterm Berg halten? Das kann man von niemandem erwarten. Also legen die Profilneurotiker ihr Wissen großzügig dar. Da sie

eher die strategischen Ziele des Gesamtunternehmens oder gar der deutschen Wirtschaft im Auge behalten, können sie sich nicht auch noch mit dem Kleinkram des Tagesgeschäftes abgeben. So bleibt eine Menge unerledigt. Zum Glück gibt es ja die Arbeitstiere.

Babys

Babys sind kleine Dummerle. Das weiß jeder. Sie sind niedlich und verspielt. Man muß sie einfach gern haben und ihnen die Arbeit abnehmen, die ihnen doch zu schwer fällt. Babys sind spontan in ihren Gefühlsäußerungen. Wenn sie traurig sind, weinen sie und rennen zum Tröster. Wenn sie böse sind, toben sie und quälen die Bürokraten. Jeder im Team kann sich noch an das Baby als Azubi oder Anfänger erinnern. Man weiß, daß es ohne Vorwissen in diese Gruppe kam. Da ist es doch klar, daß man hilft und vieles letztlich lieber selber macht.

Eine Variante zu den Babys sind die Greise. Das sind ältere Mitarbeiter, denen es nicht gelungen ist, Altersweisheit zu erwerben. Nun werden sie mit jeder neuen Aufgabe und jeder neuen Technik langsamer und verlangen, daß die jungen Leute gefälligst Rücksicht nehmen.

Powertypen

Powertypen bersten nur so vor Energie. Ihnen geht alles viel zu langsam. Klotzen statt kleckern ist ihre Devise. Sie haben ständig drei Sachen mindestens in Arbeit und erledigen auf dem Weg eine vierte Aufgabe gleich mit. Im Unterschied zu den Arbeitstieren sprühen die Powertypen vor Kraft, Optimismus und Lebensfreude. Alles ist machbar, jedes Problem läßt sich lösen. In die Hände spucken, Ärmel hochkrempeln, und auf geht's. Powertypen machen kein Geheimnis aus ihrem Engagement. Klappern gehört zum Handwerk. Wo der Powertyp tätig war, da ist das Gras platt. Mit jedem erfolgreichen Handgriff, mit jedem beeindruckenden Arbeitsergebnis entstehen »Flurschäden« wie beim Herbstmanöver. So kommt es, daß Powertypen nicht nur eine Unmenge an Arbeit wegschaffen, sie produzieren auch eine Menge an Arbeit für die Kollegen. Aber so ist das nun mal. Wo gehobelt wird, da fallen Späne. Für die Führungskräfte sieht es häufig so aus, daß das Team eher ein blasser Haufen lahmer Mitarbeiter ist. Zum Glück gibt es den Powertypen. Der bringt die Sache voran. Von »Teamorientierung« kann beim Powertypen nicht die Rede sein. Ihm ist das Team völlig schnuppe. Es dient nur als Hintergrund für seine Kraftdemonstrationen. Die schwächlichen Kollegen bilden für ihn den Kontrast zu seiner Stärke. Auf diesen Konstrast weist er gern hin.

Clowns

Clowns sind lustige Menschen, sorgen immer für Lacher und Unterhaltung. Alles wird auf die Schippe genommen. Niemals darf ein konzentriertes Meeting mit rein sachlicher Diskussion stattfinden. Man ist ja schließlich nicht auf dem Friedhof. Clowns lieben es, im Mittelpunkt zu stehen. Ein Späßchen nach dem anderen, Gags, Wortspiele, Witzchen, lustige Zwischenrufe... Es gibt für die Kollegen immer einen Grund, sich nach dem Clown umzudrehen und zu lachen. Kein Gedanke wird zu Ende gedacht, kein Arbeitsprozeß vollständig ausgeführt, ohne daß der Clown erst einmal für eine Unterbrechung sorgt.

Warum tut der Clown das? Wie in der Schule der Klassenclown, so ist im beruflichen Umfeld der Teamclown eine Person mit sehr schwachem Selbstbewußtsein und dem dringenden Wunsch, besonders mutig und selbstbewußt zu wirken. Intellektuell kann er oft mit den anderen nicht mithalten. Er hat weder ihr Wissen noch ihre Intelligenz, noch deren gesellschaftliche Anerkennung. Also macht er sich zum Unterhalter der anderen. Jeder Witz ist ein verzweifelter Appell: »Habt mich lieb.«

Talkmaster

Talkmaster sind redegewandt und haben auch etwas zu sagen. Sie waren schon überall, kennen alles und haben zu jedem Problem ihre persönliche Erfahrung. Keine Information geht am Talkmaster vorbei. Zu jedem echten oder unechten Problem kann er fundiert etwas beitragen. Zukünftige Probleme kann er voraussagen, zu den aktuellen kennt er die Schuldigen, die vergangenen hat er – laut eigenen Aussagen – persönlich gelöst. Neben der großen Politik beschäftigt den Talkmaster auch der Tratsch. Er weiß, wer was mit wem in der Badewanne oder Dusche ausgefressen hat. Er weiß, wer von den Chefs oder Kollegen einen unpassenden Ehepartner hat und sich auf Dauer scheiden lassen muß, aus

wessen Kindern niemals etwas wird und wer vermutlich bald wegen
Überschuldung sein Haus versteigern lassen muß. Innerhalb des Teams
ist der Talkmaster das lebende Vorbild für »Kommunikationsfähigkeit«.

Mitläufer

Mitläufer laufen so unauffällig wie möglich mit. Sie sind den anderen
nicht voraus und hinken auch nicht hinterher. Sie tun, was man ihnen
sagt, und erledigen ihre Aufgaben so, wie es allgemein üblich ist. Sie orientieren sich an Standards, gehorchen den Bürokraten und Gouvernanten, bewundern den Profilneurotiker und lachen über den Clown. Wenn
es ein Vorbild für »Teamfähigkeit« gibt, dann ist es der Mitläufer.

Den Bürokraten und den Gouvernanten hat das Team zu verdanken, daß
letztlich alles in geordneten Bahnen verläuft. Das kann man positiv sehen. Auf der anderen Seite ist ihnen jedoch eher auch zu verdanken, daß
die Kreativen und Spontanen sich bevorzugt in der Freizeit ausleben.
Während der Arbeitszeit machen sie dann »Dienst nach Vorschrift«. Sie
werden durch die Bürokraten und Gouvernanten frustriert. Da diese Leute leider immer die Gesetze und Regeln der Firma oder der allgemeinen
Höflichkeit auf ihrer Seite haben, kann man gegen sie nichts machen.

Den Profilneurotikern, den Clowns und den Talkmastern hat das
Team am meisten an Unterhaltung zu verdanken. Man hört was Neues,
kann sich mit Neid beschäftigen oder auch herzlich lachen.

Die Powertypen und die Experten sorgen dafür, daß überhaupt Arbeitsergebnisse entstehen und diese auch gewisse Qualitätskriterien erfüllen. Die Powertypen treiben die Arbeit voran, und die Experten kontrollieren alles auf Logik und Richtigkeit.

Den Babys und den Tröstern hat das Team zu verdanken, daß es im
Team neben aller Arbeit zu menschlicher Wärme kommt. Um Babys
muß man sich liebevoll kümmern, und bei den Tröstern kann man sich
mal so richtig ausweinen.

Beruflicher Aufstieg gelingt vor allem »skurrilen Typen« überhaupt
nicht. Wer gemäßigt in seiner Rolle auftritt, kann Karriere machen. Tröster und Bürokraten können in traditionellen Unternehmen und in
Behörden »etwas werden«. Da rutschen sie in ihrer Beharrlichkeit lang-

sam, aber sicher von Stufe zu Stufe die Treppe hinauf. Irgendwann sitzen sie dann da, wo sie endgültig versagen. Aber da es ja in Deutschland nicht erlaubt ist, unfähige Leute auf ihre früheren Posten zurückzudegradieren, muß man mit ihnen leben. Firmen wie beispielsweise die Deutsche Bahn AG, die Folgeunternehmen der Post, die AOKs, die Sparkassen etc. waren und sind in ihren Führungspositionen reichlich versorgt mit gewissenhaften Bürokraten und liebevollen Tröstern.

Profilneurotiker und Talkmaster steigen häufig blitzschnell in jungen, dynamischen Unternehmen auf, sorgen für Wirbel, verhauen ein paar Projekte, werden gefeuert und tauchen kurz darauf in einem anderen jungen, dynamischen Unternehmen wieder auf. Manche schaffen es um den vierzigsten Geburtstag herum noch rechtzeitig, sich in einem seriösen Unternehmen (zum Beispiel bei einer Versicherung) einen sicheren Posten zu ergattern. Dort werden sie dann karrieremäßig auf der Stelle treten und für den Rest ihres Berufslebens klagen, wie unflexibel man hier ist und wieviel frischen Wind sie selbst sich haben um die Nase wehen lassen, was man hier alles an Neuerungen hereinbringen könnte, wenn die Strukturen nicht so festgefahren wären...

Die Profilneurotiker, Powertypen oder Talkmaster, die nicht rechtzeitig für die Zeit nach dem vierzigsten Geburtstag (wenn man kaum noch mit einem chaotischen Lebenslauf einen Job bekommt) vorgesorgt haben, enden als »einsame Wölfe«. Sie nennen sich »freie Unternehmensberater« und streichen hungrig durch die Wirtschaftswelt, stets auf der Suche nach einem Beratungsauftrag. Das sind die Jahre, in denen auch sie endlich »teamfähig« werden. Dann erkennen sie nämlich, wie wichtig es ist, Kontakte zu pflegen und Beziehungen zu haben.

5. Die Bösen, die Guten und die Hilflosen

Unabhängig von offiziellen Statusdefinitionen sind sehr wohl inoffizielle Rang- und Machtunterschiede innerhalb eines Teams zu erkennen. Über die »Hackordnung« soll an anderer Stelle mehr gesagt werden. Hier geht es darum, kurz eines der typischen Beziehungsgeflechte zwischen den angeblich gleichrangigen Teammitgliedern darzustellen.

Man unterscheidet drei grundsätzliche Verhaltensweisen der Teammitglieder untereinander. Dies sind Verfolgen, Retten und Mit-sich-Geschehen-Lassen.

»Verfolger« sind im Team jene, die stets darauf aus sind, andere niederzumachen, sie zu ärgern, zu maßregeln, zu quälen. Ihr Selbstbewußtsein baut darauf auf, daß sie immer jemanden unter sich haben, der ihnen ausgeliefert ist und Angst vor ihnen hat. »Verfolger« kennen wir aus der Schulzeit. Es sind Kinder, die anderen auflauern, sie verprügeln, um das Taschengeld berauben oder auf die Straße schubsen.

Zwar kann man darüber grübeln, welche seelische Verletzung wohl ein Kind (Teammitglied) erfahren hat, daß es so bösartig wurde, aber das hilft dem Opfer kaum weiter.

»Retter« sind damit beschäftigt, anderen Gutes zu tun, ihnen zu helfen, sich um sie zu kümmern, sie glücklich zu machen. Ihr Selbstbewußtsein baut darauf auf, daß sie immer jemanden unter sich haben, der auf ihre Hilfe angewiesen ist, der ohne sie nicht zurechtkommt. »Retter« machen sich gern zu den Mentoren neuer Kollegen und vor allem junger Mitarbeiter. Mit ihrem »Helfersyndrom« möchten sie ihren »Schützlingen« am liebsten alles abnehmen. Geradezu eifersüchtig wachen sie darüber, daß diese Schützlinge nicht selbständig werden.

Sowohl »Verfolger« als auch »Retter« agieren aus einer Position der Stärke und Überlegenheit heraus. Sie suchen sich für ihre Aktionen »Opfer«, über die sie sich erhaben fühlen. Die »Verfolger« gehen mit bösen Absichten gegen schwächere Kollegen vor. Sie wittern jede Verwundbarkeit, jede Ängstlichkeit, jeden Fehler sofort. Das reizt ihre Angriffslust. Man kann das Verhalten mit Hühnern in einem Käfig oder mit Goldfischen im Aquarium vergleichen. Die Tiere erkennen in ihrer Gruppe kranke, alte und schwache Artgenossen. In der freien Natur würden sie diese einfach im Stich lassen und sich entfernen. Im Käfig werden sie den Schwachen gegenüber mörderisch aggressiv. Sie verfolgen, hacken und beißen, bis sie das Opfer vernichtet haben. So reagieren die »Verfolger« in einem Team ebenfalls.

Woran sie ein geeignetes »Opfer« erkennen, ist unterschiedlich. In einem Männerteam kann die einzige Frau zum »Opfer« werden. Sie wird so lange mit sexuellen Anspielungen, Zurücksetzungen, mit Hohn und

Spott gequält, bis sie es nicht mehr aushält. Wenn sie sich aus dem Team verabschiedet, heißt es dann: »Sie war zu empfindlich.« Oder: »Frauen nehmen alles viel zu persönlich.« In einem Team deutscher Mitarbeiter wird vielleicht der einzige Ausländer gehetzt, bis er nicht mehr kann. Dann heißt es:»Diese Südländer haben wohl doch nicht das notwendige Rückgrat für unsere Leistungsgesellschaft.«

Im Rahmen von Stellenabbau wird bewußt das Verfolgerverhalten von Führungskräften benutzt, um überflüssige Mitarbeiter von den Kollegen wegmobben zu lassen. Führungskräfte lassen sich von Beratern in Techniken unterweisen, wie man im Team für die anderen einen Prügelknaben kennzeichnet. Danach braucht man nur noch zu beobachten, wie die Verfolger über ihn herfallen.

Die »Retter« suchen sich ihre »Opfer« ebenfalls nach besonderen Schwächen aus. In einem Männerteam kann die erste Frau zum »Opfer« des »Retters« werden, indem er an ihr seine Aufgeschlossenheit emanzipatorischen Strömungen gegenüber demonstriert. Wenn die Frau eines Tages ihren »väterlichen Freund und Förderer« abschütteln will, ist er ihrer Undankbarkeit wegen tief betrübt. Ausländer können »Opfer« von solchen »Rettern« werden, die darauf bedacht sind, sich und der Welt zu beweisen, daß sie keine rassistischen Vorurteile haben. Auch hier gilt: Wehe dem Ausländer, der nicht ewig dankbar ist!

Bei den »Opfern« unterscheidet man zwei Grundtypen: Die Hilflosen und die Listigen. Hilflose »Opfer« können sich gegen ihre »Verfolger« nicht wehren, listige »Opfer« lassen ihre »Retter« für sich arbeiten.

Nicht jeder im Team nimmt an den »Verfolger-Retter-Opfer«-Spielen teil. Manche beobachten lediglich mit Interesse, wie jemand gequält wird oder wie ein anderer sich ausnutzen läßt. Andere sind hingegen so sehr in ihre Arbeit vertieft, daß sie von solchen Psycho-Dramen gar nichts bemerken.

Wie immer man diese Dinge betrachtet, eines scheint klar: Teams sind keine familiären Gruppen, bestehend aus netten Menschen, die sich Nestwärme geben und in Harmonie zum Wohle des Unternehmens ihre Kräfte bündeln.

Teams kann man auch so definieren:

- Herde, Horde, Schwarm oder Rudel von potentiellen Beutetieren potentieller Raubtiere.
- Willenlose Masse kurzsichtiger Geschöpfe, die von weitsichtigeren Strategen für deren Zwecke benutzt werden.
- Ansammlung sonderbarer Typen mit skurrilen Neigungen.
- Meute von Raubtieren, die sich untereinander zerfleischen.

Jeder für sich sollte überlegen:

- In welcher Art Team befinde ich mich?
- Welche Rolle nehme ich hier ein?
- Wer zieht seinen Nutzen aus mir?
- Welchen Nutzen ziehe ich aus meiner Teamzugehörigkeit?
- Gefällt mir meine jetzige Position, mein heutiges Umfeld?
- Könnte ich woanders oder hier meine Chancen auf berufliche Erfüllung verbessern?

V. Denker, Macher und Strategen –
Der Teamtypen-Test

1. Einige sind fleißig, und andere steigen auf

Es entspricht unserer Lebenserfahrung, daß nicht unbedingt die Fleißigen, Gewissenhaften und Klugen beruflich aufsteigen und erfolgreich sind. Im Gegenteil, manchmal scheint es so, als seien Fachwissen und die engagierte Erledigung von Aufgaben eher hinderlich für den Erfolg. Besonders im Hinblick auf »Teamfähigkeit« läßt sich beobachten, daß ausgerechnet jene Kollegen, die sich am meisten für das Team einsetzen, denen das Team am meisten zu verdanken hat, letztlich in den unteren Rängen der Hierarchie hängenbleiben, während die teamunfähigen Einzelgänger oder Egoisten kontinuierlich die Karriereleiter hinaufsteigen.

Auf der anderen Seite wissen wir ebenfalls aus Erfahrung, daß in Unternehmen, die ihre besten Fachleute und fleißigsten Mitarbeiter befördern, häufig ein besonders unfähiges Management zu finden ist. Tatsächlich sind die Fleißigen, Klugen und Gewissenhaften oft weniger gute Führungskräfte. Sie können sich nicht so in ihre Mitarbeiter einfühlen, verkriechen sich selbst in Sacharbeit und möchten am liebsten alles selber machen nach dem Motto: »Wenn ich es selber mache, weiß ich, daß es richtig gemacht ist.« Oder: »Bevor ich das erklärt habe, habe ich es schon selber erledigt.«

Insofern ist es vielleicht besser, wenn die Fleißigen, Klugen und Gewissenhaften auf Dauer in den unteren Rängen des Teams verbleiben und nicht in Führungspositionen aufsteigen.

Für jeden einzelnen Mitarbeiter ist es persönlich wichtig, sich selbst zu überlegen:
* Wie stelle ich mir beruflichen Erfolg vor?
* Wie sollte ich meine persönliche Entwicklung planen?
* Wie kann ich dafür sorgen, daß ich meine Karriereziele erreiche?

Es ist selbstverständlich nicht erforderlich, daß jeder aufsteigt, die Nestwärme des Teams hinter sich läßt und einsame Führungspositionen anstrebt. Man hat dennoch den Eindruck, daß gerade Leute, die besonders laut betonen, daß sie ohnehin an Karriere nicht interessiert sind, in Wirklichkeit enttäuscht sind. Sie haben sich früher einmal Hoffnungen auf den Aufstieg gemacht. Sie waren fleißig, haben sich im Team engagiert und alles getan, was der Vorgesetzte von ihnen verlangte, und dann mußten sie feststellen, daß andere an ihnen vorbei es schafften. Um nicht zu verbittern, reden sie sich den beruflichen Stillstand schön.

In den folgenden Kapiteln werden verschiedene »Team-Typen« ihren Arbeits- und Verhaltensstilen nach vorgestellt. Sie, liebe Leserin oder lieber Leser, können in einem Test überprüfen, zu welchem der »Team-Typen« Sie gehören. Jeder der beschriebenen »Typen« ist für ein erfolgreiches Team wichtig. Es läßt sich nicht sagen, welcher »wichtiger« oder »nützlicher« ist. Wenn Sie persönlich keinen beruflichen Aufstieg wünschen, dann können Sie in aller Ruhe so weiterarbeiten, wie es Ihrem »Typ« entspricht. Sie sollten trotzdem den Test mitmachen, um zu überprüfen, ob Sie vielleicht zu den Mitgliedern des Teams gehören, die sich zu leicht von Vorgesetzten und Kollegen ausnutzen lassen. Wenn Sie jedoch den Wunsch haben, sich auf Dauer zu einer gehobeneren Position hin aus dem Team zu verabschieden, dann sollten Sie den Test nutzen, um über Ihre Stärken und möglichen Schwächen im Hinblick auf die Erreichung von Führungspositionen mehr Klarheit zu gewinnen. Sie sollten Ihren bisherigen Arbeits- und Verhaltensstil bedenken und gegebenenfalls korrigieren.

Nicht jeder hat die Qualifikation zum Aufstieg. Schade ist es, wenn eigene Verhaltensfehler dem Wunsch nach Karriere entgegenwirken. Schade ist es auch, wenn jemand in der Hoffnung auf Anerkennung sich »buckelig« arbeitet und dennoch scheitert.

2. Stimmt – Stimmt nicht

Bitte lesen Sie die folgenden vierzig Aussagen und vergeben Sie für jede der Aussagen Ihre Punktezahl. Dabei gelten:

0 Punkte – stimmt nicht (trifft 0 bis 20 Prozent auf mich zu)
1 Punkt – stimmt wenig (20 bis 40 Prozent)
2 Punkte – stimmt teilweise (40 bis 60 Prozent)

3 Punkte – stimmt weitgehend (60 bis 80 Prozent)

4 Punkte – stimmt (80 bis 100 Prozent)

Bitte bearbeiten Sie diesen Text zügig. Mehr als acht Minuten darf die Vergabe der Punkte nicht beanspruchen. Je länger Sie grübeln, desto sicherer ist, daß Sie zum »Team-Typ« 7 (Erklärungen siehe unten) gehören.

1. Im Vergleich zu anderen arbeite ich immer sehr sorgfältig. ..... ____

2. Ich mag Unerledigtes nicht liegenlassen. Mein Motto ist: »Was weg ist, ist weg.« .... ____

3. Ich pflege saubere Dokumentationen und Ablagen zu Vorgängen, Entscheidungen, Besprechungen etc. Ich weiß immer, wo was ist. .... ____

4. Ich kann mir immer leicht Respekt verschaffen. .... ____

5. Wenn ich konzentriert bei der Arbeit bin, höre und sehe ich nichts. Ich vergesse dann sogar die Mittagspause. .... ____

6. Bei Entscheidungen lasse ich öfter mal fünfe gerade sein, wenn es der Sache dient. .... ____

7. Ich habe einen starken Spiel- und Experimentiertrieb. .... ____

8. Ich habe immer so viele Ideen, daß ich sie alle gar nicht umsetzen kann. .... ____

9. Je mehr Informationen und Materialien man hat, desto besser ist man gerüstet. .... ____

10. Ich komme mit allen Kollegen und auch den Vorgesetzten gut aus. .... ____

11. Ich lege Wert darauf, meine Arbeit ordentlich, richtig und effizient zu machen. .... ____

12. Wettbewerbssituationen machen mir Spaß. .... ____

13. Ich bin manchmal recht sprunghaft im Denken. .... ____

14. Ich behalte auch im Chaos und bei Krisen den Überblick. .... ____

15. Wenn ich etwas erledigt oder erreicht habe, interessiert es mich meist nicht mehr. .... ____

16. Bei Konflikten im Team versuche ich immer, zwischen den Parteien auszugleichen. Ich bin ein Friedensstifter. .... ____

17. Im Vergleich zu anderen schaffe ich in kürzerer Zeit mehr Arbeit weg. .... ____
18. Widerstand aktiviert mich. Auch gegenüber Vorgesetzten kann ich mich gut durchsetzen. .... ____
19. Nicht jede meiner Ideen ist brauchbar. Das stört mich nicht. .. ____
20. Ich habe im Vergleich zu anderen stets einen viel klareren Blick für Prioritäten. .... ____
21. Ich würde gern öfter mal mein Leben grundlegend ändern (neuer Job, neuer Beruf, neuer Wohnort...) und wieder von vorn anfangen. .... ____
22. Andere kommen auch mit ihren privaten Problemen oft zu mir. ____
23. Ich bin sehr schlagfertig. .... ____
24. Ich hebe Zeitungen, Artikel, Protokolle und andere Unterlagen auf. .... ____
25. Sachliche Richtigkeit und Qualität auch im Detail sind für mich wichtig. .... ____
26. Es fällt mir schwer, tatenlos herumzusitzen. .... ____
27. Details interessieren mich nicht. .... ____
28. Ich kann mich darauf verlassen, daß mir auch bei plötzlichen Problemen sofort eine Lösung einfällt. .... ____
29. Ich langweile mich, wenn ich etwas tun muß, was ich schon einmal gemacht habe. .... ____
30. Es kommt oft vor, daß andere sich bei mir mit Unterlagen und Informationen versorgen. .... ____
31. Das Betriebsklima ist mir sehr wichtig. Ich setze mich auch immer dafür ein. .... ____
32. Ich gehe auch komplizierten Details und Problemen auf den Grund. .... ____
33. Ich versuche immer, im Team Einigkeit und Harmonie zu fördern. .... ____
34. Ich halte mich an Regeln und Vorschriften. .... ____
35. In Gruppen bin ich meistens die treibende Kraft. Man hört auf mich. .... ____
36. Aus meinen Unterlagen und Aufzeichnungen können andere viel lernen. .... ____

37. Ich plane langfristig in die Zukunft. Meine Pläne sind jedoch
nicht sehr detailliert. .... ____

38. Wenn ich von einer Idee begeistert bin, setze ich mich voll
dafür ein. .... ____

39. Es stört mich nicht, wenn man mich für einen Egoisten oder
»harten Brocken« hält. .... ____

40. Ich treffe niemals überstürzte Entscheidungen.
Dafür sind meine Entscheidungen dann auch richtig. .... ____

Lesen Sie nun die folgenden Kapitel. Danach erfahren Sie, wie Sie die
Punkte addieren und welches Testergebnis auf Sie zutrifft.

3. Die Typen im Team

Wir unterscheiden uns in unserem Arbeitsverhalten, in der Art, wie wir
an Aufgaben und Probleme herangehen, in unserer Orientierung an Zukunft oder Vergangenheit, im Hinblick auf die Verfolgung eigener Ziele
oder die Berücksichtigung der Bedürfnisse anderer.

An dieser Stelle werden kurz die verschiedenen »Team-Typen« be-
schrieben. Es wäre falsch zu bewerten, welcher der »Typen« besser oder
schlechter für die gemeinsame Arbeit geeignet ist.
Ein gesundes Team braucht mindestens einen
Vertreter von jedem dieser »Typen«. Man kann
dabei häufig beobachten, daß es zu Perso-
nalunionen kommt. Dann ist ein Mitglied
des Teams sowohl Stratege als auch Hel-
fer.Die »Team-Typen« sind:

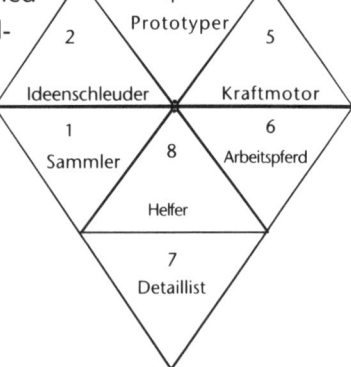

1. Sammler oder Archivar

Sammler sammeln und horten Unterlagen, Materialien und alles, was man später vielleicht noch einmal gebrauchen könnte. Es fällt ihnen schwer, Dinge wegzuwerfen. Häufig haben sie eine klare Struktur in ihren Archiven und Vorräten.

Der Vorteil ist, daß Sammler niemals das Rad neu erfinden müssen. Bei jedem neuen Projekt oder Problem finden sie sofort Beispiele und Beschreibungen, wie an anderer Stelle schon einmal ein ähnliches Vorhaben gemeistert wurde. Bei den Sammlern kann man notfalls immer rekonstruieren, was sich früher abgespielt hat, wann was warum von wem wie entschieden wurde. Bei einem Sammler geht nichts verloren. Der Sammler schafft Informationen heran und macht sie für das Team nutzbar.

Der Nachteil ist, daß der Sammler häufig wenig kreativ ist. Er beschäftigt sich zu viel mit dem Zusammentragen und Ordnen. Eigenständige und völlig neue Ideen kann der Sammler meist nicht produzieren. Probleme, zu denen er keine Unterlagen besitzt, machen ihn schnell hilflos. Eine andere Gefahr besteht darin, daß der Sammler in seinen Bergen von Informationen, gesammelten Zeitschriften, Aktenordnern und Datenbeständen stets unterzugehen droht.

2. Ideenschleuder oder Erfinder

Die Ideenschleuder zeichnet sich durch einen blitzschnell funktionierenden Verstand aus. Welche Probleme, Notsituationen, Bedarfslücken oder Fragen auch immer auftauchen, die Ideenschleuder hat auf der Stelle mindestens einen Vorschlag parat. In der Kommunikation fällt die Ideenschleuder durch ihre Schlagfertigkeit und ihre witzig-spritzige Art auf.

Von Vorteil ist die unbefangene Art des Herangehens an Unbekanntes und Neues. Die Ideenschleuder wird in ihrer Kreativität nicht von einer »inneren Zensur« gebremst. Sie bewertet nicht sofort jeden Gedanken nach »klug« oder »dumm«, nach »brauchbar« oder »unbrauchbar«. Statt dessen geht sie neugierig an die Dinge heran und sucht auch nach originellen Problemlösungen. Wenn es nicht funktioniert, wird halt eine andere Idee ausprobiert. Die Ideenschleuder bringt frischen Wind ins Team.

Von Nachteil ist eine gewisse Unbeständigkeit. Für die Kollegen können das sprunghafte Denken und die manchmal etwas hektisch wirkende Art verwirrend sein. Man weiß nie, was als nächstes kommt. Der Ideenschleuder kann es auch schwerfallen, Ziele konsequent zu verfolgen. Häufig fängt sie tausend Sachen gleichzeitig an, begeistert sich kurzfristig und hat das Begonnene schnell wieder vergessen.

3. Stratege oder Visionär

Der Stratege hat seine Ziele oder die des Teams klar vor Augen und kann sie auch über einen längeren Zeitraum hinweg trotz anderer alltäglicher Anforderungen konsequent verfolgen. Von Vorteil ist, daß der Stratege stets den Überblick bewahrt. Er verliert sich nicht in Details, sondern kann auch bei Widerständen das Team in die richtige Richtung führen. Der Stratege verzettelt sich niemals in Kleinkram oder unwichtigen Reibereien. Bei allem werden die Prioritäten erkannt: Nutzt es den langfristigen Zielen? Bringt es uns weiter? Sind wir noch auf dem richtigen Weg? Sind unsere Ziele noch sinnvoll? Der Stratege ist zukunftsorientiert. Er lernt aus der Vergangenheit, grübelt jedoch nicht über Dinge nach, die ohnehin nicht mehr zu ändern sind.

Von Nachteil kann die drohende Unterschätzung von »Teufeln im Detail« sein. Da sich der Stratege nicht gern mit Kleinkram befaßt, kann es sein, daß er Probleme, die zunächst harmlos scheinen, nicht rechtzeitig bemerkt. Wenn der Stratege zu visionär wird, kann es passieren, daß er sich gedanklich von der Realität des Teams entfernt und ins »Wolkenkuckucksheim« abhebt.

4. Prototyper oder Entwickler

Der Prototyper kann eigene Ideen oder die der Kollegen aufgreifen und auf ihre Tauglichkeit hin prüfen. Von einem »Prototypen« spricht man zum Beispiel in der Autoindustrie. Wenn die Entwickler ein neues Fahrzeugmodell entwickelt haben, dann bauen sie zunächst einen (oder mehrere) Prototypen. Die Prototypen werden ausgiebig getestet und so lange optimiert, bis sich nach ihrem Vorbild die Serienmodelle herstellen lassen.

Der Vorteil des Prototypers ist seine Fähigkeit, Ideen der Ideenschleu-

der aufzugreifen und dann sorgfältig in der Praxis an einem Modell aus-
zutesten. Der Prototyper ist innerhalb des Teams die Verbindungsperson
zwischen den Theoretikern und den Praktikern. Er kann parallel langfristige Ziele verfolgen und gleichzeitig im Detail prüfen, ob das tägliche
Tun sachlich richtig und für die Zukunft brauchbar ist.

Der Nachteil ist die häufig mangelnde Fähigkeit zur Kommunikation
mit den Kollegen im Team. Wenn der Prototyper an einem Prototypen
tüftelt, kann er sich schwer mit anderen über seine Gedanken austauschen. Er braucht dann Ruhe und Konzentration. Wenn der von ihm
entwickelte Prototyp fertig ist, stellt sich heraus, daß er selbst seine Ar-
beitsschritte nicht dokumentiert hat und zum Teil auch nicht mehr erinnert, wie er eigentlich zu seinem Ergebnis gekommen ist. Ein weiterer
Nachteil liegt darin, daß der Prototyper sein Interesse an fertigen Ergebnissen sofort verliert. Es ist ihm eine Qual, mehrmals das gleiche zu tun.
Routine langweilt ihn und wird von ihm auch deshalb (mehr oder weniger absichtlich) nachlässig erledigt. Im Team kann der Prototyper ein
elitäres Verhalten an den Tag legen: Ich mache die interessanten und
neuartigen Aufgaben, und die anderen sollen der langweiligen Routine
nachkommen.

5. Kraftmotor oder Dynamiker

Vom Kraftmotor im Team geht Energie aus. Er kann sich selbst und andere antreiben. Durch ihn kommt das Team in der Arbeit voran. In seiner mitreißenden Art sorgt der Kraftmotor dafür, daß Teamergebnisse
zuverlässig und pünktlich vorliegen.

Von Vorteil ist sein beeindruckendes und begeisterndes Wesen. Auch
gegen heftigen Widerstand und bei größten Problemen gibt der Kraftmotor den Kollegen die Sicherheit, daß seine »starke Hand« die Dinge
im Griff behält. Ihm ist zu verdanken, daß das Team mit Ressourcen ausgestattet wird und im Unternehmen einen guten Ruf hat. Der Kraftmotor ist konfliktbereit. Er läßt sich nicht unterbuttern und sorgt dafür, daß
sein Team nicht vernachlässigt wird. Kollegen, die seinen Schutz bei Problemen suchen, können sich auf seinen Mut und seine Durchsetzungskraft verlassen.

Von Nachteil ist das oft etwas zu hemdsärmelige Auftreten. Vom

Kraftmotor geht gelegentlich so viel Power aus, daß es auf andere überwältigend und einschüchternd wirkt. Wer gegen den Kraftmotor etwas erreichen möchte, muß damit rechnen, »plattgewalzt« zu werden.

6. Arbeitspferd oder Ameise

Arbeitspferde sind fleißig wie Ameisen oder Bienen. Niemals vertrödeln sie die bezahlte Arbeitszeit mit Plaudereien oder sinnlosen Gedankenspielen. Sie sehen, was zu tun ist, und packen zügig an, bis alles erledigt ist. Ihr Arbeitsstil ist effizient.

Von Vorteil sind der Blick für das, was getan werden muß, und die Fähigkeit, sich die Arbeit richtig einzuteilen. Arbeitspferde müssen fast nie einen Handgriff zweimal tun oder einen Weg zweimal zurücklegen. Sie erkennen, was sich gleichzeitig erledigen läßt. Arbeitspferde gehören zu den seltenen Menschen, die nicht an »Aufschieberitis« leiden. Ihr Motto: »Was du heute kannst besorgen, das verschiebe nicht auf morgen.«

Der Nachteil ist, daß Arbeitspferde oft »effizient« und »effektiv« verwechseln. Sie arbeiten zwar unglaublich viel und unglaublich zeitsparend, aber nicht immer ist das, was sie tun, wirklich sinnvoll. Außerdem können sie nicht immer gut mit anderen zusammenarbeiten. Langsamere Kollegen oder neue Mitarbeiter, die noch eingearbeitet werden müssen, gehen dem Arbeitspferd auf die Nerven. Es kann deshalb passieren, daß das Arbeitspferd sich zwar ständig über seine Überlastung beklagt, aber keine Geduld hat, ihm beigestellte Hilfskräfte einzuarbeiten. Ein weiterer Nachteil ist der Mangel an Weitsicht. Im Gewusel der täglich zu bewältigenden Aufgaben verlieren die Arbeitspferde leicht die langfristigen Ziele des Teams oder ihrer eigenen Lebensplanung aus den Augen.

7. Detaillist oder Forscher

Detaillisten haben die Geduld und die Sorgfalt, auch sehr verzwickten Problemen auf den Grund zu gehen. Sie versenken sich in die Sache, bis sie genau wissen, wie die Dinge zusammenhängen. Ihr Arbeitsstil ist von großer Sorgfalt geprägt. Pfusch oder Vertuschtes gibt es bei ihnen nicht.

Von Vorteil ist die hohe Qualität der Arbeitsergebnisse der Detaillisten. Bei ihnen kann man sich immer darauf verlassen, daß sie alles kontrolliert, überprüft und bis ins abgelegenste Detail getestet haben. Man kann sich bei ihnen auch darauf verlassen, daß ihre Entscheidungen immer genau überdacht und gewissenhaft richtig sind. Niemals läßt sich ein Detaillist durch unsachliche, emotionale oder von Wunschvorstellungen geleitete Gedanken beeinflussen. Der Detaillist ist unparteiisch am sachlich Richtigen interessiert. »Schmu« gibt es bei ihm nicht.

Von Nachteil ist der Mangel an Überblick und Weitsicht. Detaillisten gehen beim Denken und Arbeiten in die Tiefe. Sie haben häufig wenig Allgemeinwissen, dafür aber hohes Spezialistenwissen in einem oder vielleicht zwei Bereichen. Diese Einseitigkeit macht es ihnen manchmal schwer, Prioritäten zu erkennen und übergeordnete Ziele zu verfolgen. Ein weiterer Nachteil ist die unendliche Langsamkeit der Detaillisten. Wenn sie ein Problem zu bearbeiten oder eine Entscheidung zu treffen haben, dann machen sie das so gründlich, daß ihre Problemlösung oder ihre Entscheidung viel zu spät kommt.

Innerhalb des Teams ist der Detaillist ebenfalls ein Einzelgänger. Er kann und mag nicht mit anderen kommunizieren. Seine Kollegen und Vorgesetzten sind ihm meistens zu dumm und oberflächlich. Seine arrogante Art kann gelegentlich das Betriebsklima beeinträchtigen.

8. Helfer oder Therapeut

Der Helfer sorgt für das gute Klima im Team. Er gleicht aus, wenn sich die unterschiedlichen Charaktere aneinander reiben. Er tröstet die Traurigen, freut sich mit den Glücklichen und bringt Zerstrittene wieder an einen Tisch.

Von Vorteil ist die behutsame Art des Umgangs mit den Kollegen. Der Helfer kann sich ganz auf andere Menschen einstellen und weiß ihnen gegenüber den richtigen Ton zu treffen. Für sich persönlich hat er meist ein stabiles Netz an Sozialkontakten geschaffen. Er knüpft auch für das Team die notwendigen Außenkontakte und sorgt für gute Zusammenarbeit mit anderen Teams oder Abteilungen. Im täglichen Umgang ist der Helfer ein angenehmer und entspannter Kollege.

Von Nachteil ist die beim Helfer oft sehr ausgeprägte Lust am Tratsch. Dann werden nicht nur spannende Gerüchte verbreitet, es geht auch viel an bezahlter Arbeitszeit durch Geplauder verloren. Ein anderer

Nachteil kann das eventuell zu aufdringlich wirkende Helfersyndrom sein. Mit therapeutischem Eifer werden auch Kollegen betreut, die lieber mit ihren Problemen allein fertig werden möchten. Gruppenterror geht häufig vom Helfer aus. Er möchte am liebsten ständig das Team — möglichst auch nach Feierabend — zusammenhalten. Menschen, die sich lieber zurückziehen, werden von ihm gnadenlos verfolgt und immer wieder in die Gemeinschaft gezerrt.

4. Damit die Welt sich weiterdreht

Zieht man durch die Darstellung der »Team-Typen« eine waagerechte Achse, sind die wesentlichen Unterschiede zwischen den beiden Gruppen zu erkennen: Oben befinden sich die Neuerer, unten die Bewahrer.

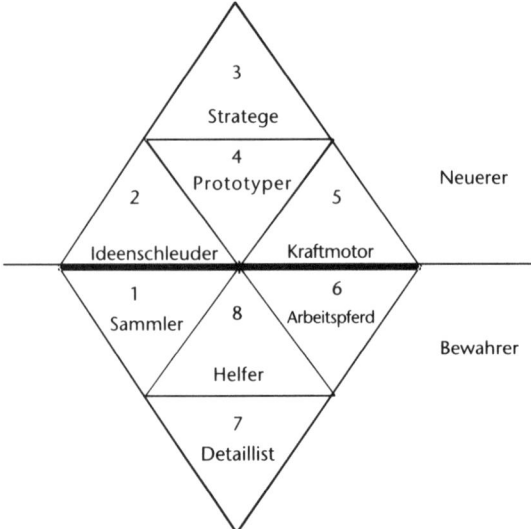

Die »Team-Typen« teilen sich in Neuerer oder Bewahrer wie folgt:

Die Ideenschleudern oder Erfinder denken mehr punktuell. Sie stehen akut vor einem Problem und produzieren sofort einen Lösungsansatz. Im nächsten Moment haben sie zu einem anderen Problem wieder eine tolle Idee.

Die Strategen oder Visionäre halten sich nicht mit voneinander unabhängigen Einzelideen auf. Sie entwickeln langfristige Pläne mit in sich logisch verbundenen Teilzielen und Wegen zum Gesamtziel.

Den Strategen und Ideenschleudern gemeinsam ist die mehr theoretisch als praktisch ausgerichtete Orientierung. Sie sorgen für Gedankenmodelle, Theorien und intellektuelle Durchdringungen.

Die Prototyper und die Kraftmotoren sind hingegen weniger an Theorie interessiert als vielmehr an der praktischen Umsetzung von Ideen oder Strategien.

Der Prototyper oder Entwickler widmet sich mit Liebe zum Detail einer speziellen Aufgabe und tüftelt so lange daran, bis er sie perfekt gelöst hat. Das erledigt er am liebsten selbst und möglichst ungestört. Es macht ihm Spaß, am Ende etwas Fertiges in der Hand zu haben.

Der Kraftmotor oder Dynamiker ist nicht bestrebt, ein einzelnes Ergebnis zu produzieren. Ihm bereitet es statt dessen Spaß, das gesamte Team in Bewegung zu setzen und einem von ihm vorgegebenen Ziel entgegenzuführen. Der Kraftmotor wird immer gezielt eine offizielle oder inoffizielle Führungsrolle anstreben. Das Team ist ihm letztlich die Arena seiner Machtausübung und eine Ansammlung von Menschen, die nach seiner Pfeife tanzen soll, die dafür allerdings auch seinen Schutz genießt.

Der Helfer oder Therapeut ist als Bewahrer in erster Linie daran interessiert, daß den Menschen kein Leid geschieht, daß niemand unter Druck gerät oder sich überrollt fühlt. Dafür läßt er notfalls auch sachliche Fehler oder Ungenauigkeiten zu.

Der Detaillist oder Forscher interessiert sich nicht für menschliche Belange. Ihm geht es um sachliche Richtigkeit, ganz egal, ob jemand darunter leidet oder Vorteile daraus zieht.

Der Sammler oder Archivar vergeudet oft zu viel Zeit für das Sammeln und Ordnen von Unterlagen. Er kopiert, fertigt Listen an, heftet ab, zählt noch einmal nach, legt ein Register an, vergleicht mit anderen Aufzeichnungen und pflegt nicht selten Statistiken, deren Sinn außer ihm niemandem einleuchten. Somit kann der Sammler selbst recht unproduktiv sein. Seine Bestände allerdings bilden häufig die Basis, auf der andere Mitglieder des Teams ihre Produktivität aufbauen.

Das Arbeitspferd ist indes ununterbrochen fleißig. Alles, was es bei der Arbeit aufhalten könnte, macht es ärgerlich. Schnell, schnell, schnell muß immer noch etwas erledigt werden. Innerhalb des Teams werden Helfer und Arbeitspferde gern schamlos ausgenutzt. Der Helfer kann oft nicht nein sagen und läßt sich Arbeit aufhalsen, zu denen andere keine Lust haben. Das Arbeitspferd arbeitet ebenfalls für die anderen mit. Mehr oder weniger diskret schiebt man ihm die Arbeiten hin. Das ist dem Arbeitspferd sogar häufig bewußt, aber geradezu zwanghaft muß es sie trotzdem erledigen. Sein Motto: »Das muß gemacht werden!« Und weil kein anderer es macht...

Den Bewahrern ist leider ihre Unfähigkeit gemeinsam, den Überblick zu behalten. Sie reiben sich mit täglichem Kleinkram auf. Sie erledigen immer das, was gerade anliegt. An den großen Zielen haben sie oft kein Interesse, oder sie finden nicht die Zeit, sich damit zu befassen.

Innerhalb des Teams kann es zwischen den Bewahrern und den Neuerern immer wieder zu Verständnisschwierigkeiten und Konflikten kommen. Die Neuerer sorgen dafür, daß die Welt sich weiterdreht, Ideen produziert und ausprobiert, Ziele gesteckt und auch erreicht werden. Die Bewahrer orientieren sich eher an der Gegenwart oder gar Vergangenheit. Ihnen ist zu verdanken, daß die Entwicklungen nicht zu stürmisch vorangehen und Erfahrungen und Bewährtes berücksichtigt werden.

Konflikte können entstehen, weil die Neuerer sich von den Bewahrern gebremst fühlen. Dafür leiden die Bewahrer an der Dynamik und auch an der häufig zu beobachtenden Dominanz der Neuerer. Eine andere Konfliktquelle sind die typisch unterschiedlichen Geschwindigkeiten beim Denken, Sprechen und Arbeiten. Die Neuerer reagieren sehr viel schneller und legen ein viel zügigeres Tempo vor als die Bewahrer (Ausnahme: Arbeitspferde). Diese arbeiten eher zögerlich, lassen sich alles dreimal durch den Kopf gehen, bevor sie entscheiden, und prüfen ihre Ergebnisse stets auf Richtigkeit. Die Neuerer hingegen neigen eher zu Spontaneität, lassen auch einmal weniger perfekte Lösungen zu und prüfen ihre Ergebnisse weniger auf Richtigkeit als vielmehr auf Brauchbarkeit im Hinblick auf die Ziele.

Wer hat die meisten Chancen auf Erfolg?
Diese Frage läßt sich so ohne weiteres nicht beantworten. Es kommt auf das Unternehmen oder auf die Abteilung an, in der man arbeitet.

Wer zum Beispiel im Finanzamt Akten bearbeitet oder bei Aldi an der Kasse sitzt, sollte nicht unbedingt zu den Neuerern gehören. Aber auch in progressiven und dynamischen Unternehmen finden Bewahrer ihre Nischen. Das kann in der Revision, der Programmierung oder der Verwaltung sein. Wer zum Beispiel in der Marketingabteilung oder in der Produktentwicklung eines Konzerns tätig ist oder die Gründung eines eigenen Unternehmens plant, der sollte zu den Neuerern gehören.

Innerhalb von Teams läßt sich feststellen, daß die Bewahrer dem Mythos der »Teamfähigkeit« leichter auf den Leim gehen. Sie sind bereit, sich unterzuordnen, anzupassen und ihre Bedürfnisse zurückzustellen. Die Neuerer sind egoistischer. Sie verlieren niemals ihre eigenen Ziele oder Interessen aus den Augen. Wenn sie sich teamorientiert verhalten, dann dient das in erster Linie ihren eigenen Zielen. Bei den Neuerern findet man jene Menschen, die »Teamgeist« predigen. Bei den Bewahrern findet man diejenigen, die es leben.

Vielleicht ist das der Grund, warum im allgemeinen die Neuerer beruflich erfolgreicher und die Bewahrer nicht selten verbittert sind. Sie haben häufig das Gefühl, daß man ihren Einsatz nicht honoriert, ihre Kontinuität, ihr Fleiß und ihre Loyalität letztlich nichts einbringen und von anderen nur ausgenutzt werden. Auf der anderen Seite verlaufen die Berufswege der Neuerer viel riskanter. Wenn sie Glück haben, steigen sie bald weit über das Team hinaus in höhere Positionen auf. Wenn sie Pech haben, können sie dann auch viel tiefer fallen. Während die Bewahrer sich in der Nestwärme des Teams geborgen fühlen, wollen die Neuerer solche Bindungen und Fesseln hinter sich lassen und suchen eher das Risiko.

5. Theorie und Praxis

Zieht man durch die Darstellung der »Team-Typen« eine Achse von Süd-West nach Nord-Ost, ist wiederum eine deutliche Unterscheidung der Typen zu erkennen. Links sind die Denker, rechts die Macher.

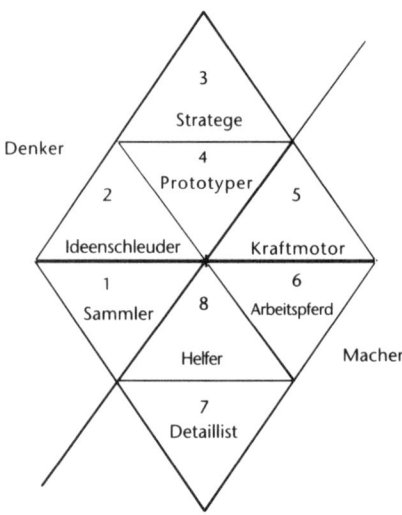

Unter den Denkern nimmt der Sammler oder Archivar eine Sonderstellung ein. Während die Strategen, Prototyper und Ideenschleudern kreative Denker sind, ist der Sammler meist ordnend tätig. Er neigt dazu, die Ideen und Niederschriften anderer zu sammeln, zu systematisieren und verfügbar zu machen. Das läßt den Sammler zu einer Hilfskraft für einen kreativen Denker werden. Innerhalb des Teams nimmt er deshalb eine eher untergeordnete Position ein. Manchmal wird er aufgrund seines Sammeltriebs und seines pingelig geführten Archivs auch verspottet. Aber seine Unterlagen macht man sich immer gern zunutze.

Unter den Machern nimmt der Helfer eine Sonderrolle ein. Während die anderen Macher sich mit Sachverhalten, Aufgaben und Dingen befassen, ist der Helfer um die Menschen und somit um das Team bemüht. Das macht ihn innerhalb der Gruppe ebenfalls leicht zu einer untergeordeneten Person. Man mag ihn, nimmt ihn jedoch nicht immer ganz ernst. Er ist für den Sozialkram zuständig. Die »richtige« Arbeit machen andere.

Eine deutliche Unterscheidung gibt es auch zwischen dem Kraftmotor und dem Arbeitspferd. Das Arbeitspferd arbeitet, der Kraftmotor bringt andere dazu, fleißig zu sein.

Die einflußreichste und auf Dauer erfolgreichste Person ist unter den

Denkern der Stratege und unter den Machern der Kraftmotor. Beide zeichnen sich darin aus, daß sie persönlich stets über den täglichen Anforderungen stehen, auf ihre Kollegen einen großen Einfluß haben und es immer schaffen, sich den Vorgesetzten gut zu präsentieren. Beide lassen sich niemals vom Gerede um »Teamfähigkeit« ablenken oder vom Team bremsen. Sie haben ihre höchst egoistischen Ziele und lassen keine Chance ungenutzt, die zur »Teamorientierung« erzogenen Kollegen in ihrem Sinn zu steuern.

6. Wer steigt auf?

Grundsätzlich hat jedes Mitglied eines Teams die Chance zu beruflichem Aufstieg. Dennoch gibt es Unterschiede. Nicht jeder will wirklich eine Position mit Macht, Einfluß und auch mehr Verantwortung. Nicht jeder mag sein Sachgebiet aufgeben und statt dessen Mitarbeiter führen.

Aufstiegswillig und auch aufstiegsfähig sind vor allem Strategen und Kraftmotoren. Darüber hinaus können Prototyper recht erfolgreich sein. Wenn sie beispielsweise durch Zufall oder durch konsequentes Experimentieren ein »Superprodukt« erfunden und entwickelt haben. Man denke da nur an die jungen Multimillionäre in der Computertechnik oder an die Erfinder neuer Extremsportarten.

Erfolgreich sind auch die Helfer. Sie verfügen über viele Kontakte und besitzen feine Antennen für neue Trends, für Änderungen von Grundstimmungen oder Machtgefügen. Ein Helfertyp, der wachsam genug ist, sich nicht ausnutzen zu lassen, erringt aufgrund seiner guten Beziehungen leicht eine gehobene Position. Dabei kann er mit seiner angenehmen Art auch das von ihm geführte Team motivieren und bei der Stange halten.

Ideenschleudern wollen oft gar keine Führungsposition. Sie sind glücklich, wenn man ihnen den Freiraum läßt, den sie für ihre Kreativität brauchen. Wenn man sie allerdings in langweilige Routine zwängt, werden sie rebellisch oder zu nervenden Gruppenclowns.

Wenig Chancen auf Erfolg haben leider Menschen, die in erster Linie Sammler, Arbeitspferde oder Detaillisten sind. Im Team sind sie zwar sehr nützlich, können jedoch nur selten selbst die Früchte ihres Engagements ernten. Ihr Schicksal ist häufig, daß sie von den Kollegen im Team ausgenutzt werden.

7. Das Testergebnis

Tragen Sie nun in den acht folgenden Listen jeweils Ihre Punktzahl neben der Aussagennummer ein. Wenn Sie zum Beispiel bei der Aussage 17 sich 3 Punkte gegeben haben, dann schreiben Sie hier in der sechsten Liste neben die 17 eine 3. Addieren Sie pro Liste Ihre Punkte. Dort, wo Sie die höchste Punktzahl erreicht haben, liegt Ihre stärkste Arbeits- und Verhaltensausrichtung im Team.

Typ 1	Typ 2	Typ 3	Typ 4	Typ 5	Typ 6	Typ 7	Typ 8
3 __	8 __	6 __	7 __	4 __	2 __	1 __	10 __
9 __	13 __	14 __	15 __	12 __	11 __	5 __	16 __
24 __	19 __	20 __	21 __	18 __	17 __	25 __	22 __
30 __	23 __	27 __	29 __	35 __	26 __	32 __	31 __
36 __	28 __	37 __	38 __	39 __	34 __	40 __	33 __
___	___	___	___	___	___	___	___

Die »Team-Typen« sind:
   Typ 1 – Sammler, Archivar
   Typ 2 – Ideenschleuder, Erfinder
   Typ 3 – Stratege, Visionär
   Typ 4 – Prototyper, Entwickler
   Typ 5 – Kraftmotor, Dynamiker
   Typ 6 – Arbeitspferd, Ameise
   Typ 7 – Detaillist, Forscher
   Typ 8 – Helfer, Therapeut

Wenn Ihre Auswertung ergibt, daß Sie bei nur einem der »Team-Typen« eine hohe Punktzahl haben und bei allen anderen eine sehr geringe, dann besteht auf jeden Fall die Gefahr, daß Sie viel zu einseitig orientiert sind und kaum die Chance auf beruflichen Erfolg und innere Zufriedenheit besitzen. Statt dessen werden Sie Opfer Ihrer Einseitigkeit und entwickeln zunehmend eine Verbitterung gegen die »Ungerechtigkeiten« im Berufsleben. Eine sehr einseitige Ausprägung kommt aber zum Glück nur selten vor.

Für die meisten ergeben sich bei zwei oder drei der »Team-Typen« hohe Punktzahlen. Dabei kann es sein, daß die betreffenden »Team-Typen« entweder ähnlich oder entgegengesetzt sind.

Wenn Ihre hohen Ergebnisse sich ausschließlich bei den »Neuerern« (Ideenschleuder, Prototyper, Stratege, Kraftmotor) befinden, dann besteht für Sie die Gefahr, daß Sie zu dynamisch vorpreschen und sowohl menschliche Aspekte wie auch Erfahrungen zu wenig berücksichtigen.

Sie sollten Ihren Erfolg möglichst nicht in traditionsreichen und sehr hierarchisch organisierten Unternehmen oder Behörden suchen. Ihre Stärken kommen in modernen und stark wettbewerbsorientierten Unternehmen gut zur Geltung.

Wenn Ihre hohen Ergebnisse sich ausschließlich bei den »Bewahrern« (Sammler, Helfer, Arbeitspferd, Detaillist) befinden, dann besteht für Sie die Gefahr, daß Sie zu traditionell und zögerlich arbeiten. Sie wehren sich gegen Veränderungen und Risiken.

Sie sollten Ihren Erfolg möglichst nicht in dynamischen, zukunftsorientierten und wenig strukturierten Unternehmen suchen. Ihre Stärken liegen in Bereichen, wo viel zu verwalten und routiniert nach festen Regeln abzuarbeiten ist.

Wenn Ihre hohen Ergebnisse sich ausschließlich bei den »Denkern« (Stratege, Ideenschleuder, Sammler, Helfer) befinden, dann besteht für Sie die Gefahr, daß Sie vor lauter Denken, Planen, Träumen, Ordnen, Aufräumen, Prüfen und Tüfteln nicht zu echten Ergebnissen kommen. Sie werden dann am Ende Ihres Berufslebens zwar wissen, was Sie aufgrund Ihrer Begabungen und Fähigkeiten alles hätten erreichen können. Dennoch haben Sie es nicht erreicht.

Wenn Ihre hohen Ergebnisse sich ausschließlich bei den »Praktikern« (Prototyper, Kraftmotor, Detaillist, Arbeitspferd) befinden, dann besteht für Sie die Gefahr, daß Sie vor Überlastung keine Kraft und keinen Blick mehr für übergeordnete Ziele haben. Vor lauter Tun und Machen geht

Ihnen der Sinn für Prioritäten verloren. Ihre Tüchtigkeit hält Sie zwar ständig in Trab, erfolgreich werden jedoch andere sein, nicht Sie.

Für den persönlichen Erfolg ist eine gute Verteilung von hohen Punktzahlen in entgegengesetzten Bereichen meist das beste. Allerdings besteht dann auch die Gefahr von innerer Zerrissenheit: ob man lieber Neues macht oder lieber doch am Bewährten festhält, ob man lieber in die Hände spuckt und greifbare Ergebnisse produziert oder lieber Theorien und Visionen entwickelt. Um diesem Dilemma zu entgehen, sollte man sich für die eigene berufliche Entwicklung klare Ziele setzen und konsequent darauf achten, daß man sich nicht vor lauter »Teamgeist« unterbuttern oder in irgendeine Richtung ziehen läßt.

Bei den »Team-Typen«, bei denen Sie nur eine geringe Punktzahl erreicht haben, liegen für Sie weder besondere Stärken noch besondere Schwächen. Verzichten Sie darauf, sich hier steigern zu wollen. Klüger ist es, die Stärken dort auszubauen, wo die Punktzahl hoch ist, und zugleich darauf zu achten, daß man genau da nicht zu viele hinderliche Marotten entwickelt.

VI. Die Firma als solche

1. An der Wand hängt der Firmengründer in Öl

Befaßt man sich mit dem heute so hochgelobten Ideal der Teamfähigkeit, muß man natürlich auch das jeweilige unternehmerische Umfeld betrachten. Nicht überall ist es möglich oder gar wünschenswert, daß Teams gleichberechtigter Mitglieder gemeinsam zu hochkarätigen Ergebnissen kommen. Ein offensichtliches Gegenbeispiel ist das Militär. Armeen funktionieren nach den Prinzipien von Befehl und Gehorsam. Undenkbar, daß zunächst kreative Prozesse in den Köpfen der Soldaten gestartet werden. Im Finanzamt ist es auch nicht unbedingt erforderlich, »teamfähig« zu sein. Da sitzt man am Schreibtisch und arbeitet beharrlich Papierberge ab. Richtig ist, daß die Mitarbeiter »kollegial« (Armee: »kameradschaftlich«) miteinander umgehen sollen. Das Betriebsklima muß stimmen, wenn die Arbeit Spaß machen soll. Von »Team« kann keine Rede sein.

Wie verhält es sich in der »freien Wirtschaft«? Aus dieser Welt kommt schließlich der Teamgedanke. Hier wird bei Neueinstellungen genauestens auf »Teamfähigkeit« geachtet.

Im folgenden sollen unterschiedliche Typen von Firmenkulturen oder Entwicklungsstufen von Unternehmen mit ihren typischen Merkmalen und den daraus sich ergebenden Konsequenzen für den Teamgedanken kurz dargestellt werden.

Zunächst wird in groben Zügen die typische Entwicklung eines Unternehmens betrachtet. Es fängt meist damit an, daß ein kreativer, mutiger Mensch eine Idee hat und sich entschließt, selbständig zu werden. Man denke an Personen wie Heinz Nixdorf oder Peter Schnell (Gründer der Software AG), von Bodelschwingh in Bethel, »Mutter Teresa« in Indien, Mary Ward, Olaf Mummert, Roland Berger, Alice Schwarzer, Marion Gräfin Dönhoff, Henry Ford, Beate Uhse und viele andere. Dabei kann es sich um Firmen-, Ordens-, Sekten- oder Parteigründer handeln, um Pioniere mit einer neuen Idee und dem Willen, diese Idee kraft eigener Organisation oder Institution durchzusetzen.

Die Anfänge neuer Organisationen zeichnen sich durch bestimmte Merkmale aus:

- Es gibt als Gründer eine »markige« Persönlichkeit an der Spitze.

Typisch für »Gründerväter« oder »Gründermütter« ist, daß sie kreativ genug sind, überhaupt etwas Neues zu denken oder zu erfinden. Anders als die meisten zuckeln sie nicht auf vorgegebenen Bahnen durchs Leben, sondern gehen Wege, auf denen vor ihnen keiner ist und hinter ihnen andere folgen. Gründer sind meist wie besessen von ihrer Idee oder Mission. Auch gegen Widerstand und bei Niederlagen bleiben sie ihrem Vorhaben treu. Dabei beweisen sie großen Mut, Durchhaltevermögen und Leidensfähigkeit. Sie haben ihre Vision und halten eisern daran fest. Häufig bereits zu Lebzeiten, spätestens aber nach ihrem Tod werden lustige, abenteuerliche, oft sogar unglaubliche Anekdoten über sie erzählt. Gründer sind so markant, daß sie einfach Legendenbildung herausfordern.

Solange ihre Organisation besteht, wird ein beeindruckendes Bild von ihnen an der Wand hängen. Bei Ordensgründern stehen später Blumen und Kerzen davor, bei Firmengründern Ledersessel und Edelholzschreibtisch des Nachfolgers darunter. Spätere Generationen mögen vielleicht denken: »Das war noch Urgestein. Solche Menschen gibt es heute gar nicht mehr.«

- Gründer entwickeln einen Kult um die eigene Person.

Die meisten Gründer legen Wert darauf, daß sie in der Öffentlichkeit ein bestimmtes Image haben. Entsprechend sind ihre Auftritte. Es gibt Gründer, die gezielt das Rampenlicht und den Kontakt mit Prominenten aus anderen Bereichen (niemals aus dem eigenen!) suchen. Sie treten vor Kameras, vor Menschenmassen, Betriebsversammlungen, vor Pilger oder vor Mikrophone. Andere Gründer meiden die Öffentlichkeit und erreichen so, daß sie eine Aura des Geheimnisvollen umgibt. Sie genießen es, daß man über sie spekuliert.

In welcher Maske ein Gründer auftritt, hängt von der Persönlichkeit ab. »Mutter Teresa« stellt mit Lust weltweit ihre rührende Bescheidenheit zur Schau. So bescheiden, auch mal eine andere Nonne ihres Ordens auftreten zu lassen, ist sie allerdings nicht. Die Bewunderung der Massen will sie persönlich entgegennehmen. Roland Berger tritt gern gutgekleidet als oberschlauer Durchdenker komplexer Zusammenhänge auf. Peter Schnell tat es als Mäzen für soziale Missionen. Er nahm eine Behinderte als Tochter an, die dann von seiner (ersten) Frau versorgt wurde, unterstützte Anti-Drogen-Kampagnen und ließ in seinem Neubau behindertengerechte Toiletten installieren, die jedem Besucher stolz vorgeführt wurden. Zur Vervollständigung der Demo wurde aber leider kein Rollstuhlfahrer eingestellt. Der wäre auch nicht die Treppe zur oberen Etage hinaufgekommen. Olaf Mummert mimt in der Welt der Hanseaten den aristokratisch angehauchten Intellektuellen, der viel zu vergeistigt ist, um sich den Niederungen der Medien zu stellen. Ganz anders Alice Schwarzer, die sich gern rauflustig und schlagfertig präsentiert. Egal, was sexistische TV-Moderatoren oder um die Moral des Volkes besorgte Politiker sagen, sie ist um keine knallende Antwort verlegen.

• Der jeweilige Gründer findet treue und mutige Anhänger.

Als Führungskräfte sind sie meist charismatisch. Sie grübeln, erfinden, ackern, basteln nicht einsam vor sich hin, sondern schaffen es, mit dem Feuer ihrer eigenen Begeisterung andere zu motivieren. Besonders in den Anfangsphasen der Organisation wird vom Gefolge der Gründer viel verlangt. Man arbeitet bis tief in die Nacht und weiß doch nicht, ob jemals Erfolg, materielle Sicherheit, allgemeine Anerkennung etc. zu erwarten sind.

Wie eine verschworene Gemeinschaft wirken die Anhänger zusammen. Jeder kann sich auf den anderen verlassen. Gegenüber der Außenwelt betrachten die Gefolgsleute oder Mitarbeiter sich als eine festgefügte Gemeinschaft. Man weiß, daß man sich aus der Welt der Durchschnittsmenschen gelöst und auf ein riskantes Abenteuer eingelassen hat. Man erlebt, daß andere nicht an den Erfolg glauben, die Sache vielleicht sogar belächeln. Aber man selbst ist – vom Gründer angesteckt – erfüllt von dem Glauben an die Sache und vom Willen, den Erfolg durchzusetzen. Dafür werden persönliche Opfer gebracht. Die ersten Nonnen von Mary Ward lebten in tiefster Armut, den ersten Mitarbeitern von Peter Schnell konnte kein Gehalt gezahlt werden. Es ist nicht nur der gemeinsame Glaube an die Idee, die diese Opferbereitschaft möglich macht. Es ist auch die starke emotionale Bindung an den Gründer, die alle selbst in schwierigsten Zeiten zusammenhalten läßt.

• Der Führungsstil des Gründers ist patriarchalisch bis absolutistisch. Der Gründer und seine Gefolgsleute erleben sich selbst bewußt oder unbewußt als eine Familie. In dieser Familie ist der Gründer das Oberhaupt. Um ihn scharen sich die anderen, er ist das Zentrum. Hier hat die gemeinsame Vision ihren Ursprung, von hier kommt Ermutigung, wenn die anderen doch einmal daran zweifeln, ob es sich auf Dauer lohnt, Entbehrungen auf sich zu nehmen.

»Gründerväter« und »Gründermütter« scharen Mitarbeiter um sich, die auf ihr Wort hören, von ihnen Anweisungen entgegennehmen, bei ihnen Trost holen, von ihnen gelobt und auch beschützt werden wollen. Die Anhänger finden ihre Motivation in der Begeisterung für die gemeinsame Idee, in ihrer Bewunderung und Liebe für den Gründer und in der Geborgenheit der familiären Gemeinschaft.

Dafür verlangt der Gründer mehr oder weniger bewußt die Unterwerfung der Mitarbeiter. Seinem Wort haben sie zu folgen, gegen seine politischen, religiösen oder sonstigen Überzeugungen dürfen sie auch dann nicht verstoßen, wenn diese in keinem Zusammenhang zur Aufgabe stehen. Bis in den Privatbereich hinein verlangt der Gründer, daß die Gefolgsleute entsprechend seinen Normen leben.

Und auch Gründer, die sich von ihren Mitarbeitern inspirieren lassen, werden letztlich jede Entscheidung selbst treffen und absoluten Gehorsam fordern. Dabei berufen sie sich notfalls auf die Autorität höherer Mächte oder sogar Gott.

• Gründer leben einen experimentellen und flexiblen Arbeitsstil vor. Gerade am Anfang sind viele Abläufe und Vorgänge noch nicht geregelt. Man probiert aus, erfindet, prüft Resultate und variiert die Strategien. Von den Mitarbeitern wird Kreativität verlangt und die Bereitschaft, sich neuen Anforderungen schnell anzupassen. Was heute gültig ist, kann sich morgen schon als falsch erweisen. Man kann einfach noch nicht alles durch Regeln und Vorschriften zementieren. Die neue Organisation befindet sich in der Erprobungsphase.

Was bedeutet diese Gründerzeit für den Teamgedanken? Gerade in den letzten Jahren wurde von Firmengründern (z.B. in der Datenverarbeitung, der Touristikbranche, bei den neuen Serviceanbietern und Medienfirmen) bei der Personalsuche stets »Teamfähigkeit« verlangt. Gibt es »Teamgeist« unter der Leitung eines »Gründervaters« oder einer »Gründermutter«?

Wenn man »Team« als eine Gruppe gleichwertiger Personen auffaßt, die gemeinsam und ohne Hierarchien zu einem gemeinsamen Ergebnis kommt, dann kann von »Teamgeist« unter einem Gründer keine Rede sein. Das heißt nicht, daß es nicht Spaß macht und Befriedigung bringt, einem Visionär zu folgen. Jeder einzelne Mitarbeiter muß sich nur bewußt sein:

- Ich muß mich dem Gründer (dem »Großen Meister«) völlig unterwerfen.
- Ich darf niemals gegen moralische, politische oder sonstige Normen des Gründers verstoßen.
- Meine persönlichen Ziele und Interessen sind jederzeit denen des Gründers unterzuordnen.
- Ich finde Nestwärme und Führung unter den Fittichen des Gründers, aber ich darf niemals so autonom werden wie er selbst.
- Unter Kollegen pflegen wir auch privat enge Beziehungen. Wenn ich diesen Kreis aber verlasse, bin ich nicht nur Kollegen, sondern auch Freunde los.
- Wir Kollegen folgen gemeinsam treu dem Gründer. Aber untereinander beobachten wir eifersüchtig, daß keiner zum »Liebling« wird.

Man mag es »Team« nennen oder »Fanclub des Gründers«, auf jeden Fall lebt eine solche Organisation von der Unterwerfung der Mitarbeiter oder Mitglieder unter eine Person, die sie als »höher« anerkennen.

Die Gefahren einer solchen Gründer-Organisation können sein:

• Bunkermentalität

Die Gefolgsleute und der Gründer schweißen sich derart fest zusammen, daß sie schließlich den Rest der Welt als feindlich oder minderwertig erleben. Sekten-, Partei- oder Ordensmitglieder wollen mit Andersgläubigen nichts mehr zu tun haben, Mitarbeiter von Unternehmensberatungen treten extrem blasiert und arrogant auf.

• Emotionale Abhängigkeit

Die Mitarbeiter erleben den Arbeitsplatz nicht nur als den Ort, wo sie sich beruflich betätigen und den Unterhalt verdienen. Dort ist auch das Zentrum ihrer emotionalen Welt. Nicht selten sind Gründer und Kollegen die wichtigsten Sozialkontakte für besonders begeisterte Anhänger. Ob Tennistraining, Segeltörn, Geburtstagsparty, stets ist man von Kollegen und deren Familien umgeben. Wehe demjenigen, der aus irgendwelchen Gründen einmal aus dieser Gemeinschaft herausfällt!

• Persönliche Überforderung

Das Feuer der Begeisterung für die Vision, der tiefe Wunsch nach Anerkennung durch den Gründer und der Gruppenzwang der ebenfalls begeisterten Kollegen läßt die Mitarbeiter sich völlig verausgaben. Man arbeitet bis zur Erschöpfung, hat keinen anderen Gedanken und andere Interessen mehr.

• Zu hohe Abhängigkeit vom Gründer

Nicht jede Organisation überlebt, wenn der Gründer eines Tages abtritt oder stirbt. Typisch für viele Gründer ist, daß sie nicht rechtzeitig einen Nachfolger suchen. Viel zu lange halten sie selbst die Zügel in der Hand. In ihrer unmittelbaren Umgebung ertragen sie nur gläubige Anhänger, Speichellecker und Jasager. Manche Organisationen – man denke an Nixdorf oder die Baghwan-Jünger – krebsen nach dem Tod des Gründers eine Weile vor sich hin und verschwinden dann – wegen »Kopflosigkeit« – von der Bildfläche. Andere gehen daran zugrunde, daß eine Riege verstrittener Erben sich bekämpft und dabei die Organisation zerreißt.

Für den einzelnen Mitarbeiter gilt:

• Es besteht die Gefahr, daß ich mich von der Begeisterung mitreißen und schließlich vom Egoismus des Gründers auffressen lasse.

• Es besteht die Chance, daß ich durch Wohlverhalten in der wachsenden Organisation eines Tages eine Führungsposition in der zweiten Riege erhalte.

• Es besteht die Chance, daß ich eines Tages am Erfolg und dem Ruhm unserer Organisation teilhaben werde.

• Es besteht die Gefahr, daß unsere bisherige kollegiale Gemeinschaft sich in eine selbstzerfleischende Meute verwandelt, wenn der Gründer abtritt.

Wer mit der völligen Unterwerfung und den Unwägbarkeiten der Gründerorganisation nicht leben kann, sollte die Finger davon lassen. Das gleiche gilt für Personen, die neben ihren beruflichen Ambitionen auch noch andere Interessen verfolgen.

Wenn eine Gründerorganisation neue Mitarbeiter sucht und von »Teamgeist«, »Flexibilität« und »Engagement« spricht, dann bedeutet das im Klartext: Wer zu uns kommt, braucht keine Freunde oder Vereine mehr, er muß sich auf widersprüchliche Anforderungen einstellen und bis zum Burn-out-Syndrom fleißig sein.

2. Alles Bürokraten!

Wenn eine neue Organisation erfolgreich ist und wächst, besteht die Gefahr von Chaos. Während der Pionierphase kann der Gründer noch alle Fäden in den Händen halten. Die Kommunikation findet spontan und formlos statt. Es herrscht ein lockerer Umgangsstil, bei dem Informationen frei fließen und jeden erreichen. Kontrollen bezüglich Fleiß, Zuverlässigkeit oder Ehrlichkeit bei Spesenabrechnungen sind bei der geringen Anzahl hochmotivierter Mitarbeiter nicht nötig.

Diese Dinge ändern sich, wird das Unternehmen größer. Zwölf Mitarbeiter oder auch zwanzig, vielleicht sogar fünfzig können noch eine familiäre Gruppe bilden. Mit zunehmender Größe aber werden Strukturen unübersichtlicher. Informationen erreichen nicht mehr jeden, die Nähe zum charismatischen Gründer geht verloren, erste Faulpelze entwickeln diskrete Techniken, den Fleißigen die Arbeit zu überlassen. Nachlässige kümmern sich nicht mehr darum, ob Firmeneigentum beschädigt oder vergeudet wird. Unter den Mitarbeitern entsteht eine inoffizielle Hierarchie, bei der jeder einzelne seinen Rang von der persönlichen Dauer der Firmenzugehörigkeit ableitet. Wer schon zur Gründungszeit dabei war, schaut auf die Nachkömmlinge herab.

Häufig scheut der Gründer lange davor zurück, durch Organigramme und Stellenbeschreibungen oder ähnliche »Korsetts« der kreativen und familiären Gemeinschaft Zügel anzulegen. Wachstum vergrößert jedoch schrittweise das Chaos und die Unzufriedenheit. In der Unübersichtlichkeit einer ungeregelten Struktur reißen einzelne »Powertypen« Macht an sich. Weil sie schon so lange dazugehören, womöglich den Gründer seit Urzeiten mit dem Vornamen anreden und bei jedem seiner Geburtstage dabei sind (was längst nicht mehr für alle Mitarbeiter gilt), leiten sie für sich Ansprüche auf Führung neuer Kollegen ab. Erfahrungsgemäß kann man davon ausgehen, daß bei Konflikten der Mitarbeiter untereinander der Gründer auf der Seite der Person stehen wird, die am längsten zu ihm gehört. Das war bei Nixdorf so, galt für Peter Schnell und auch für Axel Springer. Einige der Mitarbeiter der ersten Stunde wollen gar keine Macht über andere. Sie genießen es, unbehelligt ihre Aufgaben wahrzunehmen und ein hochkarätiges Expertentum zu pflegen. Indes bauen die Machtorientierten eifrig an ihren Trutzburgen. Einer spezialisiert sich auf den Vertrieb, ein anderer beansprucht die Aufsicht über die Entwicklungsabteilung, und im Sekretariat führt die »Dame der ersten Stunde« ein strenges Regiment. Die Stärkeren unter den Machtorientierten verfügen meist ihrerseits über ein gewisses Charisma und finden unter den Kollegen willige Gefolgsleute. Sie grenzen ihre Machtbereiche gegeneinander ab und bekämpfen sich nur gelegentlich bei Kompetenzüberschreitungen. Die Schwachen unter den Machtorientierten bleiben auf obskuren Posten sitzen, wo sie für Marketing, Qualitätssicherung oder ähnliche Bagatellen, die außer ihnen keiner wichtig nimmt, zuständig sind.

Da die Machtpositionen nicht festgeschrieben sind, kommt es immer wieder zu Rangeleien. Mitarbeiter fragen: »Wieso darf der mir eigentlich was sagen?« Oder sie verweigern den Gehorsam: »Der hat mich nicht eingestellt, von dem lasse ich mir doch keine Befehle erteilen.« Außerdem stoßen neue machthungrige Kollegen hinzu, die in dem ungeregelten Unternehmen ihre Chance wittern und selbst eine Machtposition anstreben. Das empört jene, die den Status grundsätzlich an den Jahren der Firmenzugehörigkeit bemessen.

Nach außen gibt das Unternehmen ein unklares Bild. Man weiß nicht genau, wer welche Befugnisse bei Anschaffungen hat, wer welche Verträge unterschreiben darf und wer wofür die juristische Verantwortung übernimmt. Außerdem kursieren mehrere verschiedene Varianten von Briefköpfen, und jeder hat eine eigene Art, den Firmennamen zu schreiben: »Mummert + Partner«, »Mummert+Partner«, »M+P«, »MUMMERT+PARTNER«, »Mummert&Partner«... Der eine schreibt den Firmennamen stets oben rechts, der andere stets unten links. Der eine zieht einen Strich unter den Namen, der andere kürzt ihn ab.

Jeder ruft nach »Corporate Identity« und einheitlicher Darstellung nach außen. Jeder möchte, daß endlich mal geklärt wird, wer hier eigentlich wofür verantwortlich ist. Trotzdem ist es nicht möglich, daß sich zumindest die Inhaber der inoffiziellen Machtposten einigen. Schließlich wird der arme Tropf, der für das Marketing zuständig ist, beauftragt, Standards für Briefköpfe, Präsentationsfolien, Inserate, Verträge und Angebote zu entwickeln. Mit Feuereifer macht der sich an die Arbeit und befördert ein wissenschaftliches Werk mit so vielen Einzelstandards, daß außer ihm niemand je den ganzen Text liest, geschweige denn beachtet.

Über all dem thront der Firmengründer auf dem Höhepunkt seines Erfolgs und lehnt bürokratischen Kleinkram konsequent ab. Nein, er will kein Organigramm, keine Folienstandards, keine Formulare für Zeitabrechnungen und auch keine Stechuhren. Er will ein »menschliches« Unternehmen, in dem sich alle als Teil einer großen Familie verstehen.

In dieser Phase eines Unternehmens kann von »Teamorientierung« überhaupt keine Rede sein. Es ist die Phase der Verteilungskämpfe unter den potentiellen und oft auch zukünftigen Machthabern im wachsenden Unternehmen. Die Robusten bringen auf Kosten der Schwachen ihre Schäfchen ins Trockene. Die Listigen schaffen sich noch Gelder an die Seite oder nutzen die Firma als Basis zum Aufbau eines später zu gründenden eigenen Unternehmens. Die Naiven freuen sich über die guten Verdienstmöglichkeiten in dem wachsenden Geschäft und werden später fassungslos vor der Tatsache stehen, daß andere an ihnen vorbei Posten ergattert haben und ihnen dann die Einkommen drastisch reduzieren. Die Ängstlichen und die Neulinge stehen ratlos im Chaos und haben keine Ahnung, mit wem man sich vorsichtshalber gutstellen sollte und mit wem lieber nicht.

Wenn der Gründer endlich abtritt oder einsieht, daß sich zweihundert (oder noch mehr) Leute nicht unbürokratisch von selbst organisieren, dann kommt die nächste Phase der Unternehmensentwicklung: die Bürokratisierung.

Jetzt werden Formulare entwickelt: für die Arbeitszeiterfassung, die Spesenabrechnung, die Anschaffung von Ressourcen, die Beantragung von Urlaub, die Weitergabe von Informationen, die Ablage von Protokollen, die interne Verrechnung von Aufwänden, die Nacharbeit von Kundenkontakten, die Kontrolle von Projektfortschritten, die Beweisführung der Qualitätssicherung, die Regelung von Unterschriftsrechten, die Erfassung von Vertretungen, von Telefonaten, von Einladungen, von Verbesserungsvorschlägen...

Statistiken werden eingeführt und akribisch gepflegt: prozentuale Steigerungen pro Bereich, Häufigkeit von Kontakten und nachfolgenden Aufträgen, Belastungen der zentralen Bereiche, Kostensteigerungen bei Porto, Telefon etc., Fluktuation, Fehltage...

Informationswege werden zementiert: Verteiler werden angelegt, Mappen mit Infos in Umlauf gegeben, interne Notizen überfluten die Schreibtische, Zeitungen werden gesichtet und artikelweise für alle kopiert, zentrale Archive mit sorgfältigen Verzeichnissen zur Verfügung gestellt...

Jeder Mitarbeiter und insbesondere die Führungskräfte könnten ihre Arbeitstage vollständig damit zubringen, Formulare auszufüllen, Berichte zu schreiben, Statistiken fortzuführen und Informationen zu beachten.

Außerdem werden eigens Stellen geschaffen, die keinen anderen Sinn haben, als zu kontrollieren, ob auch jeder für alles die notwendigen Formulare und Statistiken vollständig und fehlerfrei pünktlich an der richtigen Stelle in ausreichender Anzahl von Kopien abgeliefert hat.

Zu all dem werden Regeln, Vorschriften, Arbeitsanweisungen und Ablaufpläne angelegt. Ein Organigramm mit viel zu vielen Hierarchiestufen und -zwischenstufen klärt die Position jeder Person. An dieser Stelle werden die Mitarbeiter der ersten Stunde mit sinnvollen (fähige Machtstrategen) und sinnlosen (unfähige Machtwillige) Führungspositionen für ihre Treue belohnt. Stellenbeschreibungen legen für jede Position fest, welche Arbeiten zuzumuten sind und was man ablehnen darf. Während der nächsten Jahre werden dann auch langsam die Gehälter angeglichen. Über lange Zeit bleibt es allerdings noch so, daß die »alten« Mitarbeiter gigantisch viel verdienen und über unglaubliche Privilegien verfügen, während andererseits mit jedem neuen Mitarbeiter die Durchschnittsgehälter für alle Bereiche sinken.

In dieser Phase der Unternehmensentwicklung kann von »Teamorientierung« ebenfalls keine Rede sein. Jeder hat seinen klar begrenzten Aufgaben- und Kompetenzbereich. Jeder kennt die eigene Position und den eigenen Entscheidungsrahmen. Man weiß, was verboten bzw. erlaubt ist. Man kennt den jeweiligen Befehlsgeber und auch die Konsequenzen bei »Ungehorsam«. Die Firma ist der Ort, wo man täglich hingehen und sich oft auch demütigen lassen muß, bis man endlich im Lotto gewonnen hat. Die Firma gibt einem keinen Pfennig zuviel, also gibt man der Firma auch nicht eine Minute oder auch nur einen intelligenten Gedanken mehr, als man bezahlt bekommt. Man überschlägt sich nicht bei der Arbeit und sieht zu, daß man möglichst nicht vom Vorgesetzten bei Unerlaubtem erwischt wird. Unpäßlichkeiten führen auf der Stelle zu Arbeitsunfähigkeit, man ist ohnehin viel zu sehr belastet und gestreßt.

In dieser Phase tut sich eine Kluft zwischen den Führungskräften und den Mitarbeitern auf. Die Führungskräfte unterstreichen mit schicken Büros und teuren Autos ihre Prestigepositionen. Untereinander beklagen sie das mangelnde Engagement der Mitarbeiter. Da haben sie selbst damals noch ganz anders zugepackt! Daß man auf die Minute genau nach Hause ging, hat es damals nicht gegeben! Die Menschen werden in ihrem Anspruchsdenken halt immer egoistischer. Die Führungskräfte sind sich einig: »Wenn wir damals mit dieser Einstellung an die Sache herangegangen wären, dann wäre unser Unternehmen niemals so weit gekommen!«

Die Mitarbeiter hingegen wachen eifersüchtig darüber, daß »die da oben« sich nicht zu sehr auf ihre Kosten bereichern. Die Firma ist für sie die Tretmühle, in der jeder an seinem Platz steht und tritt, um sich den Lebensunterhalt zu verdienen. Das eigentliche Leben fängt nach Feierabend an oder spielt sich am Wochenende und im Urlaub ab. »Teamfähigkeit« zeigen die Mitarbeiter abends im Schrebergarten, im Segelclub, im Kirchenchor, im Elternbeirat der Schule, in der Bürgerinitiative, am Stammtisch oder im Sportverein.

3. Die Idee von den Betroffenen und den Beteiligten

Nachdem die Organisation ihren Anfangsschwung verloren hat und wie eine Behörde funktioniert, kann sie sehr lange wunderbar existieren. Oben stehen die Hierarchen in pompösen Aufmachungen, darunter die Statthalter der Macht mit ihren Aufsichtsfunktionen und klar abgegrenzten Kompetenzbereichen und ganz unten die Befehlsempfänger. Ob es sich dabei um ein Unternehmen wie Siemens, die SPD oder die katholische Kirche handelt, spielt im Grunde keine Rolle. Sie funktionieren alle gleich. Die Organisation hat ihre zementierte Struktur, jeder kennt seinen Platz darin, es werden Pläne gemacht, Aufgaben delegiert, Ergebnisse kontrolliert, Berichte geschrieben, Mitarbeiter befördert oder kaltgestellt, Gelder eingenommen und ausgegeben, die Konkurrenz beschimpft und die allgemeine Lage beklagt.

Der Wasserkopf der Verwaltung wird immer größer, mächtiger, sturer und dümmer. Das Unternehmen sieht sich zunehmend von modernen Konkurrenten mit engagierteren Mitarbeitern oder Mitgliedern bedroht. Es kann sich den Herausforderungen jedoch nicht erfolgreich stellen, weil es mit seinen starren Strukturen viel zu unflexibel ist. Da neue Ideen nicht zu sehen sind, werden interne Sparprogramme und noch starrere Regeln entwickelt. Die Organisation erstickt förmlich an ihren verkrusteten Strukturen. Sie kann daran eingehen und erhält einen bedauernden Nachruf in den Medien, wenn der erschrockenen Bevölkerung mitgeteilt wird, daß wieder ein Gigant der deutschen Wirtschaft am Ende ist und das Heer der Arbeitslosen vergrößert, wenn eine bisher erfolgreiche Partei unter die 5%-Hürde rutscht, wenn den Kirchen die Gläubigen weglaufen. Manchmal kann den Managern, Würdenträgern oder Funktionären Altersschwachsinn, kriminelles Verhalten oder pure Unfähigkeit nachgewiesen werden. Andernfalls wird über universelle Probleme, knebelnde Gesetze und den Niedergang der Moral gejammert.

Es gibt aber auch Unternehmensleitungen, die rechtzeitig erkennen, daß mit behördenartigen Strukturen der Untergang letztlich unvermeidlich ist. Dann kann es passieren, daß den Managern plötzlich einfällt, daß sich ihre Belegschaft nicht nur aus »atmenden Funktionseinheiten«

oder »Menschenmaterial« zusammensetzt, sondern aus Fachleuten mit eigenen Köpfen. Das kann — muß aber nicht — die Geburtsstunde von »Teamorientierung« sein. Meistens versucht man Änderungen in folgender Hinsicht:

* Betroffene zu Beteiligten machen
  Die Mitarbeiter sollen verstärkt ihre Erfahrungen und ihr Fachwissen einbringen können. Sie sollen bei Entscheidungen stärker einbezogen werden und mehr Verantwortung übernehmen.
* Das Unternehmen als berufliche Heimat
  Die menschlichen und sozialen Bedürfnisse sollen berücksichtigt werden. Büros, Kantine, Pausenbereiche werden verschönert. Arbeitszeitregelungen erlauben flexiblere Einsätze. Die Führungskräfte erfahren psychologische Schulungen und werden daran gemessen, wie hoch ihre Fluktuationsraten oder Fehlzeiten sind und wie engagiert ihre Mitarbeiter sich am internen Vorschlagswesen beteiligen.
* Die internen Strukturen werden »verschlankt«.
  Abläufe, Vorgänge, Bearbeitungswege und Verwaltungsprozeduren werden auf ihre Effektivität hin untersucht und optimiert. Neue Techniken sollen von Routine entlasten, überaltete Regeln und Vorschriften werden über Bord geworfen.

Die Ideen zur Verbesserung der Lage sind oft gut. Nur leider funktioniert die Praxis meist nicht wie geplant. Wider Erwarten legen viele Mitarbeiter gar keinen Wert auf mehr Mitgestaltungsmöglichkeiten und mehr Verantwortung. Sie wollen einerseits klare Anweisungen für ihre Arbeit und streiten gleichzeitig mit ihrem neuen »Teamleiter« bei jeder Anweisung, ob er ihnen überhaupt etwas vorschreiben darf oder nicht. Sie wollen flexible Arbeitszeiten, wenn die Sommersonne sie zur Gartengestaltung heimruft, weigern sich jedoch, einmal länger zu bleiben, wenn sich die Arbeit in der Firma häuft. Sie verlangen Entlastung bei Routinetätigkeiten und stellen sofort auf stur, wenn neue Techniken oder Abläufe eingeführt werden sollen. Jetzt entwickelt sich die Mentalität, die unter TEAM versteht: **T**oll, **E**in **A**nderer **M**acht's.

Enttäuscht erkennen die Manager, daß man in wenigen Monaten »gehorsamsorientierte« Untergebene nicht zu teamorientierten Mitarbeitern umerziehen kann. Außerdem kann man befehls- und kontrollgewohnte Manager – die ihrerseits nach oben gehorchen – nicht mal eben zu motivierenden Förderern und Vorbildern der Mitarbeiter umkneten.

In endlosen Meetings, in denen Betroffene zu Beteiligten gemacht werden sollen, wird jedes Problem, jeder neue Ansatz bis zur Erschöpfung zerredet. Je intensiver man sich bemüht, den »Teamgeist« (man kann nicht aus jeder beliebigen Flasche jeden beliebigen Geist zaubern!) zu fördern, desto stärker wird der Ruf nach Führungskräften, die endlich den Mut haben, souveräne Entscheidungen zu treffen. Man stellt fest: Keiner will »Teamgeist«. Alle wollen wenig arbeiten, pünktlich nach Hause gehen und gut verdienen. Und einige wenige wollen Macht.

4. Gründerväter, Verwalter, Karrieristen

In den letzten Jahrzehnten haben sich am Markt völlig neue und zum Teil recht schnell wachsende Unternehmen etabliert. Man denke dabei an Branchen wie: Software-Häuser, Unternehmensberatungen, Reiseveranstalter, Modehersteller, Verlage, Fernsehsender, Hotelbetriebe, Messegesellschaften, Autobahnraststätten, Hersteller »alternativer« Kosmetika etc. Ebenso gehören die Parteien, Bürgerbewegungen und auch neue religiöse und esoterische Organisationen dazu. Speziell in diesen »jungen und dynamischen« Unternehmen wird mit Vorliebe der Teamgeist beschworen. Man legt in Stellenanzeigen darauf Wert, das »junge Team« hervorzuheben.

In diesen Unternehmen entwickelt sich — solange die »Gründerväter« oder »Gründermütter« noch aktiv tätig sind — fast immer eine Personalstruktur, die aus drei »Schichten« besteht:

Die älteste und auch mächtigste Schicht setzt sich aus Personen zusammen, die von den Gründern zuerst eingestellt wurden. Das ist die Riege der Pioniere. Oft »markige Typen« und »Urgestein«, sind sie vom Verhalten her eher dynamisch, kämpferisch, machtorientiert, unkonventionell, mutig, visionär und spontan. Diesen Personen ist zu verdanken, daß auf »grüner Wiese« einmal ein neues Unternehmen entstand und sich wirtschaftlich stabilisieren konnte. Obwohl sich diese Riege aus recht starken Individualisten zusammensetzt, besteht traditionell ein guter interner Zusammenhalt. Man führt zwar auch gegeneinander immer wieder wuchtige Kämpfe um Machtbereiche oder unterschiedliche Strategiekonzepte, rauft sich jedoch letztlich wieder zusammen. Instinktiv wissen diese Pioniere, daß sie am Markt gegen den Wettbewerb nur bestehen können, wenn sie zusammenhalten.

Typisch für diese Persönlichkeiten ist, daß sie zwar aktiv und kämpferisch an den Markt herangehen und dort auch erfolgreich sind, jedoch »zu Hause«, innerhalb des Unternehmens, nicht selten ein heilloses Chaos in den Unterlagen, den Regeln, den Vorschriften, den Abrechnungen etc. produzieren und gelassen hinnehmen. Meistens gehört eine robuste Sekretärin der ersten Stunde dazu, die mit messerscharfen Worten und ebenso kämpferischer Gesinnung »ihre Jungs« zur Räson bringt und das Chaos bändigt.

Da sich das Unternehmen erfolgreich entwickelte, konnten im Laufe der Jahre neue Mitarbeiter eingestellt werden. Mit zunehmender Größe erkannten die Pioniere, daß eine gewisse Organisation wohl doch notwendig ist. Man installierte eine zweite »Schicht«: die Führungskräfte der zweiten Generation.

Bei diesem Personenkreis handelt es sich häufig um einen völlig anderen Menschentyp. Anders als die markigen Persönlichkeiten der Unternehmensleitung sind es eher Verwalter, Anpasser, Pedanten, gute Fachleute, Jasager, Aufsteiger, Gewissenhafte, Pflegeleichte und Karrieristen. Weit entfernt von Originalität und Spontaneität hat man hier eher »Yuppies« mit perfektem Kleiderstil (»Dress for success«), den obligatorischen Statussymbolen, den richtigen Hobbys, dressiert auf korrektes Benehmen in jeder Lebenslage.

Darunter befindet sich das »Fußvolk« der »normalen« Mitarbeiter. Sie sind weit von jedem Pioniergeist entfernt. Hierbei handelt es sich entweder um Sach- und Fachprofis, die sich in ihre Arbeit versenken, oder um potentielle Aufsteiger, die die »zweite Schicht« anstreben.

Im Hinblick auf die Führungspolitik oder den Führungsstil in diesen modernen und schnell wachsenden Unternehmen zeigen sich fast immer folgende Probleme:

- Es gibt kein Organigramm bzw. ein ständig wechselndes.
- Es gibt keine Stellenbeschreibungen bzw. es hält sich niemand daran.

- Es gibt keine einheitlichen Gehaltsstrukturen. Jeder Mitarbeiter verdient so viel, wie er für sich aushandeln konnte.
- Die Machtpositionen werden andauernd umbesetzt. Einzelne Mitarbeiter haben ständig neue Chefs, weil sich das Personal der zweiten Schicht häufig ändert.
- Es gibt keine langfristig angelegte Personalpolitik, sondern mit jedem Quartal wird festgestellt, wie der Markterfolg gerade war, wer dazu beigetragen hat und wer überflüssig ist. Entsprechend werden neue Leute in Mengen eingestellt und bisherige Führungskräfte der zweiten Generation entmachtet.
- An den direkten Vorgesetzten vorbei greifen die Pioniere immer wieder unmittelbar in die Personalführung ein.
- Es gibt keine einheitliche Unternehmenskultur. Jeder der Pioniere führt in seinem Machtbereich nach Lust und Laune, nach Tagesform oder aktuellem Geschäftsstand. Häufig gilt das Prinzip »Zuckerbrot und Peitsche«.
- Unter den Mitarbeitern herrschen – je nach Persönlichkeitstyp – völlig unterschiedliche Stimmungen. Die Neulinge und Ängstlichen versuchen ratlos, die grundlegende Struktur zu erkennen: »Wer hat hier eigentlich was zu bestimmen?« »Welches Verhalten gilt als richtig?« Die Spontanen und die Kämpferischen genießen das Chaos und nutzen es für eigene Karriereziele.

Das Unternehmen ist nach außen erfolgreich und nach innen eine »Wilde Reiter GmbH«. Jeder weiß: Ich muß jetzt aktuell etwas einbringen, sonst bin ich gnadenlos raus. Bei Fernsehsendern werden täglich die Einschaltquoten kontrolliert, was blitzschnell Auswirkungen auf konkrete Arbeitsplätze hat. In Unternehmensberatungen werden Mitarbeiter, die auf »Freikapazität« sitzen, nach kurzer Zeit gefeuert oder weggemobbt. In Sekten muß jeder Anwerber seine vorgeschriebene Zahl an Bekehrten herbeischaffen...

Wie kann in solchen Unternehmen Teamgeist entstehen?

Gar nicht. Hier muß ein Mitarbeiter, der sich auf eine Anzeige mit dem Text »...suchen wir für unser junges Team...« hin beworben hat, schnell begreifen, daß es gar keine Solidarität geben kann. Die Strukturen und die personellen Besetzungen ändern sich ständig. Man lernt sich gar nicht gut genug kennen. Der Ton mag zwar locker sein, aber jeder weiß, daß der Kollege von heute schon der Chef von morgen und auch der Untergebene von übermorgen sein kann. Man ist sich unter Kollegen darüber hinaus permanent Konkurrent.

In solchen Unternehmen gibt es Teamgeist vielleicht unter den Pionieren. Trotz ihrer starken Persönlichkeit schweißt sie der Wille zum Unternehmenserfolg zusammen. Untereinander herrschen trotz Rivalität und ständiger Pfründesicherung eine gewisse Achtung und auch Sympathie, als Folge der gemeinsam durchstandenen Anfangsphase des Unternehmens.

Unter den Führungskräften der zweiten Generation herrscht gar kein Teamgeist. Hier stehen sich auf gleicher Hierarchieebene karrierewillige Personen gegenüber, die ständig voreinander auf der Hut sind, die nach oben buckeln und sich stromlinienförmig anpassen, die nach unten ihre eigenen Mitarbeiter möglichst klein halten aus Angst vor zusätzlicher Konkurrenz. Unter den Führungskräften der zweiten Generation dominiert Cliquenwirtschaft. Man kommuniziert und agiert in Minigrüppchen. Einerseits schließen sich dabei die aktuell erfolgreichen Kollegen zusammen, andererseits gründen die weniger erfolgreichen die typischen »Clubs der Versager«. Die Erfolgreichen klammern sich aneinander, weil jeder diesem illustren Kreis angehören möchte und im stillen damit rechnet, die anderen könnten einmal zur Top-Führungsebene aufsteigen. Dann ist es natürlich gut, wenn man nützliche Beziehungen gepflegt hat. Führungskräfte der zweiten Ebene, deren Quartalsabschlüsse keine positiven Ergebnisse zeigen, werden gnadenlos »abgesägt«. Dadurch kippen sie aus dem »Club der Erfolgreichen« heraus. In ihrer Niederlage tun sie sich mit anderen Erfolglosen zusammen und beklagen gemeinsam die chaotischen Zustände, die kurzsichtige Strategie der Pioniere, die Faulheit der Mitarbeiter, die Bockigkeit der Kunden, die desolate Wirtschaftslage... Heimlich aber studiert jeder die Stellenanzeigen und versucht, so schnell wie möglich zu einer anderen Firma zu wechseln.

Unter den Mitarbeitern »ganz unten« kann es ebenfalls keinen Teamgeist geben. Auch hier schließen sich nach Sympathie einzelne Personen zusammen, um im Chaos wenigstens etwas Menschlichkeit zu finden. Auch hier existieren »Clubs«: Potentielle Aufsteiger schließen sich scheinbar zusammen. Sie bestätigen sich gegenseitig als junge, dynamische Erfolgstypen, pflegen prestigeorientierte Hobbys, kleiden sich »geschäftsmäßig« und spiegeln sich gegenseitig in ihrer optimistischen Art voller Schwung und Aufstiegswillen. Jeder bastelt an der eigenen Karriere in Konkurrenz zu den Kollegen. Weil jeder das vom anderen weiß, herrschen Eifersucht und Mißtrauen unter der Oberfläche des lockeren Umgangsstils. Gleichzeitig versucht jeder für sich, zum Vorgesetzten einen besonders guten Draht zu entwickeln und die Kollegen dabei auszustechen.

Anders als in stabilen Unternehmen mit festgefahrenen Strukturen und gelegentlichen Beförderungen herrscht in diesen »jungen und dynamischen« Unternehmen ein ständiges Auf- und Absteigen. Jeder ist damit beschäftigt, den eigenen Abstieg zu verhindern, den eigenen Aufstieg zu betreiben und stets zu den richtigen Leuten die richtige Beziehung zu pflegen, gleichzeitig den Markt zu beobachten, um bei Karrkreknick schnell wechseln zu können.

Kein Wunder, daß solche Unternehmen sich brüsten können, eine besonders junge Mitarbeiterstruktur zu haben. Auf den drei Ebenen läßt sich immer folgende Generationenstruktur erkennen: Die Pioniere werden beliebig alt. Auch als vergreiste Millionäre können sie oft nicht vom Geschäftsleben lassen. Wenn aus der Minigründung von damals schließlich eine AG geworden ist, ziehen sie sich vielleicht auf geruhsame Vorstandsposten zurück. Aber ganz geben sie die Zügel nicht aus der Hand. Die Führungskräfte der zweiten Generation sind meistens zwischen sechsunddreißig und zweiundvierzig Jahre alt. Spätestens dann müssen sie einen gesicherten Geschäftsbereich erobert oder neu aufgebaut haben oder in einem weniger dynamischen Unternehmen untergetaucht sein. Wer bei Erfolglosigkeit den Absprung nicht rechtzeitig schafft (allerspätestens vor dem fünfundvierzigsten Geburtstag), endet als »Selbständiger« (um sich nicht »arbeitslos« nennen zu müssen). Die Mitarbeiter der dritten Ebene sind immer frische Uni-Abgänger, Berufseinsteiger oder Personen mit maximal drei Jahren Berufserfahrung.

Mit jedem Jahr klafft ein größerer Altersunterschied zwischen den Pionieren und dem Rest des »jungen, dynamischen« Unternehmens.

Mitarbeiter, die ein menschliches Team bevorzugen, ein stabiles Umfeld und verläßliche Strukturen brauchen, sollten diese modernen und dynamischen Unternehmen meiden. In ihnen können nur Kämpfer überleben. Auf der anderen Seite können durchaus besonders demütige Jasager und Karrieristen in die zweite Riege aufsteigen. Von solchen Leuten ist »teamorientiertes« Führen allerdings nicht zu erwarten. Sie sind viel zu sehr damit beschäftigt, nicht den Pionieren unangenehm aufzufallen oder von Gleichrangigen verdrängt zu werden.

5. Kulturen und ungeschriebene Gesetze

Unternehmen legen auf ihr Image großen Wert. In den letzten Jahren kam der Begriff der »Corporate Identity« in Mode. Unterschiedliche Definitionen für die »Identität« eines Unternehmens wurden inzwischen entwickelt. Es handelt sich bei der »CI« einerseits ums Erscheinen nach außen, also um das Image. Unter den Kreditinstituten hat beispielsweise die Deutsche Bank ein ganz anderes Image als die Sparkasse. Unter den Krankenversicherungen hat die AOK ein anderes Image als die DKV.

Auf der anderen Seite drückt sich in der »CI« das Selbstverständnis eines Unternehmens aus. Es beinhaltet die Absichten am Markt, den internen Stil, das interne Image, die Unternehmenskultur, die strategischen Ziele, die Führungsgrundsätze etc.

Zur Förderung oder Verbesserung der »CI« werden Führungskräfte und Mitarbeiter geschult, Kleiderordnungen festgelegt, Firmenlogos und Vorschriften für das einheitliche Design von Dokumenten entwickelt etc. Es geht darum, intern und extern ein bestimmtes Bild des Unternehmens abzugeben.

Die »CI« kann ein realistisches Bild des Unternehmens zeigen, sie kann aber auch ein Trug- oder Wunschbild der Führungsriege sein. Firmen mit einem seriösen Image können dennoch klammheimlich in illegale Waffengeschäfte verwickelt sein. Firmen mit dem Image wirtschaftlicher Stabilität können bereits marode sein. Firmen mit dem Image, innovativ und dynamisch zu sein, können längst verkrustete, bürokratische Strukturen entwickelt haben.

»Corporate Identity«, Image und Realität können also weit voneinander entfernt sein.

Im Hinblick auf die Frage, ob in einem Unternehmen »Teamgeist« herrscht, überhaupt möglich und auch wirklich erwünscht ist, sollte man sich mit der »Firmenkultur« befassen.

Im wesentlichen werden vier »Unternehmenskulturen« unterschieden. Sie hängen von der jeweiligen Größe ab, vom Führungsstil, von der Branche und den in ihr üblichen Verhaltensweisen.

Die vier typischen »Unternehmenskulturen« sind: Dorf-, Dschungel-, Stadt- und Wanderkultur.

1. Die Dorfkultur

Von einer Dorfkultur spricht man, wenn ein Unternehmen mit einem traditionellen Dorf Ähnlichkeiten aufweist. Zum Beispiel kleine Handwerksbetriebe, Gaststätten, Kaufhäuser oder auch Neugründungen, die sich noch in der Anfangsphase befinden, leben eine Dorfkultur. Merkmale sind:

- Jeder kennt jeden.
- Man hilft sich gegenseitig und nimmt auch Rücksicht auf private Belastungen.
- Die Führung erfolgt patriarchalisch durch den Chef (»Bürgermeister«).
- Die Mitarbeiter identifizieren sich mit dem Betrieb und wissen auch, was und wie die Kollegen arbeiten, die völlig anderen Aufgaben nachgehen.
- Ältere Kollegen, die nicht mehr so mithalten können, werden aus familiärer Solidarität mitgeschleppt.
- Jüngere Kollegen müssen sich den älteren unterordnen.
- Es gibt kaum Bürokratie.

Die Vorteile einer Dorfkultur sind menschliche Wärme, Geborgenheit und eine offene, umkomplizierte Kommunikation der Kollegen untereinander und des Vorgesetzten mit den Mitarbeitern.

Die Nachteile können sein: Man hält viel zu lange an Traditionen und alten Zöpfen fest. Häufig fehlen der frische Wind und die Fähigkeit, sich neuen Marktgegebenheiten anzupassen. Die Arbeit und die Kommunikation können so informell und spontan erfolgen, daß sich rasch eine gewisse Ineffizienz einschleicht. Der Chef ist absoluter Fürst. Sein Wort gilt. Von den Mitarbeitern wird Unterwerfung verlangt. Das kann bis zur (tatsächlichen oder vorgetäuschten) Annahme seiner politischen und religiösen oder sonstigen Einstellungen sein. Die Einmischung in private Lebensverhältnisse kann sehr weit gehen: Ein katholischer Elektriker wirft seinen geschiedenen Gesellen bei Wiederheirat hinaus. Ein linker Zeitungsverleger feuert seinen Redakteur, weil der sich taufen ließ.

Für Mitarbeiter bedeutet die Dorfkultur, daß eine echte Teamkultur kaum möglich ist. Menschliche Wärme und liebevoller Umgang können das Arbeitsleben sehr angenehm machen. Dafür muß man allerdings bereit sein, sich dem »Bürgermeister« (und eventuell sogar dessen Ehepartner oder Sekretärin) unterzuordnen. Gleichzeitig ist damit zu rechnen, daß es unter den Kollegen stets Tratsch und Petzerei gibt. Man weiß zu viel voneinander, und jeder möchte vor dem Chef gut dastehen. Daß souveräne Teams von Fachleuten gemeinsam neue Strategien oder Ideen entwickeln, kommt kaum vor. Üblich ist, daß der Chef »seine Leute« auf bestimmte Posten setzt, und da macht jeder, was seine Pflicht ist. Aber wie gesagt: Menschlich kann es sehr angenehm sein.

2. Die Dschungelkultur

Ganz anders ist die Dschungelkultur. Hier kennt nicht mehr jeder jeden. Die Geborgenheit einer überschaubaren Gemeinschaft gibt es nicht. Im Gegenteil, die Strukturen und Beziehungen, die Regeln und Vorschriften, die Macht- und Ohnmachtsverhältnisse sind verworren und lassen sich auch nicht klären. Wenn man gerade glaubt, nun kenne man die Zusammenhänge, hat sich schon wieder alles verschoben.

Dschungelkulturen sind häufig Entwicklungen aus ehemaligen Dorfkulturen. Man kennt sie von Unternehmen, die erst vor wenigen Jahren von »Gründervätern« oder »Gründermüttern« ins Leben gerufen wurden und dann rasant wuchsen und ständig neue Mitarbeiter integrieren mußten, während gleichzeitig der Gründer sich gegen Bürokratismus und klar definierte Strukturen (z.B. Organigramm) sperrt. Der Gründer hält am Traum seiner gemütlichen Dorfkultur fest, ist jedoch zugleich vom Erfolg gezwungen, so viele Menschen um sich zu scharen, daß

Stadtgröße erreicht wird. Beispiele für Dschungelkulturen waren und sind zum Teil die rasant gewachsenen Software-Häuser, Unternehmensberatungen, Reisegesellschaften, Öko-Bewegungen, neue Modehersteller und neue Restaurantketten.

Typische Nachteile der Dschungelkultur sind:
- Chaotische Verwaltung bis hin zu vergessenen Rechnungen an Kunden.
- Ob Mitarbeiter bei Verlassen des Unternehmens gute oder schlechte Zeugnisse bekommen, hängt von der aktuellen Laune oder von der Formulierungsfähigkeit des jeweiligen Vorgesetzten ab.
- Die Gehaltsstrukturen sind vollkommen chaotisch. Jeder Mitarbeiter muß für sich selbst alles herausholen. Wer am besten für sich kämpfen kann, verdient am meisten.
- Führungskräfte sind untereinander in Kämpfe und tückische Strategien verwickelt, weil keiner sich auf die Stabilität seines Postens verlassen kann.
- Es gibt weder Organigramme noch Stellenbeschreibungen, noch Leistungsnachweise, Spesenregelungen, Unterschriftsregelungen, Urlaubsplanungen...
- Es gibt sehr engagiert arbeitende Mitarbeiter, die kaum jemand bemerkt.
- Es gibt Faulpelze, die auch kaum jemand bemerkt.
- Es gibt dominante und vorlaute Mitarbeiter, die zwar nicht das meiste zum Unternehmenserfolg beitragen, innerhalb der Organisation jedoch gut vorankommen.
- Es gibt viele Verbitterte und Enttäuschte, die sich benachteiligt fühlen.
- Es gibt viele Ängstliche, die verzweifelt versuchen, das Chaos zu durchschauen und herauszufinden, was eigentlich erlaubt und was verboten ist.
- Es gibt zuviel Filz, Intrigen, Machtkämpfe und Geheimbünde.
- Informations- und Kommunikationswege sind nicht geregelt. Ob jeder mit den notwendigen Informationen versorgt wird, hängt von Zufällen ab und vom detektivischen Eifer des einzelnen.

Typische Vorteile der Dschungelkultur sind:

- Relativ unbeschwert von langwierigen Genehmigungsverfahren können neue Ideen entwickelt und ausprobiert werden.
- Leistungsfähige, kreative und energische Personen können ihre Fähigkeiten besser umsetzen und so schneller in höhere Positionen gelangen.
- Unfähige oder faule Kollegen oder Vorgesetzte brauchen nicht auf Kosten aller mitgeschleppt zu werden.
- Es ist vergleichsweise leicht, sich von einem ungeliebten Vorgesetzten zu trennen und bei einem anderen mitzuarbeiten.
- Geschickte Verhandler und Menschenkenner können für sich persönlich relativ hohe Gehälter, Dienstwagen etc. herausholen.
- Es erhält tatsächlich jeder die Chance, durch Leistung oder geschicktes Manövrieren ganz nach oben aufzusteigen (allerdings auch das Gegenteil).

Innerhalb der Dschungelgesellschaft existieren Inseln von sehr gut arbeitenden Teams. Personen mit gleichen Zielen und harmonierenden Charakteren finden sich und entwickeln neue Produkte oder Strategien.

Dennoch gibt es innerhalb von Dschungelkulturen »Teams«, die sich »Räuberbanden« ähnlich gebärden und gemeinsam Ränke schmieden, Ideen von weniger kämpferischen Kollegen klauen und sich gegenseitig darin unterstützen, die anderen unter ihre Kontrolle zu bringen.

Jedem potentiellen Mitarbeiter einer Dschungelkultur ist zu raten, sich gut zu überlegen, ob er wirklich in diese undurchsichtige, tückische und auf Überlebenskampf eingestellte Gesellschaft eintreten will. Gute Leistung, freundliches Wesen und Gehorsam gegenüber dem Chef bringen innerhalb einer Dschungelgesellschaft mehr Streß als Erfolg.

Man muß Spaß am Chaos und am beruflichen Risiko haben, um in der Dschungelgesellschaft glücklich und erfolgreich zu sein. Wer immer nur fordert: »Hier müssen doch mal Strukturen klargestellt werden!«, der sollte sich lieber für die Stadtkultur entscheiden.

3. Die Stadtkultur

Stadtkulturen werden meist dann entwickelt, wenn dem Gründer endlich bewußt wird, daß sein Unternehmen inzwischen groß ist und sich vom familiären Dorf zu einem undurchsichtigen und letztlich auch ineffizienten Dschungel entwickelt hat. Die Stadtkultur ist die dritte Entwicklungsstufe eines erfolgreichen und stetig wachsenden Unternehmens. Allerdings müssen fast immer erst Erfolgsknicke dem Gründer vor Augen führen, daß das liebgewordene Chaos nicht mehr zu halten ist.

Die Entwicklung von der Dschungel- zur Stadtkultur erfolgt in langsamen Schritten. Irgendwann werden plötzlich die ersten Formulare eingeführt: Arbeitsnachweise, Urlaubsanträge, Bestellzettel für Material oder Ressourcen, Reisekostenabrechnungsformulare...

Danach werden Regeln definiert wie zum Beispiel:

- Firmenwagen gibt es nur noch für Geschäftsführer oder Vertriebsmitarbeiter.
- Für jeden neuen Mitarbeiter gilt eine sechsmonatige Probezeit.
- Jede Führungskraft muß einmal im Jahr ein Beurteilungs- und Fördergespräch mit jedem Mitarbeiter durchführen.
- Blumenschmuck, Büromaterial, Tickets etc. dürfen nur noch bei bestimmten Anbietern gekauft oder bestellt werden.
- Alle Präsentationsfolien müssen in einheitlichem Format hergestellt werden.
- Alle Projekte sind nach einheitlichem Phasenmodell abzuwickeln.
- Für Angebote muß eine vorgeschriebene Gliederung eingehalten werden.
- Konferenzräume sind vorab im Sekretariat zu reservieren.

Danach werden Beschränkungen eingeführt:

- Niemand darf mehr als zwei Seminare im Jahr besuchen.
- Nur noch Kaffee und Teebeutel sind frei. Kalte Getränke und Plätzchen gibt es für Kunden oder andere Besucher.
- Kosten für Hotelübernachtungen dürfen einen bestimmten Betrag nicht mehr überschreiten.
- Für private Gespräche vom Diensttelefon aus ist eine bestimmte Vorwahl einzugeben.
- Das bisherige Recht auf freie Arbeitszeitgestaltung wird auf eine Mindestkernzeit mit Anwesenheitspflicht eingeschränkt.

Danach werden neue Stellen und Abteilungen eingeführt: Personalchef mit Sekretärin, Servicebüro für die PC-Unterstützung, Marketingabteilung, Ausgliederung der Reisekostenabrechnung aus der Buchhaltung etc.

Es wird bewußt, daß das Unternehmen auch zum Markt hin ein einheitliches Profil braucht. Man setzt Mitarbeiter oder ausgediente Führungskräfte daran, sich um Dinge zu kümmern wie: strategische Unternehmensziele, Corporate Identity, TQM (Total Quality Management) oder Normierung nach EN ISO 9000, Öko-Zertifizierung...

Während dieses Verstädterungsprozesses zieht sich der Firmengründer allmählich aus dem operativen Geschäft zurück. Er wird Kunst- oder Sozialmäzen, geht in die Politik, betreibt Privatforschung, gründet eine ökologische Putenfarm oder mit der Schulfreundin seiner Enkelin eine neue Familie. Er schlurft bis zum plötzlichen Tod heimatlos durch das eigene Unternehmen und erzählt alte Geschichten, wie er hinter der Garage mit zwei Zangen an seiner ersten Erfindung bastelte.

Ältere Mitarbeiter und vor allem die Sekretärin der ersten Stunde werden mehr und mehr bösartig, verbittert oder kränkelnd, weil sie mit jeder Neuerung deutlich erkennen, daß sie eigentlich in diese modernen Strukturen nicht hineinpassen. Außerdem fühlen sie den Neid derer, die nach ihnen kamen, höhere Studienabschlüsse aufzuweisen haben und trotzdem nur einen Bruchteil dessen verdienen, was »die alte Garde« sich rechtzeitig gesichert hat.

Jüngere Mitarbeiter kennen den Firmengründer gar nicht mehr. Sie haben auch keine Ahnung, ob der noch lebt, das Unternehmen seinen Namen trägt oder die Firmenbezeichnung ein Kunstwort ist. Gab es einmal eine Familie Sap, Tschibo, Mummert, Esso oder taz? Sind Sap, Tschibo, Mummert, Esso oder taz nur Abkürzungen für irgend etwas?

Die Vorteile der Stadtkultur sind:

- Alles ist geregelt. Das gestattet Mitarbeitern und Führungskräften eine gewisse »Rechtssicherheit« im Unternehmen. Niemand ist mehr wie früher der Willkür und den Launen seines Chefs ausgeliefert.
- Nach außen zeigt sich das Unternehmen einheitlich und kann sich am Markt so besser positionieren.
- Der Kundenservice ist verläßlich geregelt.
- Gehaltsstrukturen und Aufstiegschancen sind durchschaubar und gerechter als zuvor.
- Informationen sind schnell und einfach zu bekommen oder an die richtigen Adressaten zu versenden.

- Das Privatleben wird kaum noch durch das Berufsleben belastet. Es gibt keine »moralische« Verpflichtung zu unbezahlten Überstunden. Man muß auch nicht mehr die gleiche Weltanschauung vertreten oder simulieren wie der Gründervater.

Die Nachteile der Stadtkultur sind ihre Seelenlosigkeit, die Anonymität und die Unmöglichkeit, durch Leistung schnell aufzusteigen. Statt dessen muß man mühselig vorgeschriebene Karrierestufen abarbeiten. Außerdem wird es immer schwieriger, für neue Ideen Interessenten zu finden. Das Unternehmen wird behördenähnlicher, verkrusteter und ineffizienter. Faulpelze und vorsätzliche Krankfeierer lassen sich mitschleifen und blockieren dabei Planstellen.

Innerhalb einer Stadtkultur scheitert echte Teamarbeit an starren Hierarchien und an der häufig zu beobachtenden Feindseligkeit zwischen einzelnen Abteilungen. Übergreifende Teams mit gleichrangigen und sich respektierenden Mitgliedern, die gemeinsam bestimmte Ziele erreichen sollen, sind rar. Wenn zum Beispiel eine neue DV-Ausstattung für die Buchhaltung eingeführt wird, dann kommt es im Projektteam zwischen den Kollegen aus der Datenverarbeitung und denen aus der Buchhaltung unweigerlich zu Streit. Bis ein neues Produkt an den Markt gebracht wird, knallt es erst einige Male zwischen der Entwicklungsabteilung und dem Vertrieb.

Abteilungsdenken, Gruppenegoismus und Hierarchiebarrieren verhindern gutgemeinte Ansätze zur Teamarbeit. Statt dessen gibt es innerhalb von Abteilungen oder Hierarchieebenen Cliquen bzw. Elitegrüppchen.

Potentielle Mitarbeiter einer Stadtkultur müssen sich der Tatsache bewußt sein, daß sie sich berufliche Begeisterung oder agile Karrierelust abschminken können, wenn sie in ein entsprechendes Unternehmen einsteigen. Man muß schon eine gewisse Behördenmentalität und Neigung zu festen Regeln und Bürokratismus mitbringen, um sich dort wohl zu fühlen. In diesem Umfeld dient der Beruf der Beschaffung der für das Leben notwendigen Finanzen. Von »Berufung« kann kaum die Rede sein.

Jungen, erfolgsorientierten Menschen ist zu raten: Fangen Sie nach Ihrer Ausbildung in einer Dschungelkultur an. Stoßen Sie sich dort die

Hörner ab und versuchen Sie, möglichst hoch aufzusteigen. Mit dem 38. Geburtstag sollten Sie entweder im Dschungel ein eigenes gesichertes Revier (mindestens Geschäftsführer) erobert haben oder vor dem 40. Geburtstag (für viele Stadtkulturen höchstes Einstellungsalter) als Führungskraft in einer Stadtkultur abgetaucht sein.

4. Die Wanderkultur

Von einer Wanderkultur spricht man, wenn es im Unternehmen nicht vorgesehen ist, daß die Mitarbeiter sich dort jahrelang aufhalten. Vielmehr legt man Wert auf ständig frisches Personal mit neuen Ideen und möglichst bescheidenen Gehaltswünschen. Das Unternehmen ist einer Karawanserei vergleichbar. Mitarbeiter fangen an, bleiben drei bis maximal fünf Jahre und ziehen weiter. Die einzig stabilen Faktoren sind meist der Gründer und seine Sekretärin. Nicht selten brüsten sich solche Unternehmen mit dem Hinweis auf ein sehr niedriges Durchschnittsalter der Mitarbeiter. Das soll für Modernität und Flexibilität stehen. Tatsächlich wird in den meisten Fällen sehr traditionell und patriarchalisch geführt.

Typische Wanderkulturen gibt es in der Werbebranche, in Fast-Food-Ketten, in großen Hotels, in Unternehmensberatungen mit begrenztem Markterfolg (wenn Dschungel- und Stadtkultur nicht erreicht werden), in Psychosekten und in den neuen Minifirmen rund um TV-Sender bzw. Shows.

Vorteil der Wanderkultur ist die hohe Beweglichkeit am Markt. Außerdem haben Mitarbeiter gute Chancen, über ihr Fachgebiet hinaus viel Erfahrung für ihre berufliche Zukunft zu sammeln. Die Stimmung in diesen Unternehmen ist meist fröhlich, kollegial und optimistisch. Alle sind gleich jung, haben ähnliche Ziele und möchten Spaß bei der Arbeit.

Nachteil der Wanderkultur ist die berufliche und oft auch soziale Unsicherheit. Häufig sind Mitarbeiter nur freiberuflich eingestellt und können von einem Tag auf den anderen wieder auf der Straße stehen. In den entsprechenden Branchen wird firmenübergreifend viel getratscht. Niederlagen von Einzelpersonen sprechen sich schnell herum und mindern den persönlichen Marktwert. Ein anderer Nachteil kann sein, daß

Firmen oft ebenso schnell vom Markt wieder verschwinden, wie sie vor wenigen Jahren aufgetaucht sind.

Teamwork wird in Wanderkulturen besonders groß geschrieben. Man lebt tatsächlich Kollegialität und die möglichst vorurteilsfreie Zusammenarbeit auf gemeinsame Ziele hin. Personen mit verschiedenen Fachgebieten arbeiten Hand in Hand und begegnen sich mit offener Freundlichkeit. Man denke nur daran, wie bei einer TV-Produktion Beleuchter und Kostümbildner, Schauspieler und Tontechniker, Kameraleute und Requisiteure in Teams zusammenarbeiten. Auch Streß, Wutausbrüche und sogar Beschimpfungen führen nicht zu dauerhaften Feindschaften. Eine Zusammenarbeit quer über die Grenzen von Hierarchien, Fachgebieten und Gruppen hinweg wäre zum Beispiel in der Stadtkultur der Deutschen Bank oder bei Siemens undenkbar. Vieles, was in der Wanderkultur mit gemeinsam gerauchten Zigaretten oder gemeinsam geleerten Sektflaschen einfach weggespült wird, bedarf in der Stadtkultur ernster Krisengespräche mit Anklagen, Beweisführungen, Schuldermittlungen und Genugtuungen. In der Dorfkultur würden solche Vorkommnisse zum Rausschmiß führen, in der Dschungelkultur zu neuen Grabenkriegen und Intrigen.

Trotzdem sollte man nicht auf die Scheinfröhlichkeit und Scheinkollegialität der Wanderkultur hereinfallen. Hinter der schönen Fassade der progressiven Welt wird mit harten Bandagen gekämpft. Jeder weiß, daß man nur wenige Jahre Zeit hat, dieses Leben zu genießen, und daß nicht jeder den Sprung in eine gesicherte berufliche Laufbahn schafft. Statt sich auf Teamgeist zu verlassen, sollte man lieber Beziehungen innerhalb der Branche aufbauen, so viele Leute wie nur möglich auch in anderen Unternehmen kennen und immer genau wissen, wer gerade wo welche Position oder Machtstellung hat. Außerdem muß man oberflächlich und diszipliniert genug sein, um auch mit Menschen ganz wundervolle Beziehungen zu pflegen, die man in Wirklichkeit nicht ausstehen kann.

Für junge, lebhafte Menschen kann die Wanderkultur ideal sein. Man lernt viele Leute kennen, läßt sich den Wind um die Nase wehen und knüpft nützliche Kontakte. Das Leben ist trotz offensichtlicher Ausbeutung (schlechte Bezahlung und ständige Überarbeitung) lustig und unterhaltsam. Wichtig ist nur, daß man möglichst vor dem 35. Geburtstag diese muntere Welt verläßt. Danach sollte man noch schnell den Aufstieg in eine Dschungelkultur versuchen. Wenn das nicht klappt, sich selbständig machen oder rechtzeitig in der Stadtkultur abtauchen.

Abschließend noch einmal die Kernmerkmale der Unternehmenskulturen:

Dorfkultur: menschliche Wärme bei patriarchalischer Führung.

Dschungelkultur: individuelle Chancen in einem chaotischen Umfeld.

Stadtkultur: persönliche Sicherheit in einem »herzlosen« Umfeld.

Wanderkultur: munteres Treiben für junge Leute bei hohem Risiko.

Egal, wo Sie sich bewerben, vergessen Sie nicht, auf Ihre Teamfähigkeit hinzuweisen, und denken Sie zugleich daran, daß es fast immer klüger ist, ganz konkret nur die eigenen Ziele zu verfolgen.

VII. Chefs, Fürsten, Vorgesetzte – Autoritätspersonen

1. Wenn der Chef vom idealen Mitarbeiter träumt

Vorgesetzte haben meist klare Vorstellungen davon, wie der ideale Mitarbeiter aussieht: fleißig und friedlich. Er oder sie soll Leistung bringen, keinen Ärger machen und ihm in seiner Machtposition nicht gefährlich werden.

In Fachbüchern zum Thema »Teamführung« für Manager werden besonders folgende Merkmale als Tugenden verlangt: Mitarbeiter sollen engagiert, belastbar, flexibel, kooperativ und natürlich teamfähig sein.

Was stellen sich Chefs darunter vor? Das erfährt man am besten, wenn im konkreten Fall diese Tugenden eingeklagt werden:

»Sie müssen Engagement zeigen!«

Mit diesem Spruch setzte der Leiter eines Projektes seinen Mitarbeiter unter Druck, der nach Feierabend rechtzeitig zu seiner privaten Verabredung eilen wollte. Plötzlich stellte sich heraus, daß noch etwas zu erledigen war. Selbstverständlich muß der Mitarbeiter seine Pläne wegwerfen, wenn der Chef seine Projektplanung nicht im Griff hat.

»Sind Sie etwa nicht belastbar?!«

Mit diesen Worten wurde ein Mitarbeiter ermuntert, der nach wochenlangen Überstunden unter Burn-out-Symptomen litt. Die gleichen Worte konnte sich eine Mitarbeiterin anhören, die sauer war, als man trotz besserer Leistung nicht sie, sondern den Kollegen befördert hatte. Es habe noch nie eine Frau in dieser Position gegeben. Die Zeit sei noch nicht »reif« dafür.

»Etwas flexibel müssen Sie schon sein!«

Diese Worte bedeuteten das Ende des Familienurlaubs. Aus dem Strandkorb wurde der Vater abberufen, weil leider dem Chef nicht rechtzeitig aufgefallen war, daß ein Projektreview ins Haus stand. »Flexibilität« ist deshalb die Lieblingstugend aller Chefs, die heute hüh! und morgen hott! sagen.

»Zeigen Sie doch auch mal Kooperationsbereitschaft!«

Mit diesem Appell mußte sich ein Mitarbeiter vom Manuskript seines mühselig erarbeiteten Vortrags trennen. Die Unterlagen durfte dann der Liebling des Chefs für seinen Auftritt in den USA nutzen.

»Wollen Sie sich aus dem Team verabschieden?!«

Diese unterschwellige Drohung bekam ein Mitarbeiter zu hören, der keine Lust mehr hatte, seine Abende nicht enden wollenden Labersitzungen des Teams zu opfern. Der Chef war zum einen nicht in der Lage, eine Besprechung laut Tagesordnung zu leiten und pünktlich zu beenden, zum anderen war er aufgrund privater Probleme froh, wenn ihn Meetings lange in der Firma hielten.

Für jeden Vorgesetzten ist der ideale Mitarbeiter eine atmende Funktions- oder Planungseinheit ohne persönliche Ansprüche, ohne Privatleben, ohne Belastungsgrenzen. Darüber kann man sich zwar moralisch entrüsten. Aber wer von den Mitarbeitern würde sich in dieser Position anders verhalten?

2. Wollen Mitarbeiter eigentlich noch Chefs?

Stellt man nun fest, daß Vorgesetzte – auch solche, die sich als »Teamleiter« bezeichnen – immer noch durchaus hemmungslos ihre Mitarbeiter zwecks Leistungssteigerung unter Druck setzen und man darüber hinaus der Teamideologie der selbstgesteuerten Gruppe anhängt, dann muß man sich fragen: Gehören Chefs nicht längst abgeschafft? Wer will die eigentlich noch?

Heute wird im Namen von »Lean Management« unter dem »Verschlankungskonzept« in vielen Unternehmen nicht nur der Wasserkopf der Verwaltung abgebaut, es werden zunehmend auch die Führungskräfte des mittleren Managements entsorgt. Man fragt sich, ob es nicht reicht, wenn ein Unternehmen an der Spitze von Vorständen und Strategen geführt und die eigentliche Arbeit von selbstgesteuerten Teams unter inoffizieller Leitung ihrer Alpha-Tiere geleistet wird.

Hierarchien und Autoritäten sind in unserer Gesellschaft out, sollte man meinen. Führungskräfte haben zum Teil Bedenken, sich durchzusetzen, und nehmen lieber Faulheit und Schlamperei hin, als den Vorwurf zu riskieren: »lih! Wie autoritär!«

Auf der anderen Seite erleben wir, daß gebildete Menschen sich freiwillig strengen Regimes absurder Sektenführer unterwerfen, daß die Wähler einen als »weich« eingeschätzten Kanzlerkandidaten ablehnen, daß Jugendliche zwar gegen die Autorität der Eltern rebellieren, sich dann aber bereitwillig autoritär geführten Banden anschließen.

Adorno soll gesagt haben: »In den Kulturstaaten der westlichen Welt sind mindestens siebzig Prozent der Menschen autoritätsverliebt. Das heißt: Sie sehnen sich nach einem starken Führer, der die Entscheidungen für sie trifft, die Verantwortung dafür übernimmt und ihnen sagt, was sie zu tun und zu lassen haben. Am liebsten arbeiten die Autoritätsverliebten im Rahmen einer mehr oder weniger rigiden Gruppenstruktur, die sich nach Möglichkeit nie verändern darf.«

Das paßt überhaupt nicht zu dem, wofür Teamideologie steht. Teams sollen temporär sein und für neue Aufgaben gebildet werden. Autoritäre Vorgesetzte darf es nicht geben, statt dessen sollen die Mitarbeiter selbst entscheiden und die Verantwortung dafür tragen.

Vermutlich hatte Adorno recht. Die meisten Mitarbeiter haben es ganz gern, wenn sie von einem Chef geführt werden, der »weiß, wo es langgeht«. Ein Vorgesetzter, der seine Autorität an das Team abgibt, wird schnell als »führungsschwach« verachtet. Es ärgert und verunsichert die Mitarbeiter, wenn sie das Gefühl haben, im Führungsvakuum zu stehen. Ganz besonders ärgert es sie, wenn sie genau wissen, daß der Chef sehr wohl eine Machtposition besitzt (und dafür bezahlt wird), diese aber nicht ausfüllt.

Mitarbeiter beurteilen ihre Vorgesetzten meist nach folgenden Kriterien:

• Wie ist der Chef menschlich?

Dabei schafft nicht unbedingt nachgiebiges Verhalten Ansehen, sondern eher: Gerechtigkeit, Offenheit, Humor, Ehrlichkeit, Freundlichkeit, Höflichkeit, Respekt im Umgang mit den Mitarbeitern. Vorgesetzte, bei denen man sicher ist, daß sie es im Grunde gut meinen, keine tückischen Tricks anwenden, im Problemfall die Mitarbeiter nach außen vertreten und nicht »im Regen stehen« lassen.

- Wie ist er fachlich?

Hier ist weniger das Sachwissen wichtig, sondern die Fähigkeit als Führungskraft. Kann der Chef sinnvoll delegieren? Kann er beurteilen, wer in seiner Gruppe gute Arbeit leistet? Weiß er, wann er sich von wem beraten lassen sollte? Nimmt er den Rat seiner Fachleute an? Kann er dafür sorgen, daß seine Mitarbeiter das Umfeld haben, das sie für ihre Arbeit brauchen?

- Was qualifiziert unseren Vorgesetzten über uns hinaus?

Die Führungskraft hat mehr Einfluß als die Mitarbeiter und verdient auch mehr. Dafür verlangt man, daß sie in irgendeiner Form »besser« oder »überlegen« ist. Mausgraue Personen oder »Flaschen« sind als Vorgesetzte eine Beleidigung für jeden intelligenten Mitarbeiter.

- Wie erfolgreich ist unser Chef?

Mitarbeiter vergleichen ihren Chef mit anderen Chefs im Unternehmen. Wie steht der eigene Vorgesetzte im Vergleich da? Kann er sich durchsetzen? Ist er mehr oder weniger erfolgreich? Welches Ansehen hat er im Unternehmen? Nimmt der Vorstand ihn ernst?

So wie sich in der inoffiziellen Hierarchie oder »Hackordnung« die Mitarbeiter dem »Alpha-Tier« unterordnen, weil sie bei dieser Person eine natürliche Autorität, Stärke und Überlegenheit spüren, verlangen sie auch von ihrer offiziellen Führungskraft Merkmale der Autorität. Im Grunde wollen Mitarbeiter — Teamideologie hin oder her — einen Chef, der stark, klug, mächtig und erfolgreich ist. Alles andere wäre für sie selbst eine Demütigung.

3. Gibt es den idealen Führungsstil für Teams?

In Handbüchern für Führungskräfte wird stets darauf hingewiesen, daß aus motivierten und zufriedenen Mitarbeitern das höchste Leistungsergebnis herauszuholen ist. Dazu sei es erforderlich, die Mitarbeiter partnerschaftlich und kooperativ zu führen. Das schlimmste, was eine Führungskraft in dieser Hinsicht tun kann, sei eine Führung nach autoritären Maßstäben. Das, so lehrt die Fachliteratur, ist absolut teamtötend und damit leistungsmindernd.

Drei typische Führungsstile, die in diesem Zusammenhang immer verglichen werden, sind:
1. autoritärer Führungsstil
2. laissez-faire-Führungsstil
3. partnerschaftlich-demokratischer Führungsstil.

Der erste gilt heute als »böse« und nur von »menschenverachtenden Schindern« oder Offizieren der Bundeswehr angewendet. Der zweite ist für Feiglinge, Faulpelze und Fachidioten unter den Chefs. Der dritte ist der »gute« Stil für Motivierer und Förderer von Leistungsbereitschaft.

Kein Wunder, daß sich die meisten Führungskräfte heute zum dritten Stil bekennen und sehr beleidigt sind, sollte ihnen zu Ohren kommen, daß ihre Mitarbeiter das anders sehen.

Wie unterscheiden sich die drei Führungsstile im wesentlichen?

1. Autoritärer Führungsstil

Beim autoritären Führungsstil verbleibt alle Macht beim Vorgesetzten. Er entscheidet, delegiert, kontrolliert, lobt und tadelt nach eigenem Gutdünken. Die Mitarbeiter haben zu gehorchen. Sie sollen die Anweisungen weder hinterfragen noch auf ihren Sinngehalt überprüfen. Die Mitarbeiter brauchen die Anweisungen nicht zu verstehen. Sie müssen nur verstehen, was der Chef gemacht haben will und wie es gemacht werden muß. Jeder einzelne Mitarbeiter muß auch nur wissen, was von ihm persönlich verlangt wird. Das »große Ganze« überblickt der Chef.

Der autoritäre Führungsstil wird häufig gleichgesetzt mit Schinderei und Unterdrückung. Das muß nicht mal der Fall sein. Es gibt sehr wohl liebevolle und faire Vorgesetzte mit autoritärem Führungsstil. Man stelle sich den Leiter einer Feuerwehreinheit vor, der mitten im Brandeinsatz demokratisch mit seinen Feuerwehrleuten diskutiert, wie man nun vorgehen sollte. Bis jeder seine Meinung gesagt und sich das gesamte Team auf eine Strategie geeinigt hat, ist das Problem sowieso erledigt, weil die Flammen alles vernichtet haben.

Feuerwehr, Katastrophenschutz, Militär und andere Bereiche, in denen es auf Schnelligkeit und auf »gutes Funktionieren« des Teams unter hohem Zeit- oder anderem Druck ankommt, sind mit autoritärem Führungsstil tatsächlich am besten bedient. Ob sich dieser Stil zu Schikane und Quälerei entwickelt, hängt dann im Einzelfall vom Charakter des Chefs ab.

Der autoritäre Führungsstil ist ebenso in Familienbetrieben und bei Unternehmensgründern vorzufinden. Hier ist der »Patriarch« gleichzeitig Eigentümer und somit freier Unternehmer. Er weiß: »Wenn mein Unternehmen in die Pleite rutscht, bekommen meine Mitarbeiter Arbeitslosengeld vom Staat. Ich sitze dann auf der Straße.« Kein Wunder, daß den Patriarchen und Gründern gelegentlich die Lust am Diskutieren vergeht, wenn sie Gefahr für ihr Unternehmen wittern.

Bezogen auf das Mitarbeiterteam birgt der autoritäre Führungsstil folgende positive bzw. negative Konsequenzen:

- Es herrscht »Rechtsklarheit« für die Mitarbeiter. Man weiß genau, was erlaubt ist und was nicht. Niemand muß vorsichtig herumlavieren und hoffen, mit seiner Arbeit oder seinem Verhalten auf die Zustimmung des Chefs zu treffen.
- Die Verantwortungen sind eindeutig geregelt. Die Mitarbeiter müssen nicht befürchten, für Fehlentscheidungen ihres Vorgesetzten verantwortlich gemacht zu werden.
- Es kann zügig gearbeitet werden. Jeder hat seine Aufgabe und steht dafür gerade. Man muß sich nicht damit aufhalten, daß Kollegen ihre Pflicht tun. Dafür sorgt der Chef.
- Eigeninitiative und Kreativität der Mitarbeiter werden leider oft gebremst. Niemand muß mitdenken. Die Gefahr sturen Gehorsams kann zur Infantilisierung der Mitarbeiter führen.
- Die Mitarbeiter fühlen sich unter einem autoritären Chef leicht eingeengt. Jede Minute seiner Abwesenheit wird dann sofort für Unsinn oder Faulheit genutzt. Motto: »Wenn die Katze nicht zu Hause ist, tanzen die Mäuse auf den Tischen.«
- Die Mitarbeiter fühlen sich ohnmächtig im Vergleich zum übermächtigen Chef. Sie »rächen« sich für diese Hilflosigkeit und die verletzte Selbstachtung. Sie vergeuden Firmeneigentum, ignorieren mögliche Chancen oder mögliche Gefahren für das Unternehmen, reden zu Außenstehenden abfällig über den Chef oder über das Unternehmen und tun keinen Handschlag mehr, als von ihnen verlangt wird.
- In autoritär geführten Unternehmen ist der Personal- oder Betriebsrat

häufig in einer permanenten Feindeshaltung gegenüber der Unternehmensleitung eingestellt. Die Betriebsräte verstehen sich selbst als eine Art Geheimdienst, der ständig Verfehlungen des Managements aufzudecken hat.

• Unter den Mitarbeitern eines autoritären Chefs gibt es oft keinen echten Zusammenhalt. Es gibt »Chefs Lieblinge«, »Petzer« und all die anderen Varianten von nett bis gemein wie in einer Schulklasse.

2. Laissez-faire-Führungsstil

Der Laissez-faire-Führungsstil meint: »Laß sie machen, was sie wollen.« Das bedeutet, der Chef kümmert sich nicht um die Mitarbeiter. Im Grunde handelt es sich um Arbeitsverweigerung des Vorgesetzten. Im Grunde gehören solche Führungskräfte gefeuert. Sie beziehen Chef-Gehälter, tun aber nicht den Job, für den sie bezahlt werden.

Solche Vorgesetzten reden sich liebend gern damit heraus, daß sie doch gerade den Teamgeist fördern. Für sie ist die Teamideologie das gefundene Fressen. Sie bietet ihnen alle faulen Ausreden, die sie brauchen, um sich um ihre Führungsaufgaben zu drücken. Sie sagen zum Beispiel: »Das Team organisiert und führt sich selbst.« Oder: »Man darf die Leute doch nicht zwingen.« Und damit ziehen die Laissez-faire-Chefs sich wieder in ihre Büros oder in ihre Lieblingsecken der Werkstatt zurück und gehen ihren eigenen Lieblingsbeschäftigungen nach. Der eine mag sich in die Kontrolle von Spesenabrechnungen verkriechen, der andere spielt am PC mit seinem Management-Informationssystem herum, der dritte tüftelt und bastelt an eigenen Erfindungen, der vierte streunt plaudernd durchs Unternehmen, der fünfte bearbeitet vom Chefsessel aus die Schularbeiten seiner Kinder oder schreibt Reden für seine Nebentätigkeit in der Partei oder im Kirchenrat, der sechste prügelt sich mit anderen Führungskräften um einen noch höheren Posten, der siebte liest alle Prospekte, die ins Haus geflattert kommen, der achte geht auf Reisen und betreibt Messe- und Fachtagungstourismus, der neunte schreibt Memos und Aktennotizen zum Versand über diverse Verteiler, der zehnte telefoniert vom Chefsessel oder aus dem Auto heraus mit tausend »wichtigen Kontakten«...

Es gibt so vieles, was man als Chef tun kann, wenn man keine Lust hat, das zu tun, wofür man bezahlt wird.

Kein Wunder, daß viele Unternehmen große Teile des mittleren und gehobenen Managements rauswerfen. Diese Typen fehlen schließlich keinem. Wozu soll man sie dann bezahlen?!

Bezogen auf das Mitarbeiterteam bedeutet dieser Laissez-faire-Führungsstil meist:

- Nach einer Phase von Chaos und Verwahrlosung kommt es im Team zu heftigen Machtkämpfen um die Rolle des inoffiziellen Führers.
- Die sich dabei durchsetzenden Alpha-Tiere sind in der Regel autoritär. Somit wird das Team eines Laissez-faire-Chefs dann doch autoritär aus den eigenen Reihen geführt. Diesem selbstgewählten »Führer« unterwirft sich das Team meist blind.
- Unter den Mitarbeitern von Laissez-faire-Chefs herrscht fast immer eine gnadenlose Mobbing-Kultur. Vor allem neue Mitarbeiter sind auf Gedeih und Verderb den Kollegen und deren »Führer« ausgeliefert. Das kann gut oder schlecht für sie ausgehen.

3. Partnerschaftlich-demokratischer Führungsstil

Der partnerschaftlich-demokratische Führungsstil gilt als ideal für Teams. Der Vorgesetzte verzichtet auf Status- und Machtsymbole, vermeidet »Boß-Verhalten« und geht statt dessen partnerschaftlich, kooperativ und kollegial mit den Mitarbeitern um. Er vereinbart mit ihnen Ziele und Leistungsergebnisse. Dabei achtet er darauf, daß die Mitarbeiter selbst diesen Zielen und den erwarteten Ergebnissen zustimmen. Nach diesen Vereinbarungen läßt der Vorgesetzte die Mitarbeiter selbständig arbeiten und entscheiden. Er selbst leistet nur im Bedarfsfall Hilfestellung.

Dieses Verhalten fördert die Kreativität und die Lust am Arbeiten. Die Mitarbeiter fühlen sich ernst genommen, bemühen sich aktiv um die beste Lösung der Probleme, sind motiviert, die vereinbarten Ziele zu erreichen.

Dieser Führungsstil ist tatsächlich häufig der beste für intelligente und selbständige Mitarbeiter.

Aber nicht jeder Mitarbeiter ist reif dafür. Vor allem Personen, die aus sehr strengen Elternhäusern kommen oder sich in ihrer Freizeit rigide geführten Sekten, Parteien oder anderen Gruppen anschließen, können den partnerschaftlich-demokratischen Führungsstil nur schwer ertragen. Sie erleben ihn als chaotisch und auch als entwürdigend für den Vorgesetzten. Das wiederum macht es ihnen schwer, mit einer solchen »Flasche« als Chef zu arbeiten. Sie suchen die »feste« Hand, verlangen, daß jemand »über« ihnen steht und sagt, »wo es langgeht«. Gehorsamgewohnte und gehorsamssüchtige Menschen leiden in einem partnerschaftlich-demokratisch geführten Umfeld.

Anders ergeht es den Faulpelzen und Tagedieben. Für sie ist dieser Führungsstil ideal. Sie können im Team ihre Faulheit und Verantwortungsscheu verstecken. Der Vorgesetzte wagt es nicht, ihnen »die Hammelbeine langzuziehen«, weil er unbedingt alles durch Motivation und die Förderung von Eigeninitiative erreichen will. Der inoffizielle Führer traut sich in diesem Umfeld ebenfalls nicht, als Alpha-Tier seinen Einfluß geltend zu machen. Also ist das Team in einem partnerschaftlich-demokratischen Umfeld schnell dazu verdonnert, diese »Sozialfälle« mitzuschleifen.

Ein Team von etwa sieben Personen kann einen Faulpelz meist verkraften. Man beklagt sich zwar hinter vorgehaltener Hand über den Kollegen, läßt ihn aber weitgehend in Ruhe. Sollte ein zweiter Kollege sich auch darauf verlassen wollen, daß die anderen für ihn mitschuften, dann wird das Team sich wehren. Der erste Schritt ist fast immer der Appell an den Vorgesetzten. Wenn dieser nun liebevolle »therapeutische« Gespräche zwecks Motivation führt, kann das Team verbittert werden: »Ach, sieh mal an«, meckern sie nun, »wenn wir die ganze Zeit gute Arbeit leisten, wird das selbstverständlich hingenommen. Aber wenn dann so einer daherkommt und die ruhige Kugel schiebt, bekommt er auch noch Streicheleinheiten vom Chef!« Der partnerschaftlich-demokratische Führungsstil wird dann schnell als Auswuchs purer Ungerechtigkeit erlebt. Man sehnt sich wieder nach dem »starken Mann« auf dem Chefsessel, der auch mal »durchgreift«. Außerdem beginnt ein zunächst fast unbemerktes Mobbing gegen den Faulpelz. Wenn dieser die Ablehnung der Kollegen spürt und freiwillig geht, ist es gut. Wenn der Gemobbte sich aber mit Unterstützung des partnerschaftlich-demokratischen Chefs zum »armen Opfer« hochstilisiert, wird der Ruf nach einem »Führer, der hier mal für Ordnung sorgt«, unüberhörbar.

Nun gibt es Vorgesetzte, die aus diesem Dilemma heraus unterschiedlich führen: Die selbständigen und engagierten Mitarbeiter genießen den partnerschaftlich-demokratischen Führungsstil, die gehorsamkeitssüchtigen und die faulen bekommen die „starke Hand" zu spüren. Dieses Vorgehen wäre zwar richtig, könnte man sich auf die Einsicht der Mitarbeiter verlassen. Leider empfinden sie jedoch das unterschiedliche Verhalten des Vorgesetzten als Willkür und Ungerechtigkeit.

Ein weiterer Nachteil beim partnerschaftlich-demokratischen Führen kann sich aus dem Zerreden aller großen und kleinen Probleme ergeben. In seiner Sorge, nur ja nicht autoritär zu wirken, wird alles und jedes zum Diskussionsthema. Eine öde Teambesprechung zieht die nächste nach sich.

Die Mitarbeiter mögen es dem ach so netten Chef oft gar nicht sagen, aber manchmal denken sie sehr wohl: »Wenn er doch endlich einmal klipp und klar sagen würde, was wir tun sollen, ohne uns pausenlos in diese Labersitzungen zu zwingen!«

Wie man sieht, gibt es eigentlich keinen idealen Führungsstil für gute Teamarbeit. Außerdem ist es ohnehin egal, welchen Führungsstil ein Unternehmen seinen Führungskräften autoritär vorschreibt oder partnerschaftlich-demokratisch einredet, oder ob man sich an der Unternehmensspitze gar nicht darum kümmert, wie im Hause geführt wird. Jede Führungskraft macht es so, wie sie will, wie sie es gelernt oder abgeschaut hat und wie es dem eigenen Charakter entspricht.

Für das Team ist es einer Lotterie vergleichbar. Man kann einen »guten« oder einen »schlechten« Chef gewinnen. Dabei gibt es gute und schlechte Chefs als autoritäre oder als partnerschaftlich-demokratische Variante. Der Laissez-faire-Chef ist immer eine Niete.

4. Der Nette, der Fürst, der Beste von allen

Der Führungsstil eines Vorgesetzten hängt also weniger von dem ab, was die Unternehmensleitung oder die Firmenkultur vorschreibt, als vielmehr davon, was die einzelne Führungskraft für sich bevorzugt oder am besten beherrscht. Man unterscheidet drei »Cheftypen«. Dabei ist in der Realität natürlich jede Führungskraft ein »Mischtyp« von mehr oder weniger starker Ausprägung in die eine oder andere Richtung.

Die drei »Cheftypen« sind: der »nette Chef«, der »Fürst«, der »Beste von allen«. Diese drei gibt es selbstverständlich in weiblicher und in männlicher Variante. Grundsätzlich können alle drei Typen jede der beschriebenen Führungsstile ausüben. Vorlieben bestehen dennoch.

»Nette Chefs« führen bevorzugt partnerschaftlich-demokratisch. Oft ist ihnen dabei nicht bewußt, daß sie in Wirklichkeit autoritär sind, wenn sie anderen ihre Nettigkeiten und ihre Fürsorge aufzwingen und so die Selbständigkeit der Mitarbeiter einschränken. Damit gleichen sie Eltern, die aus »Liebe« ihre Kinder förmlich erdrücken und künstlich hilflos halten. Das dient natürlich nur zum Besten der Kleinen (Mitarbeiter), um Schaden von ihnen abzuwenden.

Wenn »nette Chefs« den Laissez-faire-Führungsstil leben, dann hat das meist damit zu tun, daß sie sich in ihrer Mitarbeitergruppe einen besonders intensiv zu betreuenden »Fall« gesucht haben, dem ihre ganze Aufmerksamkeit zukommt. Der Rest der Gruppe bleibt dann von ihnen unbeachtet. Damit gleichen »nette Chefs« den Eltern behinderter Kinder, die so in der Betreuung des »Sorgenkindes« aufgehen, daß sie für die nicht-behinderten Kinder weder Zeit noch Kraft haben.

»Fürsten« führen gern autoritär. Sie wissen, daß das »Volk« (die Mitarbeiter) starke Herrscher liebt und straff geführte Untertanen nicht so leicht auf die Idee der Meuterei kommen. Sollte ein »Fürst« von der Unternehmensleitung gezwungen werden, einen teamorientierten Führungsstil mit partnerschaftlich-demokratischem Verhalten anzuwenden, dann wird er notgedrungen scheindemokratische Teambesprechungen und scheinpartnerschaftliche Mitarbeitergespräche einführen. Dabei setzt er gern auf Zermürbungstaktiken. Die Meetings und Gespräche dauern einfach so lange, bis die Mitarbeiter erschöpft allem zustimmen, was der Chef von Anfang an durchsetzen wollte. Das ist das Geheimnis vieler Endlos-Konferenzen und -Besprechungen.

Der »Beste von allen« führt gar nicht. Er lebt als Autist vor sich hin und ist damit der Idealtyp des Laissez-faire-Chefs.

In manchen Fällen legt der »Beste von allen« jedoch Ansätze eines autoritären Führungsstils an den Tag. Dann hockt er eifersüchtig auf seinem Wissen wie eine Glucke auf ihren Eiern. Nach dem Motto »Wissen ist Macht« behält er alles für sich, läßt jedoch einzelnen Mitarbeitern Wissenshäppchen zukommen, damit sie gerade noch in der Lage sind, als Handlanger Befehle auszuführen. Niemals darf der einzelne Mitarbeiter wissen, warum er etwas tun muß und wie seine eigene Aufgabe im Gesamtzusammenhang zu sehen ist. Die Zusammenhänge kennt nur der Chef.

Wenn der »Beste von allen« gezwungen wird, auch in seinem Bereich Teamarbeit einzuführen und sich partnerschaftlich-demokratisch zu verhalten, dann wählt er unter seinen Mitarbeitern eine Elite aus. Mit diesem »Club der Weisen« zieht er sich in Klausur zurück und pflegt im kleinen Kreis Gedankenaustausch. Der Rest der Mitarbeiter gilt als »fachlicher oder intellektueller Schrott« und bleibt sich selbst überlassen.

Alle drei »Cheftypen« haben ihre positiven und ihre negativen Seiten. Es hängt immer davon ab, wie stark die jeweilige Führungskraft ihre Marotten auslebt.

1. Der »nette Chef«

Zu den »netten Chefs« gehören auch solche mit Helfersyndrom. Sie sehen sich weniger als Führungskräfte und vielmehr als Helfer und Betreuer ihrer Mitarbeiter. Für sie ist jeder einzelne ein seelischer Pflegefall, der stets motiviert, ermuntert, getröstet oder gelobt werden muß. »Nette Chefs« führen ihre Abteilungen wie Kurkliniken. Ob Leistung erbracht wird, ist ihnen egal im Vergleich zu der großartigen Aufgabe, gutes Betriebsklima und eine gemütliche Kollegialität zu schaffen. Kein Wunder, daß die leistungs- und aufstiegswilligen Mitarbeiter sich von diesen Chefs möglichst verabschieden. Zurück bleiben die Luschen als ein Panoptikum von Leistungsverweigerern mit Geselligkeitstrieb.

Zu den »netten Chefs« zählen ebenfalls die »Therapeuten«. Das ist die Steigerung des Helfersyndroms. Der »Therapeut« geht von psychischen Störungen, meist frühkindlicher Art, seiner Mitarbeiter aus. Wer abstreitet, psychische Probleme zu haben, bestätigt dem Chef nur dessen Diagnose. Der »Therapeut« liest in jeder freien Minute Psycho-Bücher und beobachtet seine Mitarbeiter auf Symptome hin. Was immer sich andeutet, leitet eine Behandlung ein. Kein Wunder, daß die mehr fachlich interessierten Mitarbeiter diesen »netten Chef« schnellstens verlassen. Zurück bleiben die Sensibelchen, die in glücklicher Teamgemeinschaft Nabelschau betreiben und sich gegenseitig bestätigen, daß sie schließlich mit ihrer Sensibilität der Ellenbogengesellschaft emotional überlegen sind. In jeder anderen Hinsicht sind sie natürlich unterlegen. Aber das bestätigt auch wieder ihre moralische Überlegenheit.

Eine andere Variante des »netten Chefs« sind die »Vermeider«, Personen, die auf keinen Fall Ärger oder Konflikte ertragen. Jede Unannehmlichkeit wird unter den Teppich gekehrt. Entscheidungen können nicht gefällt werden, weil irgendwer die zu treffende Entscheidung ganz bestimmt nicht will. »Vermeider« geben immer der Person recht, mit der sie gerade sprechen. Das macht sie für ihre Mitarbeiter unberechenbar. Wenn die Mitarbeiter glauben, sie hätten mit ihrem Vorgesetzten besprochen, was der für sie bei der höheren Hierarchie durchzusetzen hat, müssen sie sich später getäuscht sehen. Der »Vermeider« kann sich »höheren Orts« nicht durchsetzen. Er wagt es auch nicht, sich dort mit Forderungen unbeliebt zu machen. Also wird er den Mitarbeitern bestätigen, daß ihre Forderungen berechtigt sind, und gleichzeitig wird er seine eigenen Vorgesetzten glauben machen, daß »unten an der Front« alle ruhig und zufrieden arbeiten. Und damit ist erreicht, daß alles x-mal ohne jede Konsequenz durchdiskutiert wird. Nach jeder dieser Teambesprechungen hegen die Mitarbeiter neue Hoffnung: »Jetzt hat er's begriffen. Jetzt wird er die Dinge in die Hand nehmen.« Pustekuchen.

2. Der »Fürst«

Als »Fürsten« treten vor allem gern Chefsekretärinnen auf. »Fürsten« lieben ihre überlegene Macht, ihr überlegenes Wissen, ihre enge Verbindung zu noch mächtigeren »Fürsten« und ihre Schönheit oder die Schönheit ihres Schlosses (Büros). »Fürsten« schreiten majestätisch durch die Flure, schauen von oben herab auf das Fußvolk und rächen sich an jedem, der ihnen nicht kniefällig Reverenz erweist.

Zu den »Fürsten« gehören die »Einpeitscher«. Das sind Chefs, die an dem ihnen zugewiesenen Menschenmaterial kein persönliches Interesse haben. Aus jedem Mitarbeiter wird gnadenlos an Leistung herausgeholt, was drin ist. Wenn ein Mitarbeiter dabei vor die Hunde geht, heißt es: »War wohl nicht belastbar.«

Zu den »Fürsten« zählen ebenso die »Machtstrategen«. Das sind Chefs, die ihre aktuelle Führungsposition lediglich als eine Stufe auf der Karriereleiter betrachten. Das zu führende Team ist ihnen im Grunde egal. Sie interessieren sich mehr für die Hierarchen über ihnen und die Karrierekonkurrenten neben ihnen. Den einen versuchen sie zu imponieren, mit den anderen liefern sie sich Ellenbogengefechte oder schmieden mit ihnen listige Pläne zugunsten raffinierter Zweckbündnisse.

Die kranke Variante des »Fürsten« ist der »Schikanierer«. Das ist eine Person mit sadistischen Neigungen, die diesem Hang geradezu zwanghaft auch während der Arbeitszeit nachkommen muß. Diese Chefs brauchen das Erlebnis offensichtlicher Angst ihrer Untergebenen. Sie denken sich immer neue Schikanen aus. Erkältete Mitarbeiter müssen in zugigen Lagern aufräumen, Mitarbeiter mit Höhenangst auf hohe Leitern klettern. Die Ängstlichen müssen sich mit Reklamationen gefährlicher Kunden plagen. Junge Familienväter werden kurz vor der Niederkunft ihrer Frauen auf Dienstreise geschickt. Die Wehrlosen werden verhöhnt. Die Geselligen bekommen Einzelbüros. Die Detaillisten müssen neben ihrer eigentlichen Aufgabe noch Telefondienst machen. Der »Schikanierer« hat stets Tricks auf Lager, um den Mitarbeitern das Leben schwerzumachen. Wie ein Raubritter sitzt er in der Burg seines Chefbüros, und wehe dem, auf dessen kümmerliche Figur sein Blick fällt!

3. Der »Beste von allen«

Menschen, die zwar in Führungspositionen befördert wurden, ihre Sachbearbeitermentalität aber nie überwinden konnten, werden zu »Besten von allen«. Man kennt sie als »Wissensmonopolisten«, die immer Angst davor haben, daß andere ihnen in die Karten schauen und einen Nutzen daraus ziehen. Sie behalten alles für sich. Diese Chefs haben vermutlich schon als Kleinkinder auf dem Töpfchen gesessen und nichts von dem hergegeben, worum die Mutter verzweifelt bettelte. Wie damals, so sitzen sie heute auf dem Chefsessel und rücken in ihrer Hartleibigkeit nichts heraus.

Man kennt diese Chefs auch als »Arbeitspferde«. Sie arbeiten mit ihren Mitarbeitern um die Wette, angetrieben von der Befürchtung, einer von ihnen könnte schneller oder besser sein. Je besser die Mitarbeiter in ihrem Fach sind, desto mehr arbeiten die Chefs. Morgens kommen sie als erste, abends gehen sie als letzte und nehmen sich auch noch Arbeit mit nach Hause. Sie stöhnen, weil sie unter ihrer Last schier zusammenbrechen. Dennoch delegieren sie nicht. Wenn sie doch einmal eine Arbeit aus der Hand geben müssen, dann kontrollieren und optimieren sie das Ergebnis so gründlich, daß sie es auch gleich hätten selbst tun können. Einen Vorteil haben diese Chefs: Sie belasten unsere Rentenkasse nicht. Sie sterben vorher. Gott sei ihnen so gnädig, ihnen nicht vom Himmel aus zu zeigen, daß der Laden auch ohne sie gut läuft.

Diese Chefs werden auch »Schreibtischonanierer« genannt. Sie ziehen sich gleich morgens zurück, um in der Abgeschiedenheit ihres Chefzimmers über Statistiken zu brüten, Abrechnungen zu kontrollieren, Erfindungen auszutüfteln, Planungen zu entwickeln, Vorträge zu erarbeiten, Strategien zu konzipieren... Alle wissen: »Hinter dieser Tür sitzt er.« Niemand weiß genau, was er da macht. Nur soviel ist sicher: »Es macht ihm Spaß.« »Er will nicht gestört werden.« Und: »Es ist sinnlos, was er da tut.«

Außerdem gibt es diese Chefs noch als menschenscheue »Autisten«. Sie würden vielleicht ganz gern die Höhle ihres Chefbüros verlassen, wissen aber nicht, wie sie mit ihren Mitmenschen umgehen sollen. Sie können weder lächeln noch aufmunternde Worte finden, noch ungezwungene Unterhaltungen führen. Da ziehen sie sich lieber zurück und studieren Fachzeitschriften oder andere Papiere. Morgens und abends sieht man sie — immer an der Wand entlang — grußlos zum oder vom Arbeitsplatz huschen. Sie meiden Blickkontakt und rennen mehr, als daß sie gehen.

Wer macht solche Leute eigentlich zu Vorgesetzten?

Es ist unglaublich!

Wenn man sich die drei »Cheftypen« so anschaut, kommt man leicht zu der Erkenntnis, daß sie alle eine Pest sind. Wenn man sich einmal die

Chefs vor Augen hält, mit denen man selbst als Mitarbeiter zu tun hatte, dann bestätigt sich dieser Eindruck womöglich.

Wenn man jedoch sich selbst in der Chefrolle erlebt, sieht das natürlich ganz anders aus. Dann erkennt man schließlich auch die guten Seiten der Manager und Führungskräfte.

Der »nette Chef« entpuppt sich als Förderer und Motivierer, als angenehmer Gesprächspartner seiner Mitarbeiter und als eine Persönlichkeit mit der nötigen inneren Stärke, auch eigene Fehler zugeben und sich auf den Sachverstand seiner Mitarbeiter verlassen zu können.

Der »Fürst« entpuppt sich als Begeisterer. Sein Charisma reißt die Mitarbeiter mit. Es macht Spaß, mit ihm zu arbeiten. Der Erfolg ist fast garantiert, Probleme und Schwierigkeiten werden im Team gemeinsam angegangen und überwunden. Am Ende steht der gemeinsame Erfolg, der gemeinsame Ruhm.

Der »Beste von allen« überzeugt durch seine menschliche Bescheidenheit, kombiniert mit ungewöhnlich hochkarätigem Sachverstand. Dieser Chef braucht keinen Wirbel um sich zu machen. Was er tut oder sagt, hat Hand und Fuß. Da gibt es weder Täuschung noch Pfusch. Für jeden, der aus ganzem Herzen Qualität und gute Arbeit liebt, ist der »Beste von allen« der ideale Chef.

Im Hinblick auf Teamarbeit haben aber alle drei »Cheftypen« ihre speziellen Marotten. Der »nette Chef« reagiert eifersüchtig, wenn das Team ohne ihn etwas unternehmen oder besprechen möchte. Es verletzt ihn bereits, wenn sich nur eine kleine Gruppe allein auf den Weg zur Kantine macht. »Warum gehen sie schon? Warum nehmen sie mich nicht mit?« Schnell eilt der »nette Chef« hinter den Mitarbeitern her, um sich ihnen aufzudrängen. Der »Fürst« wittert rasch Verrat oder Revolution. Er mag es nicht, wenn seine Mitarbeiter dem Ideal der bereichsübergreifenden Kommunikation anhängen. »Was haben sie mit den Mitarbeitern anderer Abteilungen zu reden?« Und schon stellt der »Fürst« klar, daß alle Außenkontakte über ihn zu laufen haben. Was der »Fürst« ebenfalls nicht leiden kann, sind Freundschaften oder gar Liebesbeziehungen in seinem Team. Niemand hat sich mit irgendwem zu verbünden. »Das kann nur Zusammenrottung und Verschwörung bedeuten«, sagt sich der »Fürst« und zerschlägt auch die leisesten Ansätze von »Cliquen-Wirtschaft«.

Der »Beste von allen« ist so in seine Fach- und Sacharbeit vertieft, daß ihm vermutlich niemals in den Sinn kommt, daß seine Mitarbeiter Wesen mit Gefühlen sind. Nach Bedarf schickt er sie hin, wo sie gerade gebraucht werden. Dabei bespricht er notwendige Änderungen von personellen Besetzungen oder Aufgabenverteilungen niemals mit den Mitarbeitern direkt. Für ihn sind diese Leute nichts weiter als Funktions- und Planungseinheiten, mit denen man so verfährt, wie es fachlich und sachlich gerade angebracht ist. Teamgeist? Was ist das denn?

5. Wie muß man sein, damit man Chef wird?

Eine Unternehmensberatung hat sich einmal daran gemacht, zu untersuchen, ob Manager und Führungskräfte über bestimmte Merkmale verfügen, mit denen sie sich vom beruflichen »Fußvolk« unterscheiden. Handbücher für Karrieristen und Erfolgsrezepte für Aufsteiger gibt es viele. Es gibt auch viele Menschen, die sich daran mit guten Ergebnissen orientieren. Aber nicht jeder erreicht seine beruflichen Ziele trotz Befolgung von nützlichen Ratschlägen. Das soll nicht heißen, daß Erfolgsrezepte sinnlos sind. Sie können tatsächlich den Aufstieg befördern. Sie können die Augen für bestimmte Dinge öffnen, zu klugem oder raffiniertem Handeln anregen, die notwendigen Techniken und Taktiken für den Aufstieg vermitteln. Aber die Rezepte allein reichen nicht. Sie müssen auch der jeweiligen Person entsprechen. Eine hilflose Maus mit tausend Skrupeln kann Erfolgsbücher bis zum Abwinken lesen und wird dennoch nicht aufsteigen. Ein spitzfindiger Detailfummler kann Erfolgsrezepte auswendig lernen und oberkorrekt anwenden und wird doch immer ein gewissenhafter Sachbearbeiter bleiben.

Ob jemand auf der Karriereleiter hinaufkommt oder nicht, hängt in erster Linie von der Persönlichkeit ab. Kann man nun bestimmen, was eine Person für den Aufstieg in der Hierarchie haben muß? Warum wundern wir uns bei manchen Menschen überhaupt nicht, wenn sie aufsteigen? Warum können wir bei anderen kaum nachvollziehen, wie sie das geschafft haben? Warum bleiben letztlich doch so viele erfolgversprechende Jungdynamiker »auf der Strecke«?

Eine sichere Vorhersage im Hinblick auf die Karriere gibt es nicht. Dennoch kann es zu denken geben, wenn man sich anschaut, welche besonderen Merkmale speziell bei Managern und Führungskräften herausgefunden wurden. Wohlgemerkt: Es handelte sich um Merkmale, in denen sich die Karrieristen deutlich von den »Nicht-Aufsteigern« unterschieden. Etliche der Merkmale treffen auch auf Erfolglose zu, aber nicht in dieser geballten Anhäufung.

Dies sind die Merkmale, die Führungskräfte und Manager von ihren Mitarbeitern unterscheiden:

- Sie zeigen hohes Engagement und geben immer – auch bei familiären Anforderungen – der Arbeit oder »der Firma« den Vorrang.
- Sie identifizieren sich vollständig mit ihrem Beruf und ihrer Karriere. Aus ihren Erfolgen ziehen sie innere Befriedigung.
- Sie identifizieren sich bis zur Selbstaufgabe mit ihrem eigenen Vorgesetzten. Für sein Wohlgefallen verzichten sie auf eigene politische, religiöse oder andere Meinungen.
- Sie akzeptieren die Ziele und die Politik ihres Arbeitgebers. Sie wenden sich jedem feindlich zu, der »ihr« Unternehmen kritisiert. Sie selbst sprechen niemals abfällig über ihre Vorgesetzten oder ihren Arbeitgeber.
- Sie halten sich in Kleidung und Verhalten an die Normen ihrer Vorgesetzten. Sie kleiden sich unauffällig ähnlich wie ihre Vorgesetzten und übernehmen auch deren Gesten und Redewendungen.
- Sie gleichen sich mit ihren Hobbys, in ihrem gesellschaftlichen Leben, bei der Wahl ihres Autos oder Urlaubsortes den Vorgesetzten an.
- Sie ordnen sich leicht unter und suchen gezielt Kontakt zu den erfolgreichsten Managern in der Hierarchieebene über ihnen.
- Sie verzichten auf differenziertes Denken, neigen statt dessen zur Vereinfachung von Sachverhalten. Sie schweifen niemals ab, sondern kommen sofort zum Wesentlichen. Sie verlieren sich nicht in Details, sondern behalten konsequent den Überblick.
- Sie sind stets sehr höflich zu allen anderen Menschen, bis »runter« zur Putzfrau. Sie merken sich die Namen der Kantinenmitarbeiter und vergessen niemals ein nettes Wort im Vorbeigehen auch noch für die unwichtigste aller Schreibdamen.

- Sie halten ungewöhnlich lange an überkommenen Vorurteilen und Mythen fest wie: »Frauen führen sanfter.« »Buchhalter sind spießig.« »Sekretärinnen wollen Manager heiraten.« »Auf dem Golfplatz kann man Karriere machen.«
- Sie vertreten niemals extreme Meinungen, sondern äußern sich stets ausgewogen und abwiegelnd.
- Sie haben einen starken Machttrieb und erkennen sofort die Unter- oder Überlegenheit anderer Menschen. Ihren Machtinstinkt nutzen sie gezielt. Sie üben sich regelmäßig darin, Schwächere einzuschüchtern und Stärkeren ihre Bereitschaft zur Unterwerfung zu signalisieren.
- Sie beurteilen andere Menschen immer nach deren Nützlichkeit im Hinblick auf die eigene Karriere. Sie trennen sich sofort von Gescheiterten und suchen den Kontakt auch zu Menschen, die sie im Grunde nicht mögen, die ihnen aber nützlich sein können. Im Interesse des beruflichen Erfolgs geben sie auch »peinliche« familiäre Kontakte – zum Beispiel zu den ungebildeten Eltern – auf.
- Außerhalb ihres Berufes pflegen sie keine besonderen Interessen. Politisch oder kulturell interessiert sie nichts. Ihre Allgemeinbildung beschränkt sich im wesentlichen auf die Gebiete, die sie für Small talk mit anderen Mächtigen brauchen. Sie können spezielle kulturelle Interessen – zum Beispiel für die Oper – entwickeln, wenn es sich dabei um eine Vorliebe ihres Vorgesetzten handelt.
- Bei Erreichen ihres Karrierehöhepunktes (etwa ab Mitte vierzig) legen sie sich ein kulturell anspruchsvolles oder sportlich-prestigeträchtiges Hobby zu.
- Sie halten sich von Sach- und Facharbeit fern, lieben jedoch alles, was mit Administration und Organisation zu tun hat.
- Sie reagieren erregt auf bestimmte »Feindbilder«, vor allem in Bereichen, die sie für links halten: Personalräte, PDS, Grüne, Menschenrechtler, Tierschützer, Soziologen, Psychologen...
- Sie idealisieren schnelles Handeln und zügige Entscheidungen.
- Sie sind eitel und umgeben sich mit teuren Statussymbolen: edle Autos, Ledermappen, Mitgliedschaft in exklusiven Clubs...
- Sie sind profilorientiert und beteiligen sich immer aktiv bei Konferen-

zen, verzichten dabei aber auf extreme Standpunkte. Sie sorgen stets dafür, daß ihre Leistungen bekannt werden. Sie sprechen über ihre eigene Arbeit so, als handele es sich um Aufgaben von zentraler Bedeutung für das Gesamtunternehmen.

- Sie geben die Leistungen ihrer Mitarbeiter oder Kollegen als eigene Leistungen aus oder als Folge ihrer persönlichen Initiierung.
- Sie ziehen sich rechtzeitig aus Scheiter-Projekten zurück und distanzieren sich vom eigenen Vorgesetzten, sobald der an Macht verliert.
- Sie geben sich hart und predigen Tugenden wie: Durchsetzungskraft, Selbstdisziplin, Leistungsbereitschaft, Belastbarkeit, Entscheidungsstärke, Opferbereitschaft, Wettbewerbsorientierung...
- Und selbstverständlich predigen sie ihrem Team die Tugend der Teamfähigkeit. Diese Tugend wird nach Bedarf gedeutet. Mitarbeiter ohne Führungsqualifikationen werden verachtet, solche mit Alpha-Tier-Merkmalen aufmerksam beobachtet und sehr schnell als Konkurrenten oder potentielle Verbündete im Machtkampf gesehen.

Diese Merkmale treffen natürlich nicht alle auf jeden Manager exakt zu. Aber in der Regel sind sie bei Managern und Führungskräften stärker ausgeprägt als bei anderen Menschen.

Betrachtet man die Merkmale erfolgreicher Aufsteiger, erkennt man schnell die wesentlichen Punkte: Aufsteiger haben klare Ziele und ordnen diesen alles unter. Im Interesse ihrer Ziele verzichten sie auf »nutzlose« geistige oder kulturelle Hobbys und auch auf »nutzlose« emotionale Bindungen. Außerdem pflegen erfolgreiche Aufsteiger niemals Teamorientierung. Aber sie predigen es denen, die für sie nützlich sein sollen.

VIII. Wenn das Team krank wird

1. Teamkrankheiten

Ein Team besteht nicht nur aus Individuen, es muß selbst als organisches Ganzes gesehen werden. Das bedeutet, daß positives und/oder negatives Verhalten einzelner Personen stets Auswirkungen auf die gesamte Gruppe hat. Marotten können somit den »Gruppengeist« gefährden. Wie es individuelle Krankheiten gibt, gibt es auch typische Teamkrankheiten.

Auch wenn häufig eine Fassade aus Harmonie, Kollegialität, Optimismus und Leistungsfreude gepflegt wird, können sich im Team dennoch Ärger, Frust, Niedergeschlagenheit, Zorn oder Phlegma ausbreiten. Nicht selten hat der Vorgesetzte oder Teamleiter keine Ahnung, welche Gefühle sich hinter »teamorientiertem« Verhalten verbergen.

Die Mitglieder eines Teams wissen, daß sie gut beraten sind, sich nichts anmerken zu lassen von Frust, Ärger, Streß oder Enttäuschung. Man muß immer einen positiven Eindruck machen und Kraft, Freude, Dynamik und Entschlossenheit ausstrahlen!

Wer so leichtsinnig ist und dem Vorgesetzten sagt, welche Probleme in seinem Team existieren, der riskiert, als »wenig belastbar« oder als »Negativist« diffamiert zu werden. Einer der Lieblingssprüche dickfelliger Chefs ist: »Haben Sie ein Problem, oder sind Sie das Problem?« Die Antwort gibt sich der Chef natürlich selbst, und wir wissen, welche es ist.

Sollten Sie, liebe Leserin oder lieber Leser, als Teamleiter die Verantwortung für eine Mitarbeitergruppe tragen, dann mag es Ihnen egal sein, wie es Ihren »human resources« (manche sprechen auch von »Menschenmaterial« oder »Kapazitätseinheiten«) emotional ergeht. Trotzdem sollten Sie aufmerksam werden, wenn sich Symptome von möglichen Teamkrankheiten zeigen. Denken Sie daran, daß frustrierte Menschen nicht nur langsamer arbeiten, sondern auch mehr Fehler produzieren, weniger mitdenken, nachlässiger mit ihren Arbeitsmitteln umgehen und sich womöglich durch kleine Sabotageakte für ihren Ärger rächen.

Beispiel: Die politischen Änderungen auf dem Gesundheits- und

Krankenversicherungsmarkt machten die Reorganisation einer der großen Versicherungen erforderlich. Bisher selbständig arbeitende Geschäftsbereiche wurden zusammengeführt und unter die Leitung einer zentralen Verwaltung gestellt. Diese Reorganisation war sicherlich wirtschaftlich sinnvoll wie nötig. Ob es aber notwendig war, daß der neue Großfürst der Zentrale »sein Team« der regionalen Geschäftsführer als »verschlafene Bande« bezeichnete, die endlich einmal lernen müsse, wie man aktiv an den Markt zu gehen habe, das steht zu bezweifeln. Ein Mitglied dieser »verschlafenen Bande« oder vielleicht auch mehrere waren so sauer, daß sie zwar diskret, aber mit sehr konkreten Angaben an die Presse gingen und somit dafür sorgten, daß man sich in der Öffentlichkeit plötzlich fragte, ob es wohl in Ordnung sei, wenn ständig die Versicherungsbeiträge erhöht werden, obwohl die Kasse Unsummen mit Bauchtanz-, Koch- und Bastelkursen verplempert.

Beispiel: Frustrierte Mitglieder eines Entwicklungsteams für DV-Anwendungen schafften es, auf der Cebit ihr System so verquer zu installieren, daß es während der gesamten Messe potentiellen Kunden nicht korrekt vorgeführt werden konnte.

Beispiel: Das komplette Team frustrierter Vertriebsassistenten einer Unternehmensberatung übersah geflissentlich zwei Druckfehler in einem Mailing, das in hoher Auflage an wichtige Unternehmen verschickt wurde. Leider hatte nicht einer der fünf Assistenten beim Korrekturlesen bemerkt, daß statt »Geschäftsprozeßoptimierung« versehentlich »Geschäftsprotestoptimierung« im Mailing gestanden hatte.

So reagieren Mitglieder kranker Teams! Das kann nicht im Interesse des Unternehmens oder der Führungskraft sein!

Woran können Sie als verantwortliche Führungskraft erkennen, ob Ihr Team unter einer Teamkrankheit leidet?

Auf jeden Fall sollten Sie aufmerksam werden, wenn Ihre Mitarbeiter offen oder auch indirekt auf Schwierigkeiten hinweisen. Ziehen Sie sich nicht mit der platten Anordnung, man müsse gefälligst positiv denken, aus der Verantwortung. Positiv denken heißt nicht, daß man Probleme ignoriert oder logisch wegdiskutiert.

Achten Sie auf typische Symptome von unterschwelligen Teamkrankheiten:

- Aggressivität innerhalb der Gruppe
Im Team herrscht öfter gereizte Stimmung. Spitzzüngigkeit, Angriffe, verletzende Kritik und höhnische Bemerkungen kennzeichnen die Kommunikation untereinander. Man arbeitet gegeneinander, verweigert sich Hilfen und versteckt Informationen. Jeder sieht jeden als Konkurrenten.

- Gehorsam und Dienstbeflissenheit
Die Mitarbeiter tun genau das, was man ihnen aufträgt, und keinen Handschlag darüber hinaus. Von sich aus werden sie nicht aktiv. Einer der Lieblingssätze lautet: »Hat mir keiner gesagt, daß ich das machen soll.« Oder: »Ich lauf' doch der Arbeit nicht hinterher.« Der Arbeitsstil erinnert an Dienst nach Vorschrift. Alles wird buchstabengetreu und ohne jede Eile der Reihe nach erledigt. Pech, wenn nach Feierabend etwas unbearbeitet liegenbleibt oder Unwichtiges vor Wichtigem getan wurde. Soll der Chef klare Befehle geben! Dafür wird er schließlich bezahlt.

- Phlegma
Man bewegt sich im Schneckentempo, kann sich nichts merken und nimmt die Dinge gelassen hin. Sollte der Papierkorb brennen, verläßt man halt den Raum, bevor die Flammen hochschlagen. Kann ja keiner von einem verlangen, daß man sich mitverbrennen läßt!

- Rebellion gegen Führungskräfte oder gegen die Unternehmensleitung
Man kämpft für seine Rechte als Arbeitnehmer, pocht auf die Einhaltung tariflicher und gesetzlicher Bestimmungen und ist ständig darauf bedacht, sich von den Ausbeutern der Führungsmafia nicht unterkriegen zu lassen. Auf dem Weg zur Kantine, am Kopierer und Kaffeeautomaten trifft man sich in subversiven Grüppchen und tüftelt Strategien zur Befreiung der Lohnabhängigen aus. Es lebe die Revolution!

- Rückzug in die eigenen Aufgaben
Man kümmert sich ausschließlich um eigene Aufgaben. Niemand ist des Kollegen Hüter. Was die anderen machen, ist einem völlig egal. Der Chef muß dafür sorgen, daß nichts doppelt gemacht oder aneinander vorbei gearbeitet wird. Nein, was die Kollegen tun, weiß man nicht. Man hat mit den eigenen Sachen genug um die Ohren.

- Verblödung während der Dienstzeiten
Jeden Tag setzt bei Erreichen des Arbeitsplatzes der Verstand aus.

Man begreift nichts, kann sich nichts merken und weiß auch nicht, wo und wie man sich informieren könnte.

- Absentismus

Die Mitarbeiter sind möglichst wenig am Arbeitsplatz. Wer zur Toilette geht – und das wird ja nicht verboten sein! – verschwindet für mindestens eine Stunde. Wer zur Kantine geht oder auf dem Rückweg ist, verliert sich in den Gängen. Von Zeit zu Zeit kann man leider gar nicht zur Firma kommen. Es war einem schon morgens beim Aufstehen nicht gut, und letztlich muß die Gesundheit vorgehen! Eine Sonderform des Absentismus ist die innere Kündigung. Dann ist der Mitarbeiter physisch zwar anwesend, innerlich jedoch nicht bei der Sache.

Weitere Symptome sind: hohe Fluktuation, hohe Fehlerrate, Gerüchte, Clownereien, Terminverfehlungen und so weiter.

Teamkrankheiten zu kurieren, ist mühselig. Besser ist es, wenn Sie als Führungskraft Ihre Verantwortung ernst nehmen, bevor es so weit gekommen ist. Lesen Sie dazu die folgenden Ausführungen. Zeigen Sie Ihre Teamorientierung durch offene und hierarchieunabhängige Kommunikation. Erwachsene Menschen können, wenn man sie läßt, sehr wohl zum Ausdruck bringen, was sie motiviert und was sie frustriert.

2. Aktive, Aktivisten, Abdanker

Von Ausnahmen abgesehen empfinden die Mitarbeiter Störungen im Team als seelisch belastend. Miese Stimmung, Frust, Streit, Ärger, unterschwellige Bosheiten verursachen mehr Streß als harte Arbeit und Termindruck. Natürlich gibt es auch Neurotiker, denen es sogar Spaß bereitet, das Team zu stören und Teamkrankheiten zu fördern. Für die meisten Menschen ist der Arbeitsplatz jedoch mehr als nur der Ort, wo man für Geld Befehle ausführt oder selbst erteilt, wo man routinierte Handgriffe tätigt oder vorgeschriebenen Gedankengängen folgt, wo man notgedrungen die meiste und die beste Zeit des Tages verbringt, um sich den Lebensunterhalt zu sichern.

Für die Mehrheit der Mitarbeiter ist der Arbeitsplatz ein Ort mit sozial und emotional wichtigen Kontakten. Hier möchte man angesehen und respektiert sein, mit den anderen gut auskommen, sich auch einmal über Privates unterhalten und sich von Mensch zu Mensch Tips geben für die Kindererziehung, das Kacheln des Bades oder den nächsten Autokauf. Unter Kollegen zeigt man sich Urlaubsfotos, lädt sich zum Polterabend ein und vergleicht die jeweiligen Probleme mit Nachbarn oder Verwandten. Man tratscht über die Kollegen anderer Abteilungen, macht sich gemeinsam über die Macken der Chefs lustig und tröstet sich gegenseitig bei Pannen.

Teamkrankheiten verhindern solche freundschaftlichen Kontakte. Man kapselt sich ab, mißtraut sich gegenseitig, läßt sich nicht in die Karten schauen und beäugt jeden Handgriff des anderen kritisch nach Fehlern und Blamagen. Es kann auch passieren, daß eine Teamkrankheit dazu führt, daß Mitarbeiter sich besonders eng zu Cliquen zusammenschließen und gemeinsam gegen die eigentlichen Interessen der Gruppe arbeiten.

Als Vorgesetzter sollte man wissen, daß nicht alle Mitarbeiter auf Störungen im Team auf die gleiche Art oder mit der gleichen Empfindlichkeit reagieren. Wenn zum Beispiel Müller zu Ihnen kommt und sich beklagt, dann wäre es falsch, zu antworten: »Maier ist schließlich auch zufrieden!« Vielleicht hat Maier ein dickeres Fell als Müller. Vielleicht ist Maier glücklich, weil es ihm Spaß macht, Müller und die anderen heimlich ein wenig zu quälen. Vielleicht ist Maier so frohgemut, weil er sich längst einen neuen Job besorgt hat und zum nächsten Quartal ohnehin seine Kündigung einzureichen gedenkt.

Niemals darf sich die Führungskraft eines Teams aus ihrer Verantwortung stehlen, indem sie einfach den Frustrierten eine Frohnatur als Vorbild empfiehlt.

Es gibt unter den Mitarbeitern vier Grundtypen bei Störungen im Team:

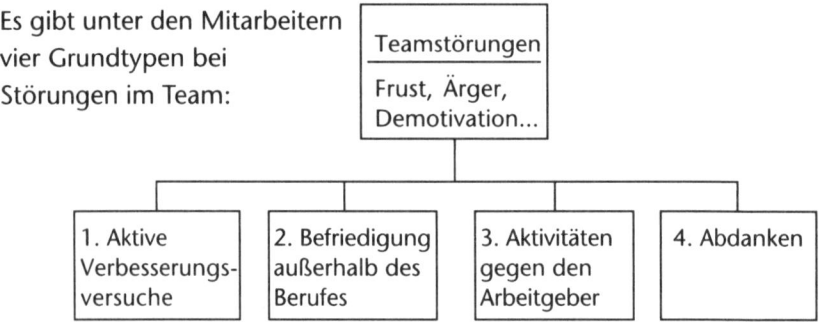

Zu: 1. Aktive Versuche, die Lage zu verbessern

Es gibt Aktivisten, die Probleme im Team unbedingt bereinigen wollen. Sie versuchen mit dem Teamleiter oder mit den Kollegen zu reden. Sie machen Verbesserungsvorschläge, laden zu Problemlösungsmeetings ein, suchen das Gespräch mit Betroffenen und mit möglichen Unterstützern.

Diese Aktivisten erkennen die Notwendigkeit einer guten Zusammenarbeit und einer positiven Stimmung. Sie reden sich den Mund fusselig, warum man die problematische Lage verbessern muß. Was diese Aktivisten übersehen, ist die Macht der Trägheit oder auch die pure Unfähigkeit oder sogar Unwilligkeit der anderen, etwas zu verbessern. Vielleicht will der Vorgesetzte die miese Stimmung. Vielleicht will er, daß möglichst viele Mitarbeiter demotiviert sind und sich Arbeitsplätze so von selbst abbauen. Vielleicht befriedigt es sein Machtbedürfnis, wenn seine Untergebenen leiden. Vielleicht bemerkt er auch gar nicht die Demotivation. Vielleicht haben die Kollegen gar kein Interesse mehr an einer Verbesserung der Situation. Vielleicht haben sie sich an ihren Frust gewöhnt. Vielleicht haben sie auch keine Hoffnung mehr, daß sich noch jemals etwas ändert.

Aktivisten können allerdings auch erfolgreich sein mit ihren Bemühungen um den Teamgeist. Sehr häufig kämpfen sie aber gegen Windmühlen. Sie reiben sich mit immer neuen Versuchen auf und werden zunehmend dem Vorgesetzten als »Quertreiber« lästig, oder sie wecken bei den Kollegen das Mißtrauen, sich womöglich »aufspielen« zu wollen.

Sollten Sie in Ihrem beruflichen Umfeld zu denen gehören, die ständig aktiv gegen Frust und Niedergeschlagenheit, gegen schlechte Stimmung und Demotivation kämpfen, dann sollten Sie wissen, daß mehr als zwei Versuche in dieser Richtung sinnlos sind. Wenn die anderen etwas ändern wollten oder bei Änderungen mitmachen könnten, dann würden sie beim ersten oder zweiten Ihrer Versuche mitgemacht haben. Wenn Sie hundertmal versucht haben, die Dinge zum Besseren zu bewegen, verschwenden Sie Ihre Kraft. Hören Sie auch damit auf, wortreich erklären zu wollen, warum es für die Firma und für alle Betroffenen viel besser wäre, wenn es keinen Frust gäbe. Sie haben natürlich recht. Trotzdem wird alles bleiben, wie es ist. Suchen Sie sich lieber eine der drei folgenden Verhaltensvarianten für frustrierte Teammitglieder aus.

Zu: 2. Suche nach Befriedigung außerhalb des Berufs

Die Befriedigung bestimmter Bedürfnisse suchen wir zunächst im beruflichen Umfeld. Es kann sich um das Bedürfnis nach Erfolg und sozialem Ansehen handeln. Vielleicht suchen wir die Freude an einer sinnvollen und lustvollen Beschäftigung. Vielleicht möchten wir gern »etwas zu sagen« haben. Vielleicht möchten wir mit Gleichgesinnten unsere Gedanken und Ideen austauschen. Interessante Arbeit, nette Kollegen, beruflicher Aufstieg etc. können diese Bedürfnisse befriedigen.

Manche verlagern nach einigen vergeblichen Versuchen der Befriedigung ihre Aktivitäten nach außen. Am Arbeitsplatz tun sie genau so viel, daß man sie nicht feuern kann. Man begibt sich zum Beispiel in eine Partei oder einen Verein und strebt dort möglichst zügig den Aufstieg in eine gehobene Position an. Man entwickelt künstlerische Talente und strebt nach Ruhm und Anerkennung. Man geht nach Feierabend einer Schwarzarbeit nach und kann dabei selbständig entscheiden, welche Arbeit wann und wie gemacht wird. Man legt sich ein Hobby zu und findet endlich Spaß an dem, was man tut. Man engagiert sich sozial oder für die Umwelt oder den Tierschutz oder den Erhalt alter Bauernhäuser und kann ermessen, welchen Beitrag man für die Allgemeinheit leistet.

In Vereinen, Organisationen, Clubs, Parteien, Kirchengemeinden findet man auch den Teamgeist, die anregende Zusammenarbeit, den sozialen Kontakt und die gegenseitige Hilfe, die man braucht und anderen ebenso geben möchte. Dann kann einem das Gequatsche der Chefs über »Teamorientierung« wirklich schnuppe sein.

Zu: 3. Aktivistentum gegen die Firma oder den Chef

Nicht jeder findet die Befriedigung, die innerhalb des Berufs nicht zu erreichen ist, außerhalb. Gar mancher schleppt seinen Frust jeden Abend mit heim in die kaputte Beziehung oder in die leere Wohnung. Passive Menschen lagern sich dann vielleicht vor den Fernseher oder schütten sich mit Alkohol zu. Andere schleppen sich mit letzter Lebenskraft in die Kneipe, den Puff oder die Spielhöhle.

Aber es gibt auch eine große Anzahl aktiver, unternehmungslustiger und kreativer Menschen. Was tun die gegen den Frust? Ihre typischen Reaktionen sind: Rache und Sabotage. Sie bringen den Chef in Verruf, beschädigen oder verschwenden Firmeneigentum, verscheuchen Kunden, vermasseln Geschäftschancen, geben der Konkurrenz Tips, lassen Firmendaten verschwinden oder fälschen sie...

Wenn man will und nicht ganz dumm ist, kann man eine Menge anstellen, das einem tiefe Befriedigung verschafft: »Denen habe ich es mal wieder so richtig gegeben!« Man mag persönlich von diesen Aktionen nicht profitieren, aber man kann sich damit gut beschäftigen und an dem Gedanken erfreuen: »Wenn die mich quälen, dann zahle ich das dreimal zurück.«

Zu: 4. Innerlich abdanken und auf die Rente warten

Manche Menschen resignieren einfach. Der Beruf macht nicht glücklich, aber das Leben ist nun mal kein Zuckerschlecken. Am besten, man verzichtet auf sinnlose Hoffnungen, dann ist man später auch nicht enttäuscht. Im Grunde geht einen der Laden auch nichts an. Solange das Gehalt aufs Konto fließt, kann es einem doch egal sein, ob die Firma gut läuft oder nicht. Innere Kündigung und ruhiges Abwarten der Rente sind eine streßfreie Möglichkeit, sich weitere Enttäuschungen, Frust und Ärger zu ersparen. Für große Aktivitäten außerhalb des Berufs fehlen vielleicht Kraft oder Ideen. Sabotage und subversive Aktionen gegen Chef und Unternehmen liegen einem aus Mangel an Energie oder aus Feigheit ebenfalls nicht. Daß sich die Aktivisten mit ihren Verbesserungsversuchen nur sinnlos aufreiben, hat man längst begriffen.

Man schleicht also täglich pünktlich zur Arbeit, hört sich kommentarlos die goldenen Worte zu Teamgeist, Engagement und Motivation an, trottet nach Feierabend pünktlich heim und lebt sich so von Wochenende zu Urlaub zu Rente.

3. Spinner, Nervensägen und Verrückte

Teamkrankheiten haben menschliche Ursachen. Wenn es bei Arbeitsüberlastungen oder bei technischen Problemen zu Streß und Streit kommt, spricht man noch nicht von einer Teamkrankheit. Dann handelt es sich um ganz normale Belastungen, die zum Berufsleben dazugehören. Mitarbeiter werden damit — von verwöhnten Neurotikern abgesehen — auch fertig. Ist die Streßsituation überstanden, beruhigen sich die Nerven, und man kann in gutem Einvernehmen weiterarbeiten.

Teamkrankheiten haben ihre Ursachen in den Persönlichkeitsstörungen von Chefs und/oder Teammitgliedern. Leichte Störungen von einzelnen Personen werden dabei problemlos in der Gruppe aufgefangen und manchmal sogar abgebaut. Schwierig wird es, wenn die gestörte Persönlichkeit zu Dominanz neigt und mit ihren Marotten die anderen über die Schmerzgrenze hinaus belästigt. Dann kann das Team dauerhaft krank werden, oder es beginnt ein Mobbing-Prozeß als eine Art Selbstheilungsversuch der Gruppe.

Dem Vorgesetzten bleibt manchmal nichts anderes übrig, als im Interesse des gesunden Teams eine untragbar gewordene Person zu entfernen. Das mag hart klingen. Aber man kann den Mitarbeitern auch nicht zumuten, daß sie sich von einer gestörten Persönlichkeit selbst krankmachen lassen. Ein Arbeitsteam ist schließlich keine beschützende Werkstatt.

Gruppenpsychologisch wird zwischen »passiven« und »aktiven« Schwierigen unterschieden. Für Psychologen gehört es zum Job, in den Kindheits- und Lebensgeschichten der Betroffenen zu forschen und Verständnis zu entwickeln. Für den Leiter eines Arbeitsteams verbieten sich therapeutische und hobbypsychologische Aktionen. Es ist auch nicht erforderlich, über Schuld oder Unschuld der betroffenen Mitarbeiter zu spekulieren.

Der Vorgesetzte hat jedoch die Pflicht, im Interesse des Unternehmens die Problemfälle zu identifizieren, sie zu einer Verhaltensänderung zu veranlassen oder sie aus der Gruppe zu entfernen. Wer sich zur weiteren Betreuung der Betroffenen verpflichtet fühlt, der verlege diese Aktivität in den Freizeitbereich und tue das auf eigene Kosten. Kein Vorgesetzter hat das Recht, den Mitarbeitern seine Schützlinge aufzudrängen. Ebenso hat keine Führungskraft das Recht, Firmengelder durch Arbeitsbeschaffung für ungeeignete Leute zu verschwenden.

Natürlich hat jeder seine Macken. Der eine prahlt gern, die andere zählt täglich die Heftklammern in der Schreibtischschublade nach, der dritte tratscht über uralte Niederlagen anderer Leute, der vierte bohrt mit dem Bleistift Löcher in fremde Radiergummis... Manches ist noch normal, anderes überschreitet den Grenzbereich zur Zwangsneurose. Aber so wie wir die Marotten der Kollegen ertragen, müssen diese auch unsere akzeptieren. Als Chef muß man erst — aber dann konsequent — eingreifen, wenn die Schwierigkeiten einer Person die Arbeitsfreude und die Arbeitsfähigkeit der anderen einschränken.

Zu den »passiven« Schwierigen gehören: Wortkarge und Informationsverstecker, Zögerer und Bedenkenträger, Mißtrauische und Hinterhältige, Konservative und Neinsager, Angsthasen und Autoritätshörige, Langeweiler und Unselbständige, Dumme und Vergeßliche... Diese »passiven« Schwierigen sind nicht wirklich »tätig«. Es ist ihre lahme oder lähmende Art, ihr Gesichtsausdruck, ihr eisernes Schweigen, was die anderen nervt.

Die »aktiven« Schwierigen gehen mehr aus sich heraus und nerven mit dem, was sie tun und sagen. Bei ihnen handelt es sich um: Nörgler und Rechthaber, Aggressive und Reizbare, Rücksichtslose und Unhöfliche, Erpresser und Niederdrücker, Schwätzer und Speichellecker, Angeber und Lügner, Besserwisser und Dominante, Draufgänger und Leichtsinnige, Karrieristen und Überhebliche, Zyniker und Clowns, Jammerer und Egoisten... Diese »aktiven« Schwierigen machen es den Kollegen leichter, sich über sie zu ärgern. Sie tun oder sagen etwas Konkretes, das man ihnen verübeln kann. Die Kollegen im Team bilden dann oft Koalitionen, wenn sie sich gemeinsam über die Nervensäge ärgern. Den »aktiven« Schwierigen gelingt es eher als den »passiven«, ihre Verrücktheiten so auszuleben, daß zwar die Kollegen im Team darunter leiden, der Chef aber nichts bemerkt. Nicht selten hat ihr aktiv störendes Verhalten zum Ziel, nach oben einen guten Eindruck zu machen und rechts und links die Karrierekonkurrenten wegzudrücken.

Allerdings sind häufig weder die »passiven« noch die »aktiven« Schwierigen absichtlich störend. Es kann sich um zwanghaftes Verhalten handeln, um schlechte Angewohnheiten, um Charakterfehler oder um den Ausdruck seelischer Not. Wenn Kollegen und Vorgesetzte erkennen, daß die schwierige Person selbst unter ihrem Verhalten leidet oder vergeblich versucht, sich zu ändern, kann Mitleid sehr viel ertragen helfen. Aber auch dann ist irgendwann die Grenze dessen erreicht, was ein Team von Arbeitskollegen therapeutisch auffangen kann.

Wenn der Vorgesetzte feststellt, daß um eine bestimmte Person langsam das Team erkrankt, ist es seine Fürsorgepflicht, einzugreifen. Niemandem fällt es leicht, einem gestörten Menschen zu sagen, wie sein Verhalten die anderen belastet. Vor allem wenn man in Handbüchern für Führungskräfte gelesen hat, daß Kritik nur an Arbeitsergebnissen, aber niemals an der Person selbst geübt werden darf. Nicht selten ziehen Vorgesetzte sich deshalb in ihre Chefzimmer zurück und hoffen darauf, daß das Team die Störung selbst beseitigt. So nehmen Mobbing-Prozesse ihren Anfang.

Dabei ist es der Job des Vorgesetzten, für den er schließlich auch bezahlt wird, sich selbst um das Problem zu kümmern.

Das bedeutet:

1. Feststellen, durch welche Person das Team in Gefahr gerät, krank zu werden.

2. Das Ausmaß der Störung feststellen.

3. Beobachten, welches Verhalten die Störung verursacht.

4. Ein unmißverständliches Gespräch mit dem schwierigen Mitarbeiter führen. Dabei muß der Betreffende nicht unbedingt mit der Kritik einverstanden sein. Aber er muß begriffen haben, welches Verhalten störend war.

5. Den Mitarbeiter erklären lassen, wie er sich zu ändern gedenkt. Es ist nicht Aufgabe der Führungskraft, dem Mitarbeiter diese »Selbsterziehung« abzunehmen.

6. Vereinbarung eines Termins, bis wann die störenden Verhaltensweisen zu mildern und schließlich abzubauen sind. Dazu gehört auch die Vereinbarung darüber, woran eine Verbesserung gemessen werden soll.

Nach diesem Gespräch darf sich der Vorgesetzte nicht erleichtert zurückziehen. Er hat zu kontrollieren, ob sich das Verhalten zum Positiven ändert. Wenn das nicht der Fall ist, muß letztlich die betreffende Person aus dem Team entfernt werden. Wer sozial nicht in der Lage ist, in einer Gruppe zu arbeiten, muß notgedrungen Einzeljobs machen. Sollte das Unternehmen für diese Fälle keine geeigneten Aufgaben zur Verfügung stellen können, muß über eine Trennung von dem Mitarbeiter nachgedacht werden.

Es darf einfach nicht sein, daß ein »Team« zur Qual für diejenigen wird, die mit einem Psychopathen oder einem Neurotiker oder einem Verhaltensgestörten zwangsweise zusammenarbeiten müssen.

4. »Mobbing« – Die Modekrankheit des Teams

Was »Mobbing« ist, weiß heute jeder. Dieses Thema wird in Büchern und Illustrierten gründlich behandelt. Es gibt überall Selbsthilfegruppen, Beratungsstellen, erfahrene Fachtherapeuten und spezialisierte Anwälte. Im allgemeinen wird »Mobbing« so übersetzt, daß es sich dabei im Kollegenkreis um das gezielte Quälen einer Person handelt. Dieses Quälen kann einerseits als Beweis für die zunehmende Aggressivität und Schlechtigkeit der Menschen aufgefaßt werden. Man kann es auch als vorsätzliche Kampagne von Führungskräften betrachten, die angesichts der Wirtschaftslage ihre Mitarbeiter gegen Kollegen aufhetzen, die man loswerden möchte, gegen die jedoch nichts vorliegt, was eine Kündigung rechtfertigen könnte. Somit wird Mobbing als »böse« Tat von »bösen« Menschen gegen »unschuldige Opfer« verstanden.

Tatsächlich trifft das auch oft zu. Vorsätzlich wird ein Kollege oder ein Gruppenmitglied (Mobbing kann es ebenso in Reisegruppen, Kegelclubs, Kirchenchören und Ehen geben) so gequält, daß es entweder psychisch oder physisch vernichtet wird oder rechtzeitig die Gruppe verläßt.

In der Fachliteratur gibt es verschiedene Definitionen. Im Grunde sagen sie alle aus, daß es sich beim Mobbing um kommunikative Aktionen handelt, die über einen längeren Zeitraum stattfinden und gegen ein bestimmtes Opfer gerichtet sind. Das Ziel ist die Entfernung der gemobbten Person aus dem bisherigen Sozialzusammenhang. Die Absicht der Mobber ist es, sich ihr Opfer vom Hals zu schaffen. Mobber verfolgen ihre Opfer nicht mehr, wenn diese durch Vereinsaustritt, Kündigung oder Scheidung die Trennung von ihren Quälern vollziehen. Demnach steht hinter dem Mobbing nicht unbedingt der Wille, das Opfer zu vernichten. Es soll aus dem Umkreis der Mobber verschwinden, das reicht.

Die Aktionen gegen das Opfer sind »kommunikativ«. Das heißt, das

Opfer wird nicht etwa heimtückisch geschädigt. Zum Beispiel haben Stasi-Spitzel nicht gemobbt. Sie haben statt dessen ihren Opfern heimtückisch geschadet, da diesen nicht klar war, wer eigentlich wie gegen sie agiert. Sehr viele Stasi-Opfer haben nicht einmal bemerkt, daß jemand gegen sie Wühl- und Schmutzarbeit leistete. Das ist beim Mobbing anders. Hier soll dem Opfer bewußt sein, wer was tut. Die Täter vergewissern sich, daß das Opfer seine Quäler kennt und diese fürchtet.

Wenn es zu Mobbing im Team kommt, geht es den Kollegen letztlich »nur« um Entfernung der betroffenen Person aus der Gruppe. Das Opfer wird nicht bloß gequält. Man zeigt ihm, wie sehr man sich daran erfreut, sein Leiden lustvoll zu beobachten. Das Opfer soll seine Verfolger sich an ihm vergnügen sehen. Mobber wollen, daß ihr Opfer von sich aus die Initiative ergreift und das Team verläßt, notfalls treiben sie es bis zum Selbstmord.

Damit ist das Mobben die »ehrlichere« Technik des Agierens gegen einen Kollegen. Das Mobbing-Opfer kennt seine Feinde. Das Intriganten- oder Spitzel-Opfer ist auf Vermutungen angewiesen, falls es überhaupt Verdacht schöpft.

Mobbing ist inzwischen auch zu einem Alibi für Unzufriedene und Gescheiterte geworden. Wer seine Karriere nicht wie geplant geschafft hat, wer schlechte Leistung bringt, wer von anderen Menschen keine Akzeptanz erfährt, erklärt sich heute zum Mobbing-Opfer.

Gemobbte und »Möchtegern-Gemobbte« können zur Zeit noch davon ausgehen, daß die Mitmenschen ihrer Interpretation folgen: Beim »Mobbing« sind die Opfer die Guten und die Täter die Bösen.

Das kann so sein. Es kann aber auch umgekehrt sein. Arrogante Pinsel, Petzer, entlarvte Intriganten, Speichellecker, Jammerlappen, Egoisten, körperlich Ungepflegte... werden ebenfalls gemobbt. Ein Team oder ein Verein kann sehr wohl gute Gründe haben, eine Person durch Mobben wegzuekeln, wenn diese nicht merkt, daß sie zu den anderen nicht paßt.

Wer im Berufsleben oder in privaten Gruppen mehrmals gemobbt wurde, sollte sich fragen: Habe ich etwas an mir, das es anderen unangenehm macht, mich zu ertragen?

Gemobbte tun auch gut daran, möglichst nicht mit ihrer Erfahrung hausieren zu gehen. Vor allem Vorgesetzte und Personen, die selber in Teams arbeiten, mögen Mitleid bekunden, zugleich überlegen sie jedoch: Was hat diese Person an sich, daß die anderen sie nicht ausstehen konnten?

Teamleitern sei geraten, niemals ein neues Mitglied zu akzeptieren, das bereits mehrfach gemobbt wurde. Es gibt Menschen, die diese Rolle brauchen. Sie entwickeln aus ihrer Leidensgeschichte heraus ein Gefühl moralischer Überlegenheit. Auch in einer neuen Gruppe werden sie schnell dafür sorgen, daß andere ihnen etwas antun. Und schon leiden sie und genießen die Gewißheit: Ich bin ein guter Mensch, aber die Menschheit als solche wird immer schlechter.

Unabhängig davon, ob das Opfer selbst oder die Mobber die Schuldigen des Prozesses sind, kann man sagen: Das Opfer ist »anders«, und die Gruppe akzeptiert die Andersartigkeit nicht. Somit kann es auch eine »Ehre« sein, gemobbt zu werden.

In einem Team von Vertriebsleuten war es üblich, große Kundenaufträge mit reichlich Alkohol zu feiern. Anschließend hatten die Herrschaften keine Hemmungen, sich ans Steuer zu setzen und angetrunken nach Hause zu fahren. Man prahlte sogar mit tollen Tricks, wie man mal wieder Polizeikontrollen ausgewichen war oder naive Polizisten hereingelegt hatte. Als ein neuer Kollege sich an diesen Trinkorgien nicht beteiligen wollte, wurde er zum Außenseiter. Nur wenige Monate hielt er den Hänseleien und zunehmend übleren Bosheiten der anderen stand.

In einer westdeutschen Großstadt wurde die erste U-Bahn-Fahrerin von den Kollegen schikaniert, sexuell belästigt, gedemütigt, sozial geschnitten, vor den Chefs bloßgestellt und mit Manipulationen an ihrem Fahrzeug in Schwierigkeiten gebracht. Sie gab trotzdem nicht auf.

Es wäre demnach falsch, sich grundsätzlich der Gruppe anzupassen und jede Missetat mitzumachen, nur um das Gemobbtwerden zu vermeiden. Lieber durch Mobben scheitern, als durch Alkohol jemanden im Straßenverkehr gefährden.

Es kann auch notwendig werden, Mobbingrisiken in Kauf zu nehmen, wenn man als Pionier neue Wege auftun will.

Der Prozeß des Mobbens verläuft meist in Phasen:
1. Die Gruppe stellt fest, daß eines ihrer Mitglieder »anders« ist.

2. Die Gruppe versucht zunächst, die Andersartigkeit abzubauen oder die Person dahin abzudrängen, wohin sie nach Meinung der Gruppe hingehört. Zum Beispiel soll aus dem Nicht-Trinker ein Trinker werden. Die U-Bahn-Fahrerin soll sich gefälligst einen Job bei den Verkehrsbetrieben suchen, wo andere Frauen auch arbeiten. Sie soll den »Männerjob« im Fahrerhaus räumen.

3. Die »andersartige« Person kann oder will sich nicht anpassen oder den Platz räumen, den man ihr nicht zugesteht.

4. Erste Mobbing-Aktionen werden durch Rädelsführer gestartet.

5. Die Zielperson kann oder will sich nicht anpassen oder unterordnen.

6. Die Mobbing-Aktionen steigern sich bis zur Eskalation. Vermehrt beteiligen sich Gefolgsleute der Rädelsführer an den Aktionen. Schließlich ist in fast allen Fällen die Übermacht der Gruppe siegreich. Das Mobbing-Opfer verläßt die Gruppe als noch gesunde oder bereits kranke Person.

Wenn das Mobbing erst einmal so weit fortgeschritten ist, daß sich auch die Mitläufer daran beteiligen, dann gibt es kein Zurück mehr. Versuche der Führungskraft, den Prozeß zu stoppen und das Opfer doch noch als akzeptiertes Mitglied des Teams oder der Gruppe zu integrieren, kommen zu spät. Mobbing kann nur gestoppt werden, wenn gleich bei den ersten Aktionen hart gegen die Rädelsführer durchgegriffen wird. Dazu sind viele Führungskräfte nicht bereit. Sie haben Angst, sich mit den »inoffiziellen« Führungspersonen anzulegen. Lieber stecken sie den Kopf in den Sand und vertreten den Standpunkt: Das Team muß sich zusammenraufen.

Mobbing ist kein »Zusammenraufen«. Es ist immer auch ein Machtkampf gegen die offizielle Führungskraft. Die Mobber quälen nicht nur ihr Opfer. Sie beobachten dabei sehr genau, ob sie mit ihren Aktionen straffrei durchkommen. Wenn ihnen das gelingt, werden sie nach Vernichtung oder Beseitigung eines Opfers schnell das nächste suchen. Es ist, als hätten sie »Blut geleckt«. Irgendwann fühlen sie sich dann stark genug, den eigenen Chef zu mobben.

Als Führungskraft sollten Sie deshalb schon aus eigenem Überlebenstrieb Mobbing von Anfang an konsequent unterbinden.

5. Mobbing-Opfer und Mobbing-Täter

Andersartigkeit allein macht aus einem Teammitglied noch kein Mobbing-Opfer. Es gibt Menschen, deren Andersartigkeit toleriert wird. Vielleicht sind sie in ihrem Verhalten für die anderen unterhaltsam, vielleicht bewundern die Kollegen die »interessante« Persönlichkeit, vielleicht dulden sie die Andersartigkeit, weil sie die betreffende Person mögen. Vielleicht wagen sie es auch nicht, sie anzugreifen. In der Regel kann man feststellen, daß nur die Schwachen und die Unbeliebten gemobbt werden.

Auch das kann für jeden Mitarbeiter ein Grund sein, rechtzeitig auf eine gute Position in der Hackordnung des Teams zu achten. Je weiter unten man sich befindet, desto höher ist die Wahrscheinlichkeit, daß man eines Tages zum Prügelknaben oder Mobbing-Opfer wird.

Es ist leichtsinnig, sich Illusionen über teamorientierte Harmonie zu machen. Menschen sind letztlich jederzeit fähig, wie ein Rudel Raubtiere miteinander zu kämpfen, zu beißen und sich zu unterwerfen. Das gilt insbesondere im beruflichen Umfeld. Hier möchten zu viele von uns weiterkommen, etwas werden. Nur wenige können an die Spitze. Kein Wunder, daß schnell die Neigung entsteht, diejenigen zu quälen, von denen wenig Gegenwehr zu erwarten ist.

Typisch für die meisten Mobbing-Opfer ist, daß sie aus irgendeinem Grund bereits vor dem Mobbing den anderen unterlegen sind. Es kann sich dabei um einen neuen Kollegen handeln, der die ungeschriebenen firmen- oder teaminternen Spielregeln noch nicht kennt und keine Verbündeten hat. Es kann eine Person sein, die vermutlich weder von Kollegen noch vom Vorgesetzten Rückendeckung bekommt. Das wissen die Täter und nutzen es aus. Wenn die Täter nach ersten Quälversuchen feststellen, daß die Person sich nicht wehren kann und auch von anderen nicht geschützt wird, dann sind hemmungslosem Mobbing die Tore geöffnet.

Jedem neuen Teammitglied ist deshalb zu raten:

1. Spielen Sie sich am Anfang nicht als Besserwisser oder besondere Persönlichkeit auf. Bleiben Sie zunächst bescheiden und beobachten Sie, wie in der Gruppe der Hase läuft. Ein Neuer macht sich in keiner Gruppe beliebt, wenn er sofort das große Wort führt.

2. Drängen Sie sich niemandem auf. Warten Sie lieber, bis man auf Sie zukommt. Seien Sie nett, aber zeigen Sie nicht, daß Sie sich danach sehnen, möglichst schnell ins Team integriert zu werden. Übertriebene Liebebedürftigkeit wird instinktiv sofort als Schutzbedürftigkeit und damit als Schwäche erkannt. Schwäche reizt nur die Kollegen mit Helfersyndrom, sich um den Neuen zu kümmern. Alle anderen verachten Schwächlinge.

3. Versuchen Sie möglichst schnell, die Verhaltensweisen, den Kleidungsstil, die Arbeitstechniken etc. der Gruppe zu verstehen. Passen Sie sich möglichst so an, daß Sie nicht unnötig lange durch Abweichungen vom Üblichen als Fremdkörper auffallen. Bewegen Sie sich in der neuen Gruppe geschmeidig wie ein Fisch im Wasser. Versuchen Sie nicht, Individualität oder Charakterstärke zu beweisen, indem Sie durch unangepaßtes Verhalten oder ungewöhnliche Kleidung etc. immer wieder den Unterschied zwischen sich und den anderen betonen.

4. Geben Sie sich nicht völlig auf. Unterwerfen Sie sich nicht allzu anbiedernd den Regeln und Gewohnheiten der Gruppe. Wenn man merkt, daß Sie zu eilfertig die anderen imitieren, wird Ihnen dieses »Nachäffen« verübelt werden. Außerdem wirkt es schwach. Schwäche reizt – wie gesagt – zum Quälen.

5. Sobald Sie den ersten Angriff gegen sich feststellen, müssen Sie sich entschieden wehren. Gehen Sie nicht zum Chef! Wehren Sie sich allein. Gegenwehr ist Ihre Chance, Stärke zu beweisen. Häufig werden vom Team Angriffe gegen neue Mitglieder geführt, um herauszufinden, wie weit man bei der neuen Person gehen kann. Viele Angreifer verübeln es ihrem Opfer, wenn es sich nicht wehrt. Sie verhalten sich immer brutaler, um Gegenwehr schließlich zu erzwingen. Sie wollen unbedingt die Grenze der Leidensbereitschaft kennen, vorher können sie nicht vom Opfer ihrer Angriffe ablassen.

6. Gehen Sie auch davon aus, daß jedes Team gegen neue Mitglieder nach den ersten Begrüßungsfreundlichkeiten mehr oder weniger heftige Angriffe führt. Personelle Veränderungen im Team machen die Reorganisation der inoffiziellen Hierarchie (Hackordnung) notwendig. Je mehr Sie sich von der Gruppe gefallen lassen, desto nied-

riger wird Ihre Position in der Hackordnung sein. Kämpfen Sie aber nicht zu hart. Kein Team duldet, daß ein neues Mitglied sich gleich um die höchste Position (Alpha-Tier) prügelt.

7. Stellen Sie möglichst früh fest, ob Sie wirklich in die Gruppe passen. Wenn Sie für die Gruppe nicht akzeptabel sind, werden Sie früher oder später garantiert gemobbt. Sparen Sie sich diese Niederlage.

Psychologen versuchen immer wieder, Persönlichkeitsmerkmale zu bestimmen, die ein »typisches Opfer« oder einen »typischen Täter« kennzeichnen. Bisher wurden keine Kennzeichen festgestellt, die grundsätzlich bei Opfern oder Tätern vorhanden sein müssen. Das bedeutet, daß jeder von uns sowohl Täter als auch Opfer werden kann. Es hängt vom Umfeld ab, in das wir uns begeben oder in das wir hineingeraten. Die meisten Mitarbeiter werden — mehr oder weniger stark — während ihres Berufslebens einmal Opfer und auch einmal Täter sein.

Lediglich im Konfliktverhalten scheinen sich »typische Opfer« und »typische Täter« zu unterscheiden.

Personen, die häufig Opfer sind, neigen zu einem konfliktvermeidenden Verhalten. Sie geben »um des lieben Friedens willen« zu schnell nach. Diese Schwäche reden sie sich dann als moralische Überlegenheit schön. Sie halten sich für Pazifisten und Friedenstauben, sind aber doch eher Angsthasen und Feiglinge. Es stimmt zwar, daß sie keine Streitereien anfangen. Von ihnen gehen weder Kriege noch Revolutionen aus. Aber: Sie können auch erkanntem Unrecht nicht Einhalt gebieten.

In Familien gibt es die typischen Opfer-Mütter, die vom Ehemann gedemütigt, mit dem Haushaltsgeld kurzgehalten oder von den Schwiegereltern schikaniert werden. Das sind Mütter, die es tatenlos dulden, wenn der Vater die Kinder mißbraucht. Sie können höchstens wegschauen, mit Süßigkeiten trösten und vor den Nachbarn alles vertuschen. Sie wagen keine Gegenwehr, weil sie sich selbst als hilflose Verlierer sehen.

So gibt es auch Opfer-Demonstrierer, die beispielsweise im Schutz großer Menschenansammlungen gegen Ausländerfeindlichkeit Kerzen halten, Narzissen gegen Atomkraftwerke pflanzen und an Mahnwachen gegen den Krieg teilnehmen. Immer hoffen sie, daß ihre Appelle andere Menschen zur Besinnung bringen. Aktiv können sie nicht gegen das kämpfen, was sie als Unrecht empfinden.

»Typische Opfer« sind Verlierertypen, die sich anderen gegenüber sehr schnell unterlegen fühlen. Ihre Grundhoffnung im Leben scheint zu sein, um jeden persönlichen Einsatz herumzukommen.

»Typische Täter« gehören zu den Siegertypen. Sie gehen davon aus, daß sie sehr wohl die Chance haben, Dinge in ihrem Sinne zu bewegen und Gegner zu überwinden. Sie sind bereit, sich in Konflikte hineinzubegeben. Ihr Grundsatz im Leben scheint zu sein, daß sich kämpfen lohnt und es für den konsequenten Einsatz auf der richtigen Seite immer eine Siegeschance gibt.

»Typische Täter« sind konfliktbereit und stellen sich auch mutig stärkeren Widersachern. Es kann durchaus passieren, daß sie andere angreifen, weil es sie einfach interessiert, wer der Stärkere ist. Im Team gehen immer von den potentiellen Tätern die Versuche aus, die Hackordnung neu zu definieren.

In jedem von uns ist einerseits das Streben nach Bequemlichkeit und Streitvermeidung und zugleich das Streben nach Selbstachtung und einer anerkannten Position in der Gruppe. So kann jemand innerhalb eines Teams recht lange als Opfer fungieren, weil einfach die Energie zur Gegenwehr fehlt. Aber irgendwann hat man ihn ausreichend gemobbt. Statt depressiv zu werden und sich zurückzuziehen, geht dieser Person die Hutschnur hoch, und sie schlägt knallhart zurück. Plötzliche Gegenwehr eines Opfers hat schon manche Mobber vor Schreck erstarren lassen. Fast immer hat das bisherige Opfer nach einem solchen Befreiungsschlag für die weitere Arbeit im Team Ruhe vor seinen Quälern. Kann sogar sein, daß diese fortan zu seinen Bewunderern zählen. Dieses Phänomen ist in Jugendbanden zu beobachten, wenn sich der schikanierte Kleine auf einmal mit einer gruppeninternen Heldentat hervortut und sich die anderen so unterwirft.

Man sollte also keine Illusionen über Teams im beruflichen Umfeld hegen. Letztlich funktionieren diese Gruppen nicht anders als Wolfsrudel oder Straßengangs.

6. Mobbing als Teamtheater

Führungskräfte, die glauben, daß ihre Teammitglieder friedliebend, mitfühlend und kultiviert sind, sich über die harmonische Gemeinschaft gleichwertiger und gleichrangiger Kollegen freuen, befinden sich im Irrtum.

Teammitglieder sind genauso blutrünstig, skandalsüchtig und schadenfroh wie andere Menschen auch. Warum sollten sie anders sein?

Man redet zwar gern davon, wie sehr man sich danach sehnt, in paradiesischen und konfliktfreien Verhältnissen zu leben. Aber wer noch so glaubwürdig über Teamorientierung, Kollegialität und ähnliche Tugenden säuselt, verspürt hinter dieser Kulisse auch niedrige Gelüste nach Grausamkeit und dem Beobachten des Leidens anderer bei gleichzeitigem Wunsch nach Identifikation mit Rambo-Typen.

Warum rotten sich nach einem Unfall Gaffer zusammen und sind enttäuscht, wenn es nur Blechschäden gegeben hat? Weil es schaurig schön ist, Unfallopfer in ihrem Blut liegen zu sehen.

Was ist das Geheimnis des Erfolgs vieler TV-Sender? Ganz einfach: ihre überdeutlichen Darstellungen von Gewalt. Killerfilme sind viel erfolgreicher als Sexschnulzen.

Welche Zeitungen haben die meisten Leser? Die mit den brutalsten Schlagzeilen und den schmutzigsten Geschichten.

Welche Videos werden – legal und illegal – am schnellsten kopiert und teuer verkauft? Die mit den Horrorinhalten.

Welche Tratschgeschichten hören wir am liebsten? Die über Sünden und Tragödien anderer Leute.

Die Einführung von Teamwork macht aus einem Mitarbeiter keinen besseren Menschen. Auch in Teams werden lustvoll niedrige Instinkte befriedigt. Mobbing gehört dazu. Und wer nicht aktiv an der Vernichtungskampagne gegen einen Kollegen beteiligt ist, hat dennoch seine Freude daran. Mobbing ist die hautnahe Life-Horror-Show mit realen Quälereien und echten Ängsten. Geschichten, wie sie das Leben schreibt und man sie auch gern weitererzählt.

Wer sich schon einmal gefragt hat, warum es zu Mobbing kommt und mitleidige Kollegen dem Opfer dann nicht geholfen haben, der sollte wissen: Mobbing ist für die Zuschauer ein spannendes Schauspiel. Bevor jemand aus Mitleid eingreift und die Show beendet, wartet er lieber noch den nächsten Akt ab. Und dann kommt wieder eine Folge der Serie und noch eine und so weiter.

Für die unbeteiligten Mitglieder des Teams ist Mobbing ideal. Sie machen sich selbst nicht schuldig und sind doch real dabei.

Stellt man sich das Mobbing als Drama im Team vor, sind Täter und Opfer die Darsteller. Die unbeteiligten Kollegen geben das Publikum. Sie identifizieren sich mit den Helden. Sie feuern durch Applaus an, strafen durch Buh-Rufe und warten gespannt, wie es weitergeht. Die dargestellten Charaktere werden interpretiert. Man kritisiert die Leistungen der Darsteller und diskutiert über mögliche Motive und die Schlüssigkeit der Handlungsabfolge.

Mobbing zu beobachten und kritisch zu bewerten, ist mit der schönste Zeitvertreib im beruflichen Einerlei, und es gibt kaum ein Team, das sich nicht gelegentlich hinter den Kulissen scheinbarer Harmonie dieses Schauspiel leistet.

Das Team als Publikum des Mobbing-Dramas erlebt die Täter in folgenden Rollen:

Tyrann
Das kann ein erfahrener Kollege sein, der einem neuen Teammitglied bei der fachlichen Einarbeitung helfen soll. Mit Interesse wird beobachtet, wie der Erfahrene den Neuen autoritär unter seine Fuchtel bringt, ihm Befehle erteilt, ungeduldig und streng auf Fehler reagiert und allmählich sadistisch dem Neuen dessen Dummheit und Nutzlosigkeit vor Augen führt und ihn vor dem gesamten Team blamiert.

Intrigant
Dabei kann es sich um eine Täterpersönlichkeit mit kreativem Potential handeln. Die Kollegen beobachten dann mit Spannung die einzelnen Tricks, wann das Opfer die neueste Attacke bemerkt, wie es leidet und sich zu wehren versucht, mit welcher List der Intrigant sein Opfer weiter in die Enge treibt. Intriganten und ihre Opfer sind so spannend zu beobachten wie Katzen, die mit den noch lebenden, aber schon verletzten Mäusen spielen. Es ist grausam und faszinierend zugleich.

Tyrannen und Intriganten unterscheiden sich in ihren Rollen durch die Technik des Mobbens. Der Tyrann nutzt seine Überlegenheit aus und quält das ihm ausgelieferte Opfer ohne jede Heimtücke mit offen zur Schau gestellter Bosheit. Gleichzeitig gelingt es den Tyrannen dabei häufig, sich selbst und anderen vorzugaukeln, daß sie es doch im Grunde gut meinen mit ihrem Opfer. Sie wollen ihm helfen, ihm erklären, ihm Fehler ersparen. Das soll dem Opfer und dem zuschauenden Team deutlich machen, daß der Täter eigentlich nicht böse ist, wenn er mobbt. In Wirklichkeit wird der Täter durch die Dummheit, Begriffsstutzigkeit oder Bockigkeit des tyrannisierten Opfers selbst fast an den Rand des Nervenzusammenbruchs gebracht. Die Erkenntnis, als Opfer auch noch die Schuld am Fehlverhalten des Täters zu haben, fördert die Vernichtungswirkung des Mobbens ungemein. Es gibt Teams, die ständig neue Mitglieder bekommen, weil nach kurzen Einarbeitungsversuchen viele wieder gehen (müssen). Oft hängt dem gescheiterten Opfer dann noch der Ruf an, leider nicht anpassungs- und somit teamfähig gewesen zu sein bzw. die intensiven Einarbeitungshilfen nicht genutzt zu haben.

Intriganten greifen nicht offen und auch nicht aus Überlegenheit an. Sie schleichen sich an ihre Opfer heran, spielen ihnen Streiche, lassen sie in Fallen tappen und verbreiten Gerüchte über sie. Dem Opfer ist oft sehr lange nicht klar, wer hinter den Quälereien steht, wer der Täter ist.

Teams ziehen den Intriganten meist als Mobbingtäter vor. Die Bosheit ist nicht so offensichtlich, daß man beim Zuschauen wegen verweigerter Hilfe ein schlechtes Gewissen entwickeln muß. Die verbreiteten Gerüchte tragen zur Unterhaltung bei. Die Heimlichkeit der Attacken erhöht die Spannung. Intriganten richten sich mit ihren Mobbing-Techniken mehr an ein intellektuell anspruchsvolles Publikum. Tyrannen werden in Teams mit eher schlichteren Mitarbeitern geschätzt. Da begreift auch der letzte Ignorant, wie das Beschimpfen und Beleidigen des Opfers zu verstehen ist.

Die Opfer im Schauspiel Mobbing werden von den Zuschauern in folgenden Rollen wahrgenommen:

Leidende

Das sind depressive Menschen. Ihre Gesichtszüge und ihre Körperhaltung drücken aus, welche Qual sie erleiden. Hilfesuchend wenden sie sich vielleicht an die Beobachter und hoffen auf Beistand gegen den Täter, auf Solidarität oder zumindest auf eine Erklärung, warum sie so gequält werden. Manche der Zuschauer übernehmen dann zeitweilig aktive Rollen. Sie stellen sich als Helfer und Tröster dar oder als Vermittler. Sie bieten an, mit dem Täter zu reden. »Soll ich mal ein gutes Wort für Sie einlegen?« Oder sie erzählen dem Opfer, wie sie selbst in früheren Jahren in ähnlicher Situation gelitten haben, und geben Tips, wie man seelisch damit umgehen kann. Gegenüber einem Intriganten wird dem Opfer empfohlen, selbst mit fiesen Tricks gegen den Täter zu agieren.

Den Helfern und Tröstern geht es nicht darum, dem Opfer beizustehen und durch Beendigung des Mobbings das gesamte Team seines Schauspiels zu berauben. Sie wollen mitmischen. Deshalb ist es ihnen auch wichtig, daß die Kollegen erfahren, wie hilfreich sie sich dem Opfer gegenüber verhalten und ihm Ratschläge geben. Ohne sich persönlich des Mobbens schuldig zu machen, stehen auch sie für eine gewisse Zeit im Rampenlicht des Teamtheaters.

Ängstliche

Die Ängstlichen sind den Leidenden ähnlich. Während die Leidenden sich mit ihrem zur Schau gestellten Elend eher an die Zuschauer wenden und diesen so die Chance zum Mitspielen geben, orientieren die Ängstlichen sich ausschließlich an ihren Mobbern. Demütig nähern sie sich und signalisieren damit: »Du bist stark. Ich bin schwach. Tu mir bitte nichts.«

Die Ängstlichen sind so auf ihre Quäler fixiert, daß sie das Publikum kaum wahrnehmen. Das wiederum wird ihnen vom Publikum verübelt. Es heizt dem Täter ein, sich diese »Flasche« möglichst gründlich vorzunehmen. Das Mobben eines Ängstlichen ist somit viel schneller von der Bühne als das Mobben eines Leidenden.

Sensible

Sensible sind zartfühlend, verletzbar, haben vielleicht schwere Schicksalsschläge hinter sich oder sind zu edel für diese brutale Welt. Wenn ein

Sensibler gemobbt wird, solidarisiert sich das zuschauende Team sehr lange mit dem Opfer. Das bedeutet nicht, daß dem Täter Einhalt geboten wird. Dem Opfer wird auch nicht geholfen. Es wird ihm lediglich bestätigt, daß es moralisch überlegen ist und alle Kollegen seine Abneigung gegen den Täter teilen. Die Sensiblen werden vom Team gepflegt und geschont, damit sie möglichst lange die Quälereien ihres Täters überleben. Das Mobben eines Sensiblen ist ein langwieriger Prozeß und entspricht dem modernen Theater, das nicht mehr zwischen Bühne und Zuschauerraum trennt. Das gesamte Team macht aktiv mit.

Der Sensible erlebt das Team als rücksichtsvolle Gemeinschaft mit leider einem bösen Mitglied. Daß die netten Kollegen ihm nur deshalb beim Überleben helfen, weil sie das Schauspiel seiner Vernichtung möglichst lange genießen wollen, begreift er nicht.

Versteinerte

Versteinerte zeigen mit keiner Regung, wie sehr sie unter dem Mobbing leiden. Sie verziehen keine Miene, klagen nicht, bitten nicht um Hilfe, weichen dem Täter nicht aus. Dem Publikum ist zunächst nicht klar, ob der Versteinerte bereits bemerkt hat, daß er Opfer ist. Das Publikum wird ungeduldig. Es will Leiden, Angst oder Gegenwehr sehen. Der Versteinerte bleibt reglos.

Bei Versteinerten entwickelt sich das Mobbing schnell vom Einzeltäter-Mobbing zum Gruppenmobbing. Nach und nach hacken alle auf dem Opfer heum. Es muß doch eine Reaktion aus ihm herauszuprügeln sein!

Wenn das Schauspiel des Mobbens schließlich durch Entfernung oder Vernichtung des Opfers beendet ist, macht sich im Team oft Katzenjammer breit. Man schwelgt in schlechtem Gewissen und diskutiert, wie man hätte helfen müssen, wäre einem nur rechtzeitig bewußt geworden, wie sehr das Opfer litt. Die Reaktion des Teams nach erfolgreichem Mobbing ist der Reaktion des Bekanntenkreises eines Selbstmörders vergleichbar. Jeder berichtet dem anderen über das Entsetzen, über Schuldgefühle und die eigene Ahnungslosigkeit im Hinblick auf die seelische Not des Toten.

Nicht selten wächst ein Team emotional erst richtig zusammen, wenn es ein gemeinsames Mobbing-Opfer zu beklagen hat.

Das bedeutet natürlich nicht, daß man sich beim nächsten Mobbing die Spannung des neuen Schauspiels entgehen läßt!

Führungskräfte greifen fast nie ein, um diesem Gesellschaftsspiel in ihrem Team ein Ende zu machen. Von den Tricks der Intriganten bekommen sie oft gar nichts mit. Den Sadismus der Tyrannen nehmen sie hin. Sie halten es für die normale Einarbeitungsphase. »Lehrjahre sind keine Herrenjahre«, heißt es. Oder: »Aller Anfang ist schwer.« Vorgesetzte tolerieren es, wenn Neulinge im Team durch den Prozeß des Mobbens gehen müssen wie durch eine Art Initiation. Wer die Nerven hat, das durchzustehen, oder bald von einem anderen Neuling als Opfer abgelöst wird, gilt als integriert ins Team. So kann aus einem Opfer ein Zuschauer und später sogar ein Täter werden. Wer es nicht durchsteht, hat sich damit als teamuntauglich erwiesen. Denn Mobbing ist auch ein Selbstreinigungs- oder Selbstheilungsprozeß des Teams.

Die Opfer sind den Führungskräften ohnehin meist zuwider. Das sind Schwachlinge, Nutzlose, Leistungsverweigerer oder Anfänger, die der »harten Schule des Lebens« bedürfen. Eine erfahrene Führungskraft mischt sich nicht in die Gruppenprozesse des Teams ein.

7. Wenn der Chef zum Täter wird

Aber Mobbing ist nicht nur ein Prozeß, der sich ausschließlich zwischen den Mitgliedern der Gruppe ereignet. Mobbing wird auch von Vorgesetzten initiiert, um unliebsame oder überflüssige Mitarbeiter zu entsorgen. Da es oft fast unmöglich ist, Mitarbeitern zu kündigen, muß sich der Chef etwas einfallen lassen, was den Mitarbeiter schließlich selbst dazu bringt, seinen Arbeitsplatz zu räumen. Bei dem zu entsorgenden Mitarbeiter kann es sich um eine Person handeln, die nicht genug leistet, durch Kurzkrankheiten auffällt, sich als wenig qualifiziert erwiesen hat oder schlicht dem Chef nicht paßt.

Bis vor einigen Jahren wurden Führungskräfte nach der Anzahl ihrer Mitarbeiter bezahlt. Da lag es natürlich in deren Interesse, möglichst viele Köpfe unter sich zu haben. Dumme, Faule, Unbrauchbare wurden geduldet; wenn die Personaldecke für die Arbeit nicht reichte, neue Leute eingestellt. Jeder weitere Untergebene war ein Plus für den Chef. Heute ist das in Unternehmen der freien Wirtschaft anders. Führungskräfte leiten zunehmend »Profitcenter«. Das bedeutet, daß sie nicht mehr nach Kopfzahl ihrer Mitarbeiter, sondern nach dem Profit ihrer Abteilung oder ihres Bereiches beurteilt und bezahlt werden. Der Profit ist natürlich am höchsten, wenn möglichst wenig Menschen möglichst viel Arbeit wegschaffen. Krankfeierer, Zeitvertrödler oder aus anderen Gründen Unbrauchbare sind dann ein abzubauender Kostenfaktor. Der öffentliche Dienst wird eines Tages bestimmt auch danach geprüft, wer von den Steuern der Bürger eigentlich wofür bezahlt wird. Und dann wird man auch dort die Dummen, Faulen und Unbrauchbaren entfernen müssen. Sollten sich die Bedingungen für eine Kündigung nicht vereinfachen, wird weiterhin Mobbing eingesetzt.

Vorgesetzten stehen zwei Taktiken zur Verfügung: Mobbing oder Bullying. Der Unterschied besteht im wesentlichen darin: Bullying erledigt der Chef selbst. Mobbing kann er durch geschickte Manipulation betreiben. Die Quälerei der betroffenen Person wird dann von den Kollegen übernommen.

Mobbing funktioniert als Chef-Taktik nur dann gut, wenn der Teamgeist vorher besonders gut gepflegt wurde. Die Team-Idylle wird endgültig zur Lüge.

In Abteilungen ohne Teamorientierung arbeitet jeder vor sich hin. Manche Kollegen verstehen sich gut, andere nicht. Man erledigt seine Aufgaben, und der Chef steht als Befehlsgeber über allen. In traditionellen Umgebungen kann der Chef kaum mobben lassen. Harmonische Teams hingegen sind ideal für diesen Zweck. Die Mitarbeiter arbeiten zusammen, kommunizieren miteinander und pflegen selbst das Ideal, daß sie ein wundervoll harmonisches Team bilden.

In diesem Umfeld muß der Vorgesetzte die zu quälende Person lediglich als Außenseiter stigmatisieren. Das Mobbing folgt dann unweigerlich. Die wundervolle Teamarbeit zeigt sich fortan auch im gemeinsamen Quälen.

Beispiel: In einem Entwicklungsprojekt wollte der Projektleiter einen möglichen Rivalen aus dem Team entfernen. Er hat ihm einige Male extra die Chance gegeben, sich in Präsentationen darzustellen, und schon waren die Kollegen eifersüchtig. Als dann zusätzlich wiederholt Vier-Augen-Gespräche zwischen Projektleiter und Rivalen stattfanden, hatte das Team ausreichend Wut auf den »Streber«, der sich anscheinend auf Kosten der Kollegen hocharbeiten wollte. Sie schlossen ihn von Informationen aus, sabotierten seine Arbeit und isolierten ihn sozial. Der Betroffene brauchte nicht lange, bis er begriff, daß er in dieser Gruppe keinen Fuß mehr auf den Boden bekommen würde. Weder ihm noch dem Team wurde je bewußt, daß der Chef an ihm eine Übung exerziert hatte, die ihm in einem Mobbing-Seminar für Führungskräfte beigebracht worden war.

Mobbing durch Vorgesetzte passiert dann, wenn der Chef eine bestimmte Person bewußt über das Team hinaushebt und demonstrativ fördert, um den Neid zu wecken. Eine andere Möglichkeit ist die offene Demütigung einer Person. Dadurch wird diese Person als schwach gekennzeichnet. Wie in jedem Hühnerstall, so wird auch im Team sich die Gruppe sofort pickend über das schwache Mitglied hermachen.

Beispiel: In einer neuen Telefon-Bank hatte es eine Kundenberaterin geschafft, die Probezeit gut zu überstehen. Nur wenige Tage danach litt sie an einer echten oder angeblichen Stimmbandentzündung. Sie konnte nicht mehr viel sprechen, schon gar nicht war ihr die Telefonbetreuung der Kunden zuzumuten. Außerdem mußte sie dienstags und donnerstags zur Logopädin.

Wie wirft man jemanden wegen Krankheit raus? Ganz egal, ob die plötzliche Krankheit stimmt oder nicht, einen Kündigungsgrund kann man daraus nicht ableiten.

Der Vorgesetzte nahm der betroffenen Person ihren bisher fest zugeordneten Schreibtisch weg und ließ sie sich jeden Morgen einen anderen freien Platz suchen. Diese Maßnahme kennzeichnete die Mitarbeiterin vor den Kollegen als nicht wichtige Person. Zunächst waren einige Kollegen noch mitleidig und gaben ihr recht, wenn sie sich über die Gemeinheit des Chefs beklagte. Mit der Zeit nervte das Jammern jedoch. Außerdem neidete man der Kollegin ihre ständigen Ausflüge zur Logopädin während der Arbeitszeit. Das Mobbing nahm seinen Lauf und war nach kurzer Zeit auch höchst erfolgreich. Die gemobbte Person verließ nicht nur das Unternehmen, niemand traute sich auch seitdem, wegen Krankheit der Arbeit fernzubleiben.

Vorgesetzte müssen für ihre Mobbing-Strategien nicht unbedingt Zielpersonen definieren. In einigen Unternehmen erhalten Führungskräfte bereits »Abschuß-Prämien«. Für jeden Mitarbeiter, den sie ohne Skandal oder Abfindungszahlung loswerden, bekommen sie unter der Hand von der Unternehmensleitung eine kleine Anerkennung. Dann muß die Führungskraft bloß die Mitarbeiter vage darüber informieren, daß die Entscheidung noch aussteht, wer bleiben darf und wer leider gehen muß.

Besonders Teams, die zuvor einen sehr guten Zusammenhalt hatten, zerfleischen sich am übelsten. Das hat einen einfachen Grund: Harmonische Teams neigen in guten Zeiten dazu, im Interesse der Harmonie auch kleine Reibereien und Unstimmigkeiten zu unterdrücken. Um nur ja nicht die phantastische Zusammenarbeit zu gefährden, geht man ständig liebevoll miteinander um und pflegt das Ideal der Teamorientierung. Unter der netten Fassade nagt dennoch mal bei dem einen, mal bei dem anderen Ärger oder Frust. Kommt dann eine persönliche Bedrohung (möglicher Verlust des Arbeitsplatzes) dazu, werden die bis dahin unterdrückten Gefühle offenbar. Es ist dem Phänomen der »idealen Ehe« vergleichbar. Paare, die Wert darauf legen, sich ständig innig zu lieben und niemals zu streiten, prallen irgendwann mit inbrünstigem Haß aufeinander. Irgendein Anlaß reicht dann, aufgestaute Gefühle ungebremst zu entladen.

Diese Taktik der Selbstzerfleischung im Team wurde beispielsweise in Kaufhäusern und in einem Reiseunternehmen erfolgreich angewandt.

In Zeiten von Massenarbeitslosigkeit ist es nicht selten, daß Vorgesetzte gezielt Mobbing einsetzen. Schon aus dem Grund ist es nutzlos, als Opfer ausgerechnet vom Vorgesetzten Hilfe zu erwarten.

8. Die Kunst des Mobbens

Wie wir unsere Mitmenschen quälen können, wissen wir seit dem Kindergarten oder der Schulzeit. Wir wurden von anderen drangsaliert und hatten selbst unsere Opfer.

Bei Erwachsenen sind die Taktiken natürlich verfeinert. Das Quälen erfolgt so diskret, daß außer dem Opfer und dem Täter zunächst niemand etwas davon bemerkt. Das Opfer, falls es sich bei Kollegen oder Freunden beklagt, bekommt unter Umständen zu hören: »Das bildest du dir ein.« Nicht selten verweisen die anderen darauf, daß ihnen der angebliche Täter als netter Mensch gut bekannt ist, ihm folglich so was gar nicht zuzutrauen ist. Das Opfer wird auch gern gefragt: »Aber warum sollte er dir das antun? Was hätte er denn davon?« Und schon steht die gequälte Person hilflos da und weiß auch nicht, warum jemand etwas davon haben sollte, sie zu peinigen. Dabei tun Menschen oft Dinge, von denen sie materiell nichts haben, die ihnen einfach nur Spaß bereiten, ihre Triebe befriedigen und die Langeweile nehmen.

Wer würde dem Opfer glauben, wenn es behauptet: »Müller ist Sadist. Er quält mich, weil es ihm Spaß macht.« Oder: »Müller ist von neurotischer Machtgier besessen. Er tut mir das an, um seine Macht über mich zu beweisen.« Oder: »Müller ist das Manipulationsopfer des Chefs. Der hat ihn auf mich gehetzt.« So darf das Opfer nicht argumentieren, andernfalls hört es, daß ihm wohl die Lektüre von Psychobüchern zugesetzt habe.

Mobbing passiert manchmal aus konkreten Gründen, wie beim Kampf um knappe Arbeitsplätze, bei Unverträglichkeit einer bestimmten Person mit dem Team oder bei unerträglichen Verhaltensweisen eines Kollegen. Genauso oft passiert Mobbing auch ohne konkreten Anlaß. Gelangweilte Menschen, Neurotiker, Gestreßte oder Frustrierte mögen als Täter auftreten. Die brauchen keinen besonderen Grund, wenn sie sich ein Opfer aussuchen. Diese Täter wissen oft instinktiv, wer von den Kollegen als Opfer geeignet ist.

Die Kunst des Mobbens kann man mittlerweile in Seminaren lernen. Die Grundregel ist, daß man die Zielperson in jenen Bereichen quält, in denen sie am empfindlichsten zu treffen ist.

Dazu muß man sich zunächst mit den Bedürfnissen der Menschen befassen. Die heute unter Managern bekannteste Theorie stammt von Abraham Maslow. Er hat die »Bedürfnis-Pyramide« so dargestellt:

5. Selbst-
verwirklichung

4. Ansehen und Prestige

3. Zugehörigkeit

2. Sicherheit und Schutz

1. Überleben

Abraham Maslow sagt, daß vom Grundbedürfnis des reinen Überlebens aus sich die anderen Bedürfnisse immer dann entwickeln, wenn die Bedürfnisse der unteren Ebene befriedigt sind. In einer Gesellschaft, in der die Menschen von einem Tag zum nächsten nicht wissen, ob sie ausreichend zu essen haben werden, findet man kaum jemanden, der sich um sein Prestige oder gar um seine Selbstverwirklichung Gedanken macht.

Gehen wir kurz auf die einzelnen Ebenen der Bedürfnisbefriedigung ein:

1. Physisches Überleben und Gesundheit

Grundsätzlich wollen wir leben und gesund sein. Dazu brauchen wir ausreichend Nahrung, Wärme, Licht, Schlaf...

In Gesellschaften, in denen gehungert wird, können Menschen Dinge tun, die uns satten Europäern unvorstellbar sind. In einer armen indischen Familie ist es zum Beispiel nicht ungewöhnlich, einem der eigenen Kinder die Augen auszustechen, damit es beim Betteln mehr Geld bringt.

Bevor wir uns schaudernd abwenden, sollten wir lieber zur Kenntnis nehmen, daß sich langsam auch in Deutschland die Fälle mehren, in denen Eltern ihre Kinder für sexuellen Mißbrauch hergeben, um damit Geld zu verdienen.

2. Sicherheit und Schutz

Sobald das tägliche Leben weitgehend abgesichert ist, wollen sich Menschen das beruhigende Gefühl der Sicherheit auch für die Zukunft verschaffen. Unser Sicherheitsstreben läßt uns Bausparverträge abschließen, Airbags installieren, Sparbücher anlegen und sichere Arbeitsplätze anstreben und über die Rente nachdenken. Wir wollen nicht nur heute satt sein, sondern auch keine Angst vor späterer Not haben müssen.

3. Zugehörigkeit (Familie, Stamm, Dorfgemeinschaft, Kollegen)

Wir möchten lieben und geliebt werden. Wir brauchen für unser Wohlbefinden andere Menschen, auf deren Zuwendung, Liebe, Hilfe wir uns verlassen können. In vielen Gesellschaften ist die Zugehörigkeit zum Clan sehr viel wichtiger als die individuelle Entwicklung.

Der Erfolg des Teamgedankens nährt sich aus der Sehnsucht nach Zugehörigkeit. Da in unserer Gesellschaft Verwandtschaft, Nachbarschaft oder Vereinsmeierei an Bedeutung verloren haben, befriedigen wir unser Geselligkeits- und Zugehörigkeitsbedürfnis im Team. Dort finden wir die Geborgenheit, die in anderen Kulturen in der Familie oder im Dorf geboten wird.

4. Ansehen und Prestige

Wir legen Wert auf Ansehen, wollen nicht gedemütigt werden oder Mitleid provozieren. Wir legen Wert auf einen guten Ruf und lassen uns nicht in der Ehre verletzen. Man soll uns achten, bewundern und beneiden. Schöne Autos vor der Tür, akademische Titel vor dem Namen oder dezente Hinweise wie »...mein Onkel, der Professor...« sollen unser Ansehen erhöhen. In manchen Unternehmen kann man Mitarbeiter schon damit glücklich machen, indem man sie vom Tarif-Status befördert und zu Außertarif-Angestellten macht. Für diese Ehre werden sogar Gehaltseinbußen und die Verpflichtung zu unbezahlten Überstunden in Kauf genommen.

5. Selbstverwirklichung

Die in uns angelegten Talente möchten wir nutzen. Wir wollen nicht immer nur so leben, wie es anderen gefällt, sondern unser persönliches

Glück finden. Wir setzen uns eigene Ziele, legen uns Hobbys zu und pflegen Interessen, die uns Spaß machen.

Mit zunehmendem Wohlstand einer Gesellschaft steigen die Ansprüche hinsichtlich der Bedürfnisbefriedigung. In der arabischen Welt ist beispielsweise das Stammes- bzw. Familiendenken viel stärker ausgeprägt als im reicheren Europa. Wir lehnen unsere »bucklige Verwandtschaft« ab oder lassen uns scheiden, sollten Ehepartner und Kinder der Selbstverwirklichung im Wege stehen. Das würde einem Araber so schnell nicht einfallen. Für ihn wäre es eine Katastrophe, ohne Familie zu sein.

Auch innerhalb einer Gesellschaft bestehen Unterschiede in der Bedürfnisbefriedigung. Für manche Menschen sind Freunde und der Verein sehr wichtig. Sie brauchen die enge Zusammenarbeit mit Kollegen, die persönliche Zuwendung des Chefs und die Duz-Freundschaft mit dem Wirt der Stammkneipe. Sie befinden sich auf der dritten Stufe der Bedürfnispyramide. Auf das Gerede vom Teamgeist fallen sie übrigens am gläubigsten herein.

Für andere sind Freunde, gute Nachbarschaft und liebe Kollegen nicht so wichtig. Sie ziehen es vor, bewundert und beneidet zu werden. Ihnen geht es um das Prestige. Für den Glanz, einen Porsche zu fahren, heizen manche Leute zu Hause nicht und ernähren sich von Billigprodukten. Ihnen ist wichtig, was andere neidvoll denken, wenn sie das Luxusauto sehen. Prestigeorientierte Menschen reagieren auch sehr empfindlich auf öffentliche Demütigungen und Blamagen.

Was andere von ihm denken, ist hingegen demjenigen, der sich unbedingt selbstverwirklichen will, egal. Ihm bedeutet es viel, seine Talente auszuleben, eigene Ziele zu verfolgen und persönliche Interessen pflegen zu können. Solche Menschen können gutbezahlte Jobs hinwerfen und als Mönche in buddhistische Klöster gehen oder als hungernde Künstler den tieferen Sinn des Lebens suchen.

Weiß man über die unterschiedlichen Ebenen der Bedürfnisse Bescheid, fällt es leicht, bei einer bestimmten Person zu diagnostizieren, wo sie sich gerade befindet. Das Mobbing muß genau dort einsetzen.

Beispiel: Ein Kollege hat sich beim Hausbau überschuldet. Den muß man bei Schutz und Sicherheit unter Druck setzen. Je mehr Angst er um seinen sicheren Arbeitsplatz hat, desto schneller bricht er zusammen. Menschen, die sich selbstverwirklichen wollen, müssen mit stumpfsinnigen und sinnlosen Arbeiten überhäuft werden. Außerdem muß man sie zu so vielen Überstunden zwingen, daß keine Zeit und keine Kraft für eigene Interessen übrigbleiben. Das macht sie fertig.

Die Kunst des Mobbens besteht darin, bei der zu mobbenden Person zu erkennen, welches Bedürfnis für sie speziell wichtig ist. Es wäre zum Beispiel falsch, einem an Selbstverwirklichung Interessierten einen schlechten Ruf anzuhängen. Solchen Menschen ist ihr Ansehen bei anderen weitgehend egal. Klug ist es, einem geselligen Menschen den Kontakt zu verweigern.

Die fünf Steigerungsstufen des Mobbings sind:

1. Angriffe auf die Gesundheit und das Leben

Gewaltandrohung, sexuelle Belästigung, mit Arbeit zur Erschöpfung treiben, die Heizung abdrehen, den Raum überheizen, den Arbeitsplatz schlecht beleuchten, jemanden starker Lärmbelästigung aussetzen, zwischen starke Raucher setzen...

2. Angriffe auf die Sicherheit

Finstere Andeutungen über Arbeitsplatzgefährdung, mit Versetzungen drohen, ständig Aufgaben mit Risiken des Scheiterns zuweisen, über Zukunftsplanungen im Dunkeln lassen...

3. Ausschließen aus der Gemeinschaft

Kontakt verweigern, von Einladungen ausschließen, Blickkontakt meiden, wie Luft behandeln, an abgelegenen Arbeitsplatz setzen...

4. Verletzung des Ehrgefühls

Vor Zeugen beschimpfen, Gerüchte über die Person verbreiten, lächerlich machen, mit niedrigen Aufgaben betrauen, Statussymbole wegnehmen...

5. An der persönlichen Entwicklung hindern

Die Person ständig mit neuen Aufgaben betrauen, nichts beenden lassen, uninteressante und stumpfsinnige Aufgaben geben, die Person einer dümmeren unterordnen...

Die Angriffe auf die Sicherheit und die Hinderung an der persönlichen Entwicklung sind dabei für den Chef leichter als für die Kollegen zu bewerkstelligen. Der Ausschluß aus der Gemeinschaft und die Verletzung des Ehrgefühls sind wiederum die Standardtaktiken unter Teamkollegen.

Vor allem das Verbreiten von Gerüchten funktioniert wunderbar. Dabei sind diskrete Hinweise auf eine mögliche desolate finanzielle Situation des Betreffenden, auf eventuelle Alkoholprobleme in der Familie oder auf kriminelle oder sonstwie mißratene Kinder oder Eltern erfolgreich. Frauen kann man auch gut Sexgeschichten anhängen oder eine altjüngferliche Verzweiflung aufgrund mangelnder Sexgeschichten. Bei heterosexuellen Männern ist es günstig, auf angebliche Sexgeschichten seiner ungetreuen Gattin oder Freundin anzuspielen. Das erheitert immer und demütigt den Mann zutiefst. Homosexuellen Männern kann man jede beliebige Neurose oder Aidsverdacht anhängen, das glaubt jeder.

Natürlich muß man bei der Ehrverletzung das Umfeld berücksichtigen. Teams bei der Post müssen ganz andere Gerüchte verbreiten als Teams in einem modernen Unternehmen.

Mancher mag sich fragen: Wie kann man sich dagegen wehren, wenn einem die Kollegen oder der Chef entsprechende Gemeinheiten antun?

Gar nicht. Wenn erst einmal gemobbt wird, gibt es keine Rettung mehr. Wichtig ist es, von Anfang an nicht auf das Teamgerede hereinzufallen. Man sollte die Arbeitskollegen und die Chefs immer als Zufallsbekanntschaften betrachten. Kollegialität, Hilfsbereitschaft und Zuverlässigkeit sind Tugenden, die jeder pflegen sollte. Emotionale Abhängigkeit am Arbeitsplatz ist jedoch tunlichst zu vermeiden. Wer Teamgeist braucht, sucht sich besser im privaten Umfeld nette Leute.

Je weniger wir uns von der Zuneigung der Kollegen abhängig gemacht haben, desto weniger verletzten uns notfalls auch deren Bosheiten. Der rechtzeitige Absprung fällt dann leichter, falls Gefahr einer Opferrolle droht.

Merke: Der Arbeitsplatz ist für die meisten von uns der Geldverdieneplatz. Alles andere ist Geschwätz der Vorgesetzten, die darauf aus sind, pflegeleichte und verträgliche Mitarbeiter zu führen und bei Unbrauchbarkeit bequem zu entsorgen.

9. Bullying – Hier quält der Chef selbst

In Zeiten von Arbeitsplatzabbau machen sich viele Unternehmen Gedanken, wie sie möglichst schnell, billig und ohne großes Aufsehen Mitarbeiter loswerden können. Entlassungswellen provozieren nur unangenehme Aufstände der Personalvertreter oder negative Presseberichte.

In manchen Unternehmen schreckt man vor der Technik des Mobbens zurück. Mobbing wird von den Teamkollegen ausgeführt und kann leicht als Massenphänomen außer Kontrolle geraten. Nicht jeder Vorgesetzte ist ausreichend psychologisch geschult, seine Mitarbeiter so zu steuern, daß sie tatsächlich nur jene mobben, die man auch loswerden will. Außerdem sollen die Mitarbeiter sich auf ihre Arbeit konzentrieren und nicht bezahlte Zeit mit Psychoterror und dem dazugehörigen Tratschen vergeuden.

In Seminaren, in denen die Kunst des Mobbens gelehrt wird, kann man noch eine zweite Variante der Personalbereinigung lernen: Bullying.

Bullying ist das gezielte Quälen eines Mitarbeiters durch den Vorgesetzten selbst. Das Team wird dabei nicht gestört. Lediglich die Zielperson ist davon betroffen und wird zermürbt, bis sie möglichst freiwillig geht, keinen Widerstand mehr leistet oder gar eine Abfindung verlangt. Ein weiterer Vorteil des Bullying ist, daß der Vorgesetzte nur der Zielperson gegenüber als »Fiesling« auftritt. Alle anderen Mitarbeiter kommen weiterhin in den Genuß modernen und motivierenden Führungsverhaltens. Die Personen, die man behalten will, sollen ja auch glücklich in ihren Teams arbeiten.

Obwohl in den Medien der Abbau von Arbeitsplätzen ständig beklagt wird, gibt es immer noch Arbeitnehmer, die nicht erkennen, daß auch in ihrem Umfeld bereits am »Head account« gearbeitet wird. Führungskräfte bekommen Prämien dafür, wenn es ihnen gelingt, möglichst ohne Aufsehen ihren Personalstand herunterzufahren.

Es gibt natürlich spektakuläre Fälle wie den des Automobilherstellers, der sich einen bekannten »Aufräumer« ins Haus holte. Diese schillernde Persönlichkeit in der Welt der Topmanager rasierte hemmungslos bis in die höchsten Ebenen des Unternehmens die Personaldecke glatt. Gar manchem der kleineren Sachbearbeiter oder Monteure gefiel es, die leitenden Angestellten auch einmal zittern zu sehen. Weniger aufsehenerregend werden kleinformatigere »Aufräumer« heute fast überall eingesetzt.

Eine Kette des Einzelhandels setzte zum Beispiel diese »Killertypen« in diversen Läden ein. Jeder dieser neuen Filialleiter bekam klare Ziele vorgegeben im Hinblick auf ihren »Head account«. Daß es am Ende nicht selten den erfolgreich aufräumenden Filialleiter selber traf, sei nur am Rande erwähnt. In einer anderen Kette wurden langjährige, festangestellte Verkäuferinnen gezielt wegrasiert, damit Platz für Teilzeitkräfte geschaffen werden konnte. Diese Teilzeitkräfte wurden mit Postern geworben, auf denen zu lesen war, daß man für »unser Team« noch nette Leute sucht, gern auch ungelernte.

Bullying gilt als eine Technik des klinisch sauberen Herausschneidens von überflüssigem Personal ohne Beeinträchtigung des Wohlbefindens der zu verbleibenden Mitarbeiter.

Beim Bullying geht die Führungskraft in folgenden Schritten vor:

1. Identifikation der abzubauenden Mitarbeiter

Es wäre falsch, ziellos mit den Schikanen anzufangen. Es wäre ebenso falsch, gleich in einem Aufwasch mehrere Mitarbeiter aufs Korn nehmen zu wollen. Das würde höchstens dazu führen, daß man sich gegen den Chef zusammenrottet. Die bislang so geförderte »Teamfähigkeit« würde unnütz in die falsche Richtung gelenkt. Statt dessen stellt sich die Führungskraft eine »Ranking-Liste« zusammen. Darauf sind der Reihe nach die Namen der Mitarbeiter nach ihrer Brauchbarkeit verzeichnet. In vielen Unternehmen findet diese Ranking-Liste bereits Anwendung. Der Betriebsrat hat sogar mancherorts durchgesetzt, daß beim jährlichen Beurteilungsgespräch der einzelne Mitarbeiter seine Position auf dieser Liste erfährt. Dabei muß der Betriebsrat nicht in jedem Fall begriffen haben, wozu diese Liste benutzt wird.

Es gibt sogar Unternehmen, die einerseits Förderung des Teamgeists propagieren und daneben ganz offen ihre Ranking-Listen führen.

Ob man beim Bullying stur nach der Liste vorgeht, das wird im Einzelfall entschieden. Aus Tarnungsgründen kann es sich anbieten, scheinbar zufällig der Reihe nach die Opfer aus dem unteren Drittel der Liste auszuwählen. Hauptsache, es kommt immer nur eine Person an die Reihe. Alle anderen Teammitglieder müssen – bis es sie selbst trifft – den Chef als »guten« Menschen wahrnehmen.

2. Persönlichkeitsanalyse des ausgewählten Opfers

Wie erwähnt, reagiert nicht jeder auf die gleiche Schikane mit der gleichen Betroffenheit. Während den einen soziale Isolation quält, kann ein anderer die schon immer ersehnte Ruhe darin finden. Während der eine daran verzweifelt, niemals eine Arbeit vollständig und verantwortlich erledigen zu dürfen, kommt es dem anderen sehr entgegen, seine halbfertigen Brocken hinwerfen zu können.

In den Bullying-Trainings wird Führungskräften beigebracht, woran sie die aktuelle Bedürfnissituation eines Mitarbeiters erkennen. Entsprechend sind in den Seminarunterlagen wirkungsvolle Tips und Fallbeispiele für die praktische Anwendung enthalten. Über die Analyse der jeweils aktuellen Bedürfnissituation hinaus lernen die Seminarteilnehmer auch Techniken der Analyse von Charakter- oder Persönlichkeitsstrukturen kennen. Dabei orientiert man sich an Modellen, wie sie aus der Personalauswahl bekannt sind.

3. Festlegen der individuellen Bullying-Strategie

Nach den Ergebnissen der Motivationsanalyse und der Charakterstudie wird ein konkreter Handlungsplan entworfen. Dieser Plan beinhaltet auch Maßnahmen bei möglichen Reaktionen oder Widerständen seitens der Zielperson.

Die Führungskraft lernt in den Bullying-Seminaren den professionellen Umgang mit emotionalen Ausbrüchen, Beschwerden und Tricks der Gegenwehr. Ebenso wichtig ist die korrekte Handhabung von unerwarteten Aktionen. Die Führungskraft soll sich auf keinen Fall zu Worten oder Taten hinreißen lassen, die juristische oder sonstige Konsequenzen nach sich ziehen könnten.

Wohlgemerkt: Bullying-Seminare heißen nicht so. Sie werden unter unverfänglichen Titeln angeboten. Zum Beispiel: »Umgang mit schwierigen Mitarbeitern«, »Bereinigen von Teamproblemen«, »Maßnahmen konsequenter Personalführung«, »Führen in der Krise« oder auch ganz einfach: »Führungstraining«.

In allen Unternehmen kann man jedoch die bestehende Führungsmannschaft für die Zwecke der Personalbereinigung nicht einsetzen. Es gibt Vorgesetzte, die zu weich dafür sind, und solche, die sich emotional zu eng an ihre Mitarbeiter gebunden haben. Manche pflegen sogar persönliche Kontakte, bis zu Grillpartys im eigenen Garten. Das sind Führungskräfte, die inzwischen selbst an ihr Geschwätz von der Teamorientierung glauben. Daneben gibt es die altgedienten Abteilungs- und Hauptabteilungsleiter, die sich seit der Lehre als Sachbearbeiter und Fachleute hochgearbeitet haben. Ihnen ist es oft nicht zu erklären, wie psychologische Techniken und Taktiken funktionieren. Wie soll man dem Leiter der Revision die Analyse von Persönlichkeitsstrukturen nahebringen?! Wie schafft man es, dem Meister der Werkstatt Bedürfnisebenen zu veranschaulichen?

Für diese Fälle bieten seriöse und dubiose Unternehmensberatungen ihre Dienste an. Säuberungsaktionen finden dann auch statt unter der Projektbezeichnung wie: »Einführung von Lean Management«, »Reorganisation« oder »Qualitätssicherung«. Wohlgemerkt: Hinter diesen Bezeichnungen können sich ganz harmlose und absolut faire Projekte verbergen.

10. Wenn gegen Sie Krieg geführt wird, sollten Sie weglaufen

Ob Mobbing oder Bullying, jeden kann es treffen. Was dann? Beide Taktiken sind Kriegsführungen gegen das Opfer mit dem Ziel seiner Vertreibung oder Vernichtung. Das Opfer hat niemals eine Chance, diesen Krieg zu gewinnen. Betreibt der Vorgesetzte Bullying, sitzt er schon aufgrund seiner Machtposition am längeren Hebel. Redet man heute von Teamgeist und kooperativer Führung, wird dabei die Machtfrage leicht tabuisiert. Man tut so, als sei das Team eine Gruppe von Gleichen unter Gleichen, als sei der Vorgesetzte – man nennt ihn »Teamleiter« – lediglich für Koordination und Motivation zuständig. Das stimmt nicht. Der Teamleiter hat genau die Stellung, die auch traditionelle Chefs haben. Als Teamleiter wird eine Person eingesetzt, weil sie über Qualifikationen verfügt, die sie über die Kollegen erhebt. Dabei kann es sich auch um die Qualifikation handeln, geschickter an die besser bezahlten und prestigeträchtigeren Jobs heranzukommen als andere. Schon das ist der Beweis, daß es sich bei jedem Teamleiter im Vergleich zum »Fußvolk« um eine »stärkere« Persönlichkeit handelt. Sobald ein Teamleiter installiert ist, bekommt er von seinen Vorgesetzten auch offiziell mehr Macht und mehr Informationen als die anderen. Bei einem Konflikt zwischen Teammitarbeiter und Teamleiter wird sich die Unternehmensführung immer auf die Seite des Stärkeren stellen. Sie steht schließlich dafür gerade, wen sie in die höhere Position gehoben hat. Niemals sucht die Unternehmensleitung nach »wahren« Gründen für Konflikte. Niemals will sie »Gerechtigkeit« herstellen. Die Unternehmensleitung will Leistung und Umsatz und Gewinn. Deshalb muß sie im Zweifel ihren Führungskräften beistehen und notfalls Leute der unteren Ränge fallenlassen.

Man kann es drehen und wenden, wie man will, beim Bullying gewinnt der Chef. Das gleiche gilt für Mobbing. Hier ist das Opfer zwar gleichgestellten Kollegen ausgeliefert, diese befinden sich jedoch in der Überzahl. Niemals hilft der Vorgesetzte dem Mobbing-Opfer. Lieber verliert er – auch bei hoher Qualifikation des Opfers – die eine Person, als daß er es sich mit der ganzen Meute verdirbt.

Wenn Sie Opfer der einen oder der anderen Kriegstaktik geworden sind, haben Sie bereits verloren.

Trotzdem sollten Sie nicht phlegmatisch Ihrem Schicksal entgegensehen. Retten Sie, was zu retten ist. Suchen Sie möglichst zügig einen neuen Job oder streben Sie die Versetzung in ein anderes Team an. Die Täter des Mobbens verzichten meist auf weitere Quälereien, wenn sie feststellen, daß das Opfer die »Botschaft« verstanden hat und sich aus ihrer Mitte zurückziehen wird. Das ist dann der Fall, wenn die Kollegen die betreffende Person nicht unbedingt persönlich verabscheuen, sondern »nur« loswerden wollen, um zum Beispiel die eigenen Arbeitsplätze zu sichern.

Wer zu lange mit dem Ausstieg aus der Gruppe wartet, läuft Gefahr, bis an die Grenzen der physischen und psychischen Belastbarkeit gequält zu werden. Gehen Sie, solange Sie noch nervlich die Kraft haben, eine gute Entscheidung zu treffen im Hinblick auf den neuen Arbeitsplatz.

Niemals, wirklich nie, sollten Sie sich selbst vor anderen als Opfer von Mobbing darstellen. Sie regen damit lediglich die Phantasie der anderen an, was Sie wohl an sich haben mögen, das Sie so unbeliebt macht. Auch die scheinbar Mitleidigen denken im stillen über Ihre Macken nach und weniger über die Charaktermängel Ihrer Teamkollegen. Insbesondere jene, die selbst privat und beruflich harmonisch mit anderen auskommen, werden Ihnen nicht glauben, daß ausgerechnet Sie der einzige »gute Mensch« in einer Horde von Bösewichtern sein sollen. Wer sich selbst als leidendes Mobbing-Opfer stilisiert, wird aus Höflichkeit getröstet und vorsichtshalber auf Distanz gehalten.

Für Mobbing-Opfer gilt: Mund zu und nichts wie weg.

Sollte sich das Problem am neuen Arbeitsplatz wiederholen, dann können Sie fast sicher davon ausgehen, daß Sie tatsächlich »etwas« an sich haben, das andere gegen Sie sein läßt. Es kann aber auch sein, daß mit Ihnen im Grunde »alles in Ordnung« ist, Ihnen allerdings das Fingerspitzengefühl dafür fehlt, zu erkennen, in welches Umfeld Sie passen und in welches nicht.

Suchen Sie bei wiederholten Mobbing-Erfahrungen unbedingt einen Therapeuten auf. Nur dort werden Sie im Laufe der Beratungen ungeschönt erfahren, was anderen den Umgang mit Ihnen schwierig macht. Nur dort bekommen Sie auch praktikable Hilfen für eine Verhaltensänderung.

Es gibt mittlerweile in jeder größeren Stadt Selbsthilfegruppen für Gemobbte. Leider werden die wenigsten dieser Gruppen professionell geleitet. Statt dessen gerät man in einen trübseligen »Club der Versager«. Man hockt regelmäßig zusammen, imponiert mit schaurigen Episoden der eigenen Leidensgeschichte und bestätigt sich gegenseitig, daß die Menschheit immer bösartiger wird.

Wer als Opfer davon ausgeht, »unschuldig« zu sein, der mag viele Worte finden, wie die bösen Täter oder die Gesellschaft oder die Menschheit sich bessern sollten, er sieht sich jedoch nicht veranlaßt, über die eigenen Schwächen, Fehler und Irrtümer nachzudenken.

Wer wiederholt Mobbing-Opfer geworden ist, muß sich entweder damit abfinden, schwach und unbeliebt zu sein, oder an sich selbst etwas ändern. Ihnen zuliebe ändert sich auch kein anderer. Prüfen Sie deshalb die von Ihnen aufgesuchte Selbsthilfegruppe sofort daraufhin, ob es sich um einen Verein von Jammerern handelt, oder ob man von den Mitgliedern erwartet, daß sie sich schmerzlich die Mühe machen, die Ursache auch bei sich selbst zu suchen.

Zum Teil ist es heute fast Mode geworden, sich als Mobbing-Opfer auszugeben. Es ist ja auch einfach, sich selbst als gut und sensibel auf- und die Kollegen als rücksichtslos und gemein abzuwerten.

Wenn Sie das Gefühl haben, im Kreise der Kollegen stärker als andere belästigt oder gekränkt zu werden, dann sollten Sie nicht gleich Mobbing vermuten. Vielleicht reagieren Sie zu empfindlich auf Dinge, die in den Augen der anderen gar nicht so negativ sind. Vielleicht regen Sie sich zu leicht auf und provozieren so die anderen, sich von Zeit zu Zeit den Spaß zu erlauben, Sie auf die Palme zu bringen. Teil des Teamlebens ist es, daß Kollegen sich untereinander sehr gut kennenlernen. Irgendwann weiß man einfach, wer sich womit foppen läßt. Manchmal gehen die Kollegen dann auch — ohne es wirklich böse zu meinen — zu weit, wenn sie sich mal einen kleinen Streich erlauben.

Im Zweifel legen Sie sich ein Tagebuch zu, und notieren Sie über zwei bis vier Wochen die Ereignisse, die Sie als Mobbing oder Bullying gegen sich wahrnehmen.

Schreiben Sie auf:

- Wer war der Täter?
- Was hat sich genau abgespielt?
- Hat ein Dritter etwas davon bemerkt?
- Wie hat ein unbeteiligter Dritter reagiert?
- Was geschah unmittelbar vor dem Ereignis?
- Welche Beziehung bestand zuvor zwischen dem Täter und mir?
- Wie kommt der Täter mit den anderen Teamkollegen aus?

- Gibt es ähnliche Vorfälle auch zwischen dem Täter und anderen Personen?

Wenn Sie eine Weile Tagebuch geführt haben, dann sollten Sie mit einem ruhigen, vernünftigen Menschen darüber sprechen. Suchen Sie sich nicht ausgerechnet eine Person für dieses Gespräch aus, die selbst leicht Mobbing und Bosheit wittert.

Sollten Sie tatsächlich gemobbt werden, können Sie sich auch juristisch beraten lassen. Gegen das Mobbing vorzugehen, ist sinnlos. Für den Arbeitsplatz zu kämpfen, ist ebenfalls sinnlos, aber man kann manchmal Abfindungen oder Hilfen beim Wechsel erreichen. Wichtig ist, daß Sie selbst die Initiative behalten. Sie müssen aktiv für sich etwas unternehmen und nicht leidend abwarten, bis man Sie endgültig »vernichtet« hat. Je aktiver Sie selbst die Sache in die Hand nehmen, desto besser ist Ihre Selbstachtung, und Sie leben sich nicht dauerhaft in die Leidensrolle ein.

IX. Die Kunst, den eigenen Weg zu gehen

1. Harmonie oder Egoismus

Teamfähigkeit und Teamorientierung werden uns heute als hochwertige Tugenden und als Weg zum beruflichen Erfolg verkauft. Niemand darf sich als teamunfähig outen. Gleichzeitig wird Führungskräften glaubhaft gemacht, daß durch Einführung von Teamwork die Mitarbeiter zu höchster Leistung bei bester Stimmung gebracht werden können. In Führungstrainings lernen Vorgesetzte, wie sie ihre Teams in positive Arbeitslaune versetzen und dabei unter Kontrolle halten, damit keines der Mitglieder sich zu stark profiliert und etwa zum Konkurrenten wird oder wenn sich jemand hinter den anderen versteckt und durch geeigneten Druck wieder angetrieben werden muß.

Tatsächlich ist Teamfähigkeit eine wichtige Erfolgskomponente für die Mitarbeiter selbst wie für das Unternehmen. Je komplexer die Anforderungen sind, um so weniger können sie von Einzelgängern oder Eigenbrötlern bewältigt werden.

Leider sind an den Begriff »Team« oft zu idealistische Vorstellungen geknüpft. Begriffe wie »Macht« und »Autorität« werden hingegen gemieden. Niemand will autoritär erscheinen, niemand will Mächten untergeordnet sein. Der Erfolg ist, daß sich in manchen Unternehmen eine inoffizielle Machtstruktur außerhalb der Kontrolle der offiziell bestimmten Teamleiter entwickelt hat. Diese Strukturen sind denen vergleichbar, wenn Lehrer entmachtet sind und die Kinder von gleichaltrigen Rowdys terrorisiert werden.

Daß sich in jedem Team, in jeder Gruppe ganz automatisch eine »Hackordnung« bildet, mit einem Meinungsbildner, Wortführer oder Trendsetter an der Spitze, läßt sich gar nicht umgehen. Ebensowenig läßt sich scheinbar vermeiden, daß jedes Team sein »Fußvolk« von Mitläufern und Duckmäusern hat. Wo die einen im Team ihre persönliche Chance sehen, sich durchzusetzen und Einfluß zu nehmen, da lassen andere sich von der Teamlüge einwickeln. Brav machen sie alles mit, was die Mehrheit beschließt, aufopferungswillig helfen sie den anderen bis zur Selbstaufgabe, und niemals würden sie so egoistisch sein, von anderen etwas zu fordern oder ihnen einmal ein klares Nein entgegenzustellen. Das einzige, was diesen armen Menschen bleibt, ist der Stolz auf ihre »Teamfähigkeit«, die Beruhigung, daß sie »mit jedem gut auskommen«.

Weiter bringen es natürlich diejenigen, die nicht davon abhängig sind, stets von allen gemocht zu werden. Wer es schafft, auch einmal unbeliebt zu sein, sich nicht ständig der Masse anzugleichen und den Dreisten unterzuordnen, der erobert nicht nur eine höhere Position in der »Hackordnung«, der kommt auch in der offiziellen Machtstruktur des Unternehmens weiter.

Nun gibt es natürlich Menschen, die den Standpunkt vertreten: »Ich will gar nicht in der Hierarchie aufsteigen! Ich will keine Machtposition!« Auch gut. Das muß jeder für sich selbst entscheiden, wie der eigene Lebens- und Berufsweg aussehen soll. Der eine möchte sich persönlich entwickeln, möchte an Einfluß gewinnen und Entscheidungen treffen, dem anderen reicht es, Befehle zu erhalten, über Entscheidungen lediglich informiert und für Anpasserei gelobt zu werden.

Kollegen und Vorgesetzte wollen uns »pflegeleicht«. Sie legen keinen Wert darauf, daß wir ihnen Konkurrenz machen. Ihnen ist es auch egal, ob wir unsere Fähigkeiten ausleben können oder nicht. Sie loben uns, wenn wir unauffällig mitlaufen und ihnen nützlich sind. Von diesem Lob abhängig zu sein, ist oft schon der erste Schritt, sich von den anderen für deren Interessen mißbrauchen zu lassen.

Wer den Willen hat, sich nicht von der Nestwärme des Teams einlullen zu lassen, sondern lieber konsequent den eigenen Weg auch gegen Widerstand anzustreben, der muß mit Mahnungen rechnen: »Paß dich an! Sei teamfähig! Bleib bei der Mehrheit!«

Wer allerdings übertreibt und jeden Kollegen und jeden Vorgesetzten als zu bekämpfenden Gegner betrachtet, der wird vermutlich ebenfalls nicht mit dauerhaftem Erfolg belohnt werden. Dem sei gesagt: »Hochmut kommt oft vor dem Mobbing.«

Für den persönlichen Erfolg ist eine kluge Kombination von Kollegialität und Egoismus ideal. Man sollte mit den Kollegen und Führungskräften gut zusammenarbeiten, sich jedoch nicht zu deren Werkzeug machen lassen. Man soll helfen, aber immer auch deren Hilfe fordern. Man soll mit ihnen wetteifern, ihnen aber auch ihre Siege gönnen.

Niemand muß Unterdrücker sein, aber es sollte sich auch niemand zum Sklaven machen lassen.

2. Die Angst, den eigenen Weg zu gehen

Neben all den moralischen Appellen bezogen auf Unterordnung, Anpassung und Selbstlosigkeit, was sich ja häufig hinter der Forderung nach »Teamfähigkeit« verbirgt, hören wir auch:
- Sei erfolgreich!
- Lebe dein Leben nach deinem eigenen Konzept!
- Laß dir nichts gefallen!
- Setz dich durch!
- Triff deine eigenen Entscheidungen!
- Sei Individualist!

Den Wunsch nach Souveränität, Selbstverwirklichung und Weiterkommen hegt eigentlich jeder. Wir wollen uns gar nicht immer unterordnen, anpassen und ausnutzen lassen. Wie oft beklagen wir uns bei Freunden und Kollegen über das, was andere sich uns gegenüber erlauben. Und immer wieder hören wir: »Laß dir das nicht bieten!« Und dann sehen wir auch ein, daß wir anderen häufiger Grenzen weisen müßten, stärker eigene Ziele verfolgen und nicht nach der Pfeife der anderen tanzen sollten, daß wir nicht immer so kritiklos der Mehrheit folgen sollten...

Was hält uns zurück, das zu tun, was wir tun möchten oder klugerweise tun sollten? Warum sagen wir ja, wenn wir lieber nein gesagt hätten? Warum schweigen wir, wenn wir endlich den Mund hätten aufmachen sollen? Warum machen wir mit, wenn wir doch gar keine Lust dazu haben? Warum verzichten wir auf das, was andere uns vorenthalten möchten?

Was macht uns nach außen hin so viel »teamfähiger«, als wir es innerlich letztlich sind?

Was uns zurückhält, sind meist: Angst, Feigheit, Faulheit, Ratlosigkeit und die »innere Gouvernante«.

Die Angst läßt uns besorgt bedenken, was wohl die anderen dazu sagen werden, wenn wir uns plötzlich mehr um unsere eigenen Ziele als um die stromlinienförmige Anpassung ans Team kümmern. Mögen sie uns dann noch? Halten sie uns vielleicht für Streber und widerliche Karrieristen? Verlieren wir die Freundschaft der Kollegen oder die Anerkennung des Vorgesetzten?

Die Feigheit führt uns vor Augen, wie peinlich es enden könnte, sollten wir einen eigenen Weg versuchen und dann kläglich scheitern. Welche Blamage! Da bleiben wir lieber geborgen im Team und fallen nicht durch Abweichungsversuche von der Herde auf.

Die Faulheit verhindert von einem Tag zum nächsten das Aufraffen und mutige Vorangehen. Nein, heute geht es noch nicht. Heute ist so viel zu tun! Zuerst muß dieses und jenes für die Gruppe und in der Gruppe erledigt werden. Individuelle Pläne können zwar geschmiedet, aber noch nicht in die Tat umgesetzt werden. Ja, es ist viel bequemer, einfach mit der Herde mitzulaufen und sich auf das Team und den Teamleiter zu verlassen, als sich auf eigene Wege zu begeben.

Manche können schon deshalb keine eigenen Ziele anstreben, weil sie gar keine haben. Ratlos fragen sie sich, was sie eigentlich wollen. Klar, reich möchten sie sein, beliebt, schön und ewig jung. Aber sonst? Sie haben kein Interesse daran, aus sich selbst oder ihrem Leben etwas zu machen. Wer keine eigenen Ziele hat, kann zufrieden im Team aufgehen. Auch solche muß es geben.

Die »innere Gouvernante« hält viele gegen ihren Willen zurück. Besonders Frauen werden von ihr gebremst. Es handelt sich dabei um die innere Stimme, die uns zuruft, was wir als Kinder von Eltern und Erziehern gelernt haben. Das kann sein: »Dräng dich nicht vor!« »Nimm Rücksicht!« »Sei nicht egoistisch!« »Bleib bescheiden!« »Das tut man nicht!«

Frauen können sich zum Beispiel in Teammeetings sehr oft überhaupt nicht durchsetzen. Während die Männer munter diskutieren, sitzen sie da und lauschen der »inneren Gouvernante«, die sie daran erinnert, daß man andere beim Reden nicht unterbricht. Und so schweigen sie denn weiter und können nach Feierabend der Freundin erzählen, was sie alles zu sagen gehabt hätten, wenn die Männer sie nur einmal hätten zu Wort kommen lassen!

Betrachtet man jene, die individuell und mutig die Durchschnittlichkeit des Teams hinter sich gelassen und den persönlichen Aufstieg geschafft haben, stellt man schnell fest, daß sie nicht immer fleißiger oder intelligenter waren oder mehr Glück hatten als der Durchschnitt. Wir erkennen statt dessen bestimmte Merkmale:

- Mut, auch einmal auf Anerkennung und Zustimmung zu verzichten, wenn es den eigenen Zielen dient. Mut zum Nein, wenn andere ihre Forderungen durchsetzen möchten. »Erfolgstypen« sind emotional nicht von der Liebe ihrer Arbeitskollegen oder Chefs abhängig.

- »Erfolgstypen« denken optimistisch und schwelgen nicht in Phantasien über mögliches Scheitern. Sie haben ein klares Bild ihres Erfolgs vor Augen. Sie malen sich ihre Ziele mit positiven Farben aus und motivieren sich so auch bei Niederlagen zu neuen Versuchen. Grundsätzlich gehen sie davon aus, daß ihr Erfolg schließlich unvermeidlich ist.

- »Erfolgstypen« sind immer zupackende Menschen. Sie lassen sich nicht träge von den Strömungen und Zufällen des Lebens hin- und hertreiben. Sie warten auch nicht darauf, daß andere etwas für sie tun. Sie wissen, was sie wollen, und raffen sich auf, es zügig zu erledigen. Sie lassen sich nicht aufhalten von Gedanken wie: »Ich kann das nicht.« »Ich bin zu klein und unbedeutend.«

- »Erfolgstypen« sind – anders als zum Beispiel reine »Glückpilze« – zielstrebig. Sie kennen ihre Ziele und richten stets ihr Verhalten und ihr Streben danach aus. Sie vertrödeln weder Zeit noch Geld, noch Nerven für Dinge, die sie nicht ihren Zielen näher bringen. Sie machen nicht bei Moden oder Hobbys mit, nur weil »man« das tut oder »es so üblich« ist. Statt dessen sortieren sie: »Bringt mich das weiter, oder hält mich das auf?« Sie können heute sagen, wo sie in einem Jahr stehen und was sie in fünf Jahren erreicht haben wollen. Gleichzeitig sind sie flexibel genug, sich Veränderungen anzupassen, ohne dabei ihre Ziele aus den Augen zu verlieren.

- »Erfolgstypen« machen sich nicht von Knigge, Moralpredigten, Traditionen und Gewohnheiten abhängig. Sie fragen sich nicht ständig: »Darf man das?« »Gehört sich das?« »Schickt sich das (für eine Dame)?« »Was würde meine Mutter dazu sagen?« Sie sind nicht so dumm, Regeln zu verletzen, weil sie sie nicht kennen, sondern so souverän, sich nicht von übertriebenen Benimmregeln bremsen zu lassen.

Feigheit und Faulheit sind die größten Hindernisse für die meisten von uns. Lieber verstecken wir uns hinter der Teamideologie und reden uns ein, wie edel es ist, sich für die Kollegen, die Arbeit, die Firma, die höhere Moral zu opfern. Dann brauchen wir auch nicht die Verantwortung für uns selbst zu übernehmen. Wir machen einfach mit, was der offizielle und/oder inoffizielle Führer vorgibt, was die Gruppe will, was Mehrheitszustimmung erfährt. Sollte es sich als falsch erweisen, können wir notfalls sagen: »Ich war immer dagegen, aber die anderen wollten das so.«

Manchmal fängt ein Individuum an, seinen eigenen Weg zu gehen. Aber dann kommen bald Mahnungen wie:

- »Das geht doch nicht! Wenn hier nun jeder...«
- »Gibt es nicht schon genug Egoisten?!«

Diese Mahnungen regen sofort unsere Phantasie an. Stimmt, die Welt ist bereits voller Egoisten. Aber: Wird die Welt besser, wenn wir uns alle dem Hordenleben unterwerfen?

3. Die drei Grundregeln für den eigenen Weg

Auf die salbungsvollen Sprüche zur Teamorientierung nicht hereinzufallen und statt dessen konsequent die eigenen Ziele zu verfolgen, bedeutet nicht, daß man sich wie ein Ekel zwischen den Kollegen bewegt und sich nach allen Seiten unbeliebt macht. Es bedeutet auch nicht, daß man rücksichtslos auf Kosten der anderen den eigenen Erfolg durchsetzt.

Die drei Grundregeln für den eigenen Weg bei gleichzeitig guter Zusammenarbeit mit den Kollegen und Vorgesetzten sind:

1. Denke strategisch

Strategisches Denken heißt, sich an den eigenen kurz- und langfristigen Zielen zu orientieren. Man sollte die aufgetragenen Aufgaben nie nur von Tag zu Tag oder von Projekt zu Projekt erfüllen, sondern gezielt Herausforderungen suchen, die den eigenen Zielen dienen. Man sollte sich auch nicht zu Beziehungen drängen lassen, die einen Zeit kosten und nicht weiterhelfen. Nur weil alle sich abends mit dem Teamleiter in der Kneipe treffen, muß das für einen selbst nicht verbindlich sein, wenn man in dieser Zeit lieber privaten Freundschaften oder Hobbys nachgeht.

Natürlich muß man sich auch mal auf Dinge einlassen, die einem persönlich nichts bedeuten. Dennoch sollte man grundsätzlich Dingen den Vorzug geben, die einem in erster Linie selbst und dann dem Team oder dem Chef oder dem Unternehmen nutzen. Seien Sie unbesorgt: Ihre Ziele verfolgen Chefs und Unternehmensleitung selbst in ausreichendem Maße.

Im Zweifel können auch private Ziele wichtiger sein als Karriereziele. Wer die Ehe oder die Erziehung der Kinder für den beruflichen Aufstieg vernachlässigt, ist dumm. Chefs mögen uns zwar einreden, daß wir Opfer bringen müssen für den Job. Aber was haben Sie davon, wenn Sie Karriere gemacht haben und dafür den Kontakt zu Ihrer Tochter oder Ihrem Sohn verloren haben? Was haben Sie davon, wenn das mühselig per Überstunden bezahlte Eigenheim durch die Scheidung abhanden kommt?

Noch dümmer ist es, die eigene Gesundheit und die eigene Würde aufs Spiel zu setzen. Wer sich vom Team unter Druck setzen läßt und deshalb an Trinkereien teilnimmt, der ist wirklich ein armes Opfer der Teamlüge. Fragen Sie sich bei jeder Teamgeselligkeit: Bringt es mich persönlich weiter? Macht es mir wirklich Spaß? Oder soll ich herhalten, weil andere außerhalb des Teams keine Sozialkontakte mehr haben? Versucht der offizielle oder der inoffizielle Führer, durch gemeinsame Trinkereien den Gruppenzusammenhalt für seine Zwecke zu festigen?

In Behörden und in Unternehmen der sogenannten freien Wirtschaft mehren sich Fälle von Korruption und anderer krimineller Aktivitäten. Auch hier kann man im nachhinein oft hören, daß einzelne Angestellte jammern, sie hätten niemals freiwillig mitgemacht. Ihr Chef habe sie gezwungen, bzw. es sei auf diesem Amt schon seit Jahren so üblich gewesen... Glauben Sie nur nicht, daß Sie später damit vor Gericht durchkommen.

Sagen Sie zu allem nein, was Sie von Ihren persönlichen Zielen abbringen könnte. Verlassen Sie notfalls das Team, wenn Sie befürchten, durch die Gruppe in Dinge hineingezogen zu werden, die Ihnen schaden.

2. Bau dir ein tragfestes Kontaktnetz

Sich von anderen nicht unterbuttern zu lassen und anderen klare Grenzen zu ziehen, darf nicht dazu führen, daß man die Gefühle oder die Würde der anderen verletzt.

Eine angenehme und damit auch für einen selbst erfreuliche und streßfreie Zusammenarbeit erfordert Tugenden wie: Höflichkeit, Respekt, Hilfsbereitschaft, Zuverlässigkeit, Großzügigkeit, Anteilnahme, Solidarität. Machen Sie sich niemals zum Feind Ihrer Kollegen. Pflegen Sie Beziehungen zu anderen. Hängen Sie sich jedoch nicht an Betriebsnudeln oder Trinkkumpane, sondern an Menschen, auf deren Kollegialität Sie sich verlassen können.

Karrieren werden selten allein bewerkstelligt. Es ist immer klug, gute Kontakte zu haben. Ob man es »Netzwerk« oder »Verbindung« oder »Seilschaft« nennt, ist unerheblich. Man sollte unbedingt über das eigene Team hinaus im Kollegenkreis Beziehungen pflegen, die allen Beteiligten nutzen. Dabei ist es überflüssig und oft sogar schädlich, diese Beziehungen in dicke Freundschaften bis in die Familie hinein auszubauen. Es ist auch nicht notwendig, sich beim Golfen zu langweilen, auf dem Surfbrett zu fürchten und beim Tennis zu schinden, um an die »richtigen Leute« heranzukommen.

Statt dessen sollte man im täglichen Leben mit den anderen so umgehen, wie man es selbst gerne hätte. Darüber hinaus sollte man sich eine Adressenliste zu den Leuten anlegen, die man sonst vielleicht aus den Augen verliert, deren Bekanntschaft jedoch einmal nützlich sein kann. Wenn man sich dann auch selbst noch den Namen macht, eine »nützliche Kontaktperson« zu sein, kann das nur helfen.

3. Mach dir einen Namen

Der Volksmund sagt: »Bescheidenheit ist eine Zier, doch weiter kommt man ohne ihr.« Das stimmt. Wer immer nur als graue Maus oder fleißige Ameise schuftet, nutzt zwar dem Team und dem Unternehmen, kommt aber im Hinblick auf eigene Ziele nicht weiter.

Was nutzen die besten Qualifikationen, wenn es keiner merkt?

Es gibt Mitarbeiter, die so teamorientiert sind, daß sie in der Menge geradezu verschwinden. »Man darf doch kein Angeber sein«, erinnert die »innere Gouvernante« oder auch der Karrierekonkurrent.

Sorgen Sie dafür, daß andere – und vor allem die »richtigen« und die »wichtigen« Leute – erkennen, was Sie gut können, was Sie über den Durchschnitt hebt. Beteiligen Sie sich bei Meetings mit Beiträgen. Machen Sie mit beim Vorschlagswesen. Nutzen Sie jede Gelegenheit, für sich selbst Werbung zu machen. Stellen Sie Ihre persönliche Einzelleistung deutlich heraus. Lassen Sie es nicht zu, daß Ihre Ergebnisse immer im Einheitsbrei der »Teamleistungen« untergehen.

Sich selbst positiv darzustellen, erfordert nicht das Schlechtmachen der Leistungen anderer. Im Gegenteil, reißen Sie nicht die Erfolge anderer an sich. Gönnen Sie Ihren Kollegen deren Pluspunkte, und lassen Sie Ihre trotzdem stets gut sichtbar sein.

Insbesondere Frauen müssen die Kunst der Selbstdarstellung oft noch lernen oder überhaupt begreifen, daß es notwendig und »moralisch vertretbar« ist. Frauen sind einerseits stolz auf ihre damenhafte Zurückhaltung und frauliche Bescheidenheit und jammern gleichzeitig, daß die Männer ihnen keine Aufstiegsmöglichkeiten geben.

Niemand würde einen Menschen befördern, der signalisiert:

- »Aber nein, ich bin nichts Besonderes.«
- »Ich habe keine speziellen Qualifikationen.«
- »Meine Leistungen sind nur durchschnittlich.«
- »Ich kann nichts, was alle anderen nicht auch können.«

Solchen Leuten kann man gar keine Aufstiegschancen geben, weil es eine Zumutung für jedes Team mit denkenden Mitgliedern wäre. Niemand möchte über sich eine Führungsperson wissen, die sich selbst erniedrigt. Da geht den Leuten ganz automatisch durch den Kopf: »Wenn unser Teamleiter sich so klein macht, sind wir dann noch kleiner?!«

4. Wer den Hafen nicht kennt...

Der Volksmund sagt: »Wer den Hafen nicht kennt, dem weht kein Wind günstig.« Ähnliches besagt folgender Spruch: »Wenn man nicht weiß, wo man hinwill, dann muß man sich nicht wundern, daß man auch nicht dort ankommt.«

Beides meint, daß nur Menschen, die sich klare Ziele setzen, eine Chance haben, eines Tages zu erreichen, was sie wollen. Ziellose Menschen treiben mit dem Lebensstrom dahin. Sie werden sehr leicht zu Opfern oder Werkzeugen derer, die auf ihrem Rücken oder auf ihre Kosten eigene Ziele durchsetzen.

Wenn Sie im Leben etwas Eigenes erreichen wollen, dann brauchen Sie ein eigenes Lebenskonzept. Sie brauchen eigene Ziele. Das persönliche Ziel vor Augen gibt Ihnen dann die Richtung vor, in der Sie sich entwickeln.

Führungskräfte reden uns gern ein, daß wir uns für die Unternehmensziele, die Abteilungsziele, die Projektziele engagieren (am besten: aufopfern) sollen.

Es spricht nichts dagegen, daß Sie mit Feuereifer im Team an der Erreichung der Unternehmensziele mitarbeiten. Aber: Für Sie persönlich müssen immer die eigenen Ziele höchste Priorität haben. Niemals sollten Sie sich aus reiner Solidarität mit den Teamkollegen oder gar mit dem Vorgesetzten bei Projekten überarbeiten, wenn diese Projekte nicht auch Ihren Zielen dienen.

Wenn es zum Beispiel Ihr Ziel ist, sich in eine hohe Position der Hierarchie des Unternehmens hochzuarbeiten, dann kann es sinnvoll sein, sich voll ins Zeug zu legen im Sinne des Unternehmenserfolgs. Dann dürfen Sie aber auch nicht so »teamorientiert« sein, Ihren persönlichen Einsatz im allgemeinen Teamergebnis untergehen zu lassen. Sie müssen ganz egoistisch darauf bestehen, daß Ihre Leistungen sichtbar werden.

Vorgesetzte brüsten sich gern mit den Ergebnissen ihrer Mitarbeiter. Protestiert der einzelne und weist auf seinen persönlichen Anteil am Erfolg hin, wird er womöglich gebremst mit dem Hinweis, daß in einem guten Team niemand individuell herausragen darf. Und schon gehört dem Chef der Erfolg allein. Dann heißt es zum Beispiel: »Diese Leistung verdanken wir Abteilungsleiter Müller-Buddelwurm und seinem Team.«

Sorgen Sie dafür, daß Sie niemals in der Formulierung »...und Team« untergehen.

Manche glauben, sie hätten Ziele, dabei pflegen sie lediglich Wunschträume oder Hoffnungen. Sie träumen davon, reich zu werden oder mächtig oder Karriere zu machen. Das reicht als Zielsetzung nicht.

Ein wirkungsvolles Ziel muß genau definiert sein darin, was erreicht werden soll und bis wann. Außerdem muß das Ziel so gesteckt sein, daß Sie es selbst aktiv erreichen können und nicht von der Gnade anderer oder von günstigen Sternen oder Zufällen abhängig sind. Wenn das Ziel klar ist, brauchen Sie Zwischenziele. Diese markieren den Weg zum endgültigen Ziel.

Beispiel: Sie nehmen sich vor, bis zum 40. Geburtstag Mitglied der Geschäftsleitung zu sein. Dann müssen Sie wissen, wie weit Sie bis zum 30. und zum 35. Geburtstag aufgestiegen sein müssen. Außerdem müssen Sie wissen, wie man diese Karriereschritte eigentlich schafft.

Einfach als fleißiges Bienchen im Team zu werkeln und darauf zu hoffen, daß jemand vom Management es merkt und dann Gerechtigkeit walten läßt, Sie aus Dankbarkeit für Ihr Engagement befördert, ist sinnlos.

Wenn Sie auf halbem Weg merken, daß Sie im aktuellen Team gar keine Chance haben, jemals Ihre Ziele zu erreichen, dann sollten Sie den Mut haben, die Nestwärme der Gruppe zu verlassen und einen anderen Weg zu Ihrem Ziel zu beschreiten.

Letztlich darf Ihre Mitarbeit in einem Team für Sie persönlich immer nur Mittel zum Zweck sein. Das Teamleben an sich darf für Sie nicht zum Selbstzweck werden. In der heutigen Zeit des Abbaus von Arbeitsplätzen steht mancher arbeitslos auf der Straße und kann es nicht fassen, daß sein Engagement im Team völlig für die Katz war. Der Teamleiter oder die Unternehmensleitung hat gnadenlos aussortiert und abserviert. Man hält an Leuten niemals aus Dankbarkeit für ihre Teamorientierung fest.

Teamziele, Abteilungs-, Projekt- oder Unternehmensziele sollten Ihnen auf der Stelle gleichgültig sein, wenn die Mitarbeit daran Sie Ihren eigenen Zielen nicht näher bringt. Halten Sie immer einen möglichst geraden Kurs in Ihrer Lebensplanung.

Wenn Sie mit Ihrem »Lebensschiff« unterwegs auf eine Flotte treffen, die sich in die gleiche Richtung bewegt wie Sie, dann können Sie sich dieser Flotte (Team) anschließen. Sollte irgendwann die Flotte nicht mehr Kurs auf Ihren Hafen halten, dann müssen Sie notfalls alleine weiterskippern.

5. ... das füg auch keinem andern zu

Wer kennt nicht den Spruch: »Was du nicht willst, das man dir tu', das füg auch keinem andern zu.« Das ist richtig. Auch wenn wir konsequent unseren eigenen Weg gehen und nicht blind der Herde nachtrotten wollen, sollten wir dabei vermeiden, den Kollegen Schaden zuzufügen. Es ist sehr wohl möglich, sich aus der Hordenorientierung des Teams zu lösen, ohne den Kollegen auf die Füße zu treten. Der eigene Erfolg muß und sollte nicht auf Kosten anderer erreicht werden.

Es genügt für eine gute Zusammenarbeit aber auch nicht, wenn wir bloß darauf verzichten, anderen Böses anzutun. Ein positives Verhalten den Kollegen gegenüber bringt uns selbst weiter.

Für eine harmonische Zusammenarbeit gibt es drei grundlegende Tugenden:

1. Echtheit

Das Verhalten anderen gegenüber darf nicht gekünstelt und nicht von Falschheit geprägt sein. Unter Echtheit ist jedoch keine plumpe Taktlosigkeit zu verstehen, die manche Leute als Ehrlichkeit verteidigen, wenn sie es sich erlauben, anderen hemmungslos mitzuteilen, was sie von ihnen halten.

Mit Echtheit ist gemeint, daß wir darauf verzichten, anderen Rätsel aufzugeben, wie sie unsere Worte oder unser Verhalten zu verstehen haben. Verstellungen und Schauspielerei sollten wir lassen. Höflichkeit ist angebracht, aber nicht als aalglatte Fassade, bei der andere nicht wissen, was sie eigentlich verbirgt.

Echtheit bedeutet Offenheit und Zuverlässigkeit, daß man das, was man sagt, auch so meint, und wir Gefühle, die wir zeigen, auch so empfinden. Niemand muß dann befürchten, daß hinter dem Rücken alles wieder ganz anders dargestellt wird.

2. Wertschätzung

Mit Wertschätzung ist die menschliche und fachliche Anerkennung gemeint. Das bedeutet auch die Bereitschaft, Kollegen mit all ihren Fehlern und Schwächen und Meinungen zu nehmen, wie sie sind. Wertschätzung schließt den Verzicht auf folgendes Fehlverhalten ein:

- Umerziehungsversuche: Man versuche nicht, den Kollegen charakterlich oder im Verhalten ändern zu wollen. Der andere muß das Recht haben, so angenommen und geschätzt zu sein, wie er ist.
- Meinungsterror: Obwohl wir eigentlich in einer Gesellschaft mit weitgehender Meinungsfreiheit leben, können manche sich nicht damit abfinden, daß andere die Dinge anders betrachten als sie selbst. Zur Wertschätzung im Team gehört, daß Religiöse und Atheisten, CSU- und PDS-Wähler, Vegetarier und Fleischesser miteinander auskommen. Das offene Eintreten für die eigene Meinung gehört zur Echtheit des Verhaltens. Aber Andersdenkende zu terrorisieren oder zu diffamieren, verstößt gegen die Tugend der Wertschätzung.
- Mangelnde Anerkennung der Leistungen: Eine gute Zusammenarbeit im Team braucht die gegenseitige Ermutigung und die gegenseitige Anerkennung von guten Leistungen. Es darf nicht sein, daß einer sich selbst dadurch hochzuspielen versucht, indem er die Leistungen der Kollegen niedermacht.

3. Empathie

Mit Empathie ist die Bereitschaft und die Fähigkeit gemeint, sich in den Kollegen einfühlen zu können. Wie sieht der andere die Dinge? Was fühlt der andere? Was tut ihm gut? Was tut ihm weh?

Wer das nachvollziehen kann, wird auch bei auftauchenden Konflikten weniger aggressiv oder gemein auftreten. Wer sich einfühlen kann, kann die Dinge auch einmal durch die Brille des anderen betrachten und so Mißverständnisse abbauen und Fronten aufbrechen.

Die drei Tugenden Echtheit, Wertschätzung und Empathie vermitteln dem Teamkollegen folgende Botschaften:

1. Du kannst dich auf mich verlassen. Bei mir mußt du nicht mit List und Tücke rechnen.

2. Ich erkenne deine Vollwertigkeit an. Ich erniedrige dich weder in meinem Verhalten noch in meinen Gedanken. Bei mir mußt du keine Abfälligkeiten dir gegenüber befürchten.

3. Ich kann dich verstehen. Ich kann mir vorstellen, wie es für dich ist, wie du die Dinge siehst. Wenn ich dich in bestimmten Situationen doch nicht verstehe, werde ich dir gegenüber keine Fronten aufbauen, sondern mich darum bemühen, dich so zu behandeln, wie es dir guttut.

Leider verhält es sich in Teams gelegentlich so, daß die einzelnen Mitglieder zwar bereit sind, echt, wertschätzend und einfühlend mit den Kollegen umzugehen. Allerdings verlangen sie, daß die anderen sich gefälligst zunächst darum bemühen.

Diese Einstellung ist falsch. Abwarten fördert nur allgemeines Mißtrauen. Man belauert sich gegenseitig und will auf keinen Fall der erste sein, der den anderen in positiver Haltung entgegenkommt. Was spricht denn dagegen?

Auf der anderen Seite gibt es Teams, in denen einzelne Mitglieder sich um Echtheit, Wertschätzung und Empathie bemühen. Dabei treffen sie jedoch auf Menschen, die das sofort als Schwäche auslegen. Vielleicht haben diese Leute schon als Kinder gelernt, daß das Leben ein unerbittlicher Kampf ist. Wer mit dieser Einstellung ins Team kommt, mag den Eindruck gewinnen, daß die »Netten« bloß »Schwächlinge« sind. Das betrachten sie fast als Einladung, sich kämpferisch oder ausnutzend über sie herzumachen.

Mit solchen Kollegen sollte man konsequent umgehen und möglichst sofort klarstellen, daß man sich von ihnen weder niedermachen noch ausnutzen läßt. Man sollte auf keinen Fall daraus die Lehre ziehen, daß Echtheit, Wertschätzung und Empathie doch nicht so gute Tugenden sind. Fiesen, hinterhältigen und gemeinen Kollegen sollte harter Widerstand entgegengebracht werden. Man sollte ihnen aber nicht die Ehre erweisen, daß man sich ihre Schlechtigkeit zum Vorbild nimmt.

Außerdem ist es fast immer so, daß eigenes positives Verhalten automatisch über kurz oder lang das gleiche bei den anderen bewirkt. »Wie man in den Wald hineinruft...«

Aber ganz egal, wie gut wir mit den Kollegen und dem Teamleiter auskommen, es gibt selbst im besten Team immer wieder Mitglieder, die es nicht lassen können, hier und da, mehr oder weniger offen die Freundlichkeit, Nachgiebigkeit und Hilfsbereitschaft anderer auszunutzen. Wenn wir es mit einer solchen Person zu tun haben, hilft oft nur eines: ein klares Nein!

Merke: »Was ich nicht will, das man mir tu', das laß ich auch nicht zu.«

6. Nein und basta

Im Team arbeiten wir eng mit den Kollegen zusammen. Natürlich möchten wir eine positive Stimmung in der Gruppe fördern und genießen. Wir sind deshalb den anderen gegenüber freundlich, hilfsbereit, kollegial...

Aber manchmal haben wir auch den Eindruck, etwas zu kooperativ zu sein, zu entgegenkommend und zu gefällig. Oft sagen wir ja, wenn man uns Arbeit zuschiebt, und ärgern uns hinterher. Einige Teammitglieder – und jeder kennt ihre Schwäche! – sind nur deshalb so völlig überlastet, weil es ihnen nicht gelingt, einfach nein zu sagen. Wenn das Ja aber erst mal ausgesprochen ist, mag man es nicht mehr zurücknehmen. »Versprochen ist versprochen«, heißt es, und dann muß man sehen, wie man damit fertig wird.

Wir wollen im Team auch nicht anecken oder als Außenseiter gelten. Das kann dazu führen, daß wir ja sagen zu Sachen, denen wir innerlich gar nicht zustimmen. Aber die Angst vor der Ablehnung der anderen läßt uns das Nein unterdrücken. Wenn zum Beispiel im Team über Ausländer hergezogen wird oder politische Meinungen vertreten werden, die wir für falsch erachten, dann erfordert es sehr viel Mut, den Mund aufzumachen und der Sache Einhalt zu gebieten oder zumindest die eigene Meinung klar auszudrücken.

Wenn bei einer Teamfeier getrunken wird, wollen wir vielleicht keinen Alkohol mittrinken, weil wir noch mit dem Auto heimfahren. Aber dann machen die anderen Druck: »Einen kannst du doch vertragen! Stell dich nicht so an!« Und schon lassen wir uns dazu überreden, doch zu trinken, und hoffen, daß wir nicht in eine Polizeikontrolle geraten.

Was macht uns im vertrauten Kreis der Kollegen so ängstlich, nein zu sagen, wenn wir innerlich nicht zustimmen wollen?

- Wir – insbesondere Frauen – haben es von Kindheit an gelernt, gefällig zu sein. Ein Nein ist ungefällig. Mit einem Nein lehnen wir es ab, den anderen zu Gefallen zu sein. Darf man das?
- Wir möchten von den Kollegen gemocht werden. Mit einem Nein riskieren wir, daß die anderen uns nicht mehr mögen. Und mit den Kollegen muß man weiterhin gut auskommen. Man ist darauf angewiesen, daß einen die anderen als netten Menschen schätzen.
- Wir haben schon als Kinder gelernt, daß Egoismus etwas Böses ist. Mit dem Makel, Egoist zu sein, wollen wir nicht herumlaufen. Ist es nicht sehr egoistisch, wenn wir es einfach ablehnen, will ein Kollege zum Beispiel sich Geld pumpen oder Arbeit weiterschieben?
- Wir haben Angst, »sonderbar« zu wirken oder plötzlich mit einer Meinung ganz allein dazustehen. Wenn alle sagen, daß Schwule immer so affektiert sind, soll ich dann wirklich sagen: »Nein! Das ist ein blödes Vorurteil«?

Und schon stimmen wir Äußerungen zu, die unseren Widerspruch verlangt hätten, und wissen genau, daß es unser Gewissen belasten wird. Und schon tun wir, was wir eigentlich gar nicht wollten, und wissen genau, daß wir wieder ausgenutzt werden. Und schon laufen wir bei der Mehrheit mit und wissen genau, daß wir uns dem Gruppendruck unterworfen haben.

Wie schafft man es, einfach nein zu sagen, wenn es angebracht ist? Für den Mut zum Nein braucht man:

1. Eigene Ziele

   Wer nur dienstbeflissen tut, was andere fordern, kann gar nicht unterscheiden, was man klugerweise tun oder mitmachen sollte. Wer eigene Ziele hat, kann unterscheiden: »Ja, hier mache ich mit.« Oder: »Nein, das will ich nicht.«

2. Selbstbewußtsein

Man muß erkannt haben, daß man das Recht hat, nein zu sagen. Wenn ein anderer etwas erbittet oder sogar fordert, muß man nicht wie auf Befehl gehorchen. Wenn der andere dann beleidigt ist, weil ihm ein Nein entgegengebracht wurde, hat der nicht begriffen, was »Teamorientierung« ist. Es kann ja wohl nicht sein, daß sich im Team jemand das Recht herausnimmt, als Bitten oder Appelle getarnte Befehle mit Gehorsamkeitsanspruch zu erlassen.

3. Emotionale Unabhängigkeit

Man muß es aushalten können, auch einmal Vorwürfe oder Ablehnung zu ertragen. Man darf sich nicht erpressen lassen, daß man nur noch gemocht wird, wenn man den anderen zu Willen ist.

4. Eigene Meinungen

Man muß selbst denken und entscheiden können, was man für richtig oder falsch hält. Wer keine eigene Meinung hat, stimmt notgedrungen jedem Blödsinn zu.

5. Selbsterkenntnis

Man muß selbst wissen, was man sich noch zumuten kann. Wer die eigenen Belastungsgrenzen nicht kennt, läßt sich zu leicht Dinge aufhalsen, die dann nicht zu bewältigen sind.

Manche brauchen erst einmal ein Training, bis ihnen das Nein so selbstverständlich über die Lippen kommt wie das gefällige Ja. Wer aus kirchlich orientierter Familie stammt, hat besonders intensiv gelernt, ja zu sagen zu dem, was »von oben« kommt. Wer beim Bund war, ist durch Gehorsamkeitsübungen gedrillt worden. Und dann soll man plötzlich im Team den Mut haben und nein sagen?

In Selbstbewußtseinstrainings wird Teilnehmern geraten, ab sofort täglich mindestens einmal jemandem mit Nein zu antworten.

Beispiel:
»Können Sie mir mal Feuer geben?« »Nein.«
»Kannst du mir zehn Mark leihen?« »Nein.«
»Bringen Sie mir ein Brötchen vom Bäcker mit?« »Nein.«
»Würden Sie mir Ihren Schirm leihen?« »Nein.«

Wer dann erlebt, daß der andere sauer wird, der muß sich bewußt machen, daß der andere das nie als Bitte gemeint hat. Gemeint war:

»Sie müssen mir Feuer geben!«

»Du mußt mir zehn Mark geben!«

»Sie müssen mir ein Brötchen mitbringen!«

»Sie müssen mir Ihren Schirm leihen!«

Wollen Sie sich das gefallen lassen?

Gelegentlich macht man auch die Erfahrung, daß man mit einem Nein nicht ernstgenommen wird. Dann quengelt und bettelt und diskutiert der andere so ausdauernd, bis man schließlich das zunächst ausgesprochene Nein wieder zurücknimmt und sich doch noch breitschlagen läßt, um endlich Ruhe zu haben.

Für ein glaubhaftes Nein gibt es sechs Grundsätze:

1. Sprechen Sie das Nein mit fester Stimme aus, als sei es ein ganz normales Wort, und blicken Sie dem anderen dabei in die Augen.

Wer sein Nein verschämt hinhaucht und mit den Augen ausweicht oder gar verlegen lächelt, hat schon Schwäche signalisiert und damit den anderen geradezu angestachelt, zu bohren und zu betteln, bis man seufzend doch ja sagt.

2. Sagen Sie Ihr Nein unmißverständlich.

Verzichten Sie auf vage Formulierungen wie: »Ich würde lieber nicht...« »Oh, das kommt mir gar nicht gelegen.« »Könnte nicht ein anderer...?« Mit solchen Formulierungen macht man dem anderen deutlich, daß man eigentlich nicht möchte, aber »Verhandlungsspielraum« noch vorhanden ist. Kein Wunder, daß man sich so quälende Diskussionen einbrockt, bis man schließlich aus Erschöpfung zustimmt.

3. Entschuldigen Sie sich nicht für Ihr Nein.

Eine Bitte ist kein Befehl. Jeder hat das Recht, auf eine Bitte mit Nein zu antworten. Wer sich nicht schuldig macht, braucht sich auch nicht zu entschuldigen. Verzichten Sie auf: »Das tut mir sehr leid, aber...« »Entschuldige bitte, aber...«

Mit einer Entschuldigung zeigen Sie dem anderen, daß Sie ein schlechtes Gewissen haben. Der wird Ihnen dann so einheizen, daß Sie schließlich doch ja sagen, um wieder ein »gutes Gewissen« haben zu dürfen.

4. Geizen Sie mit Begründungen.

Manchmal kann es sinnvoll sein, das Nein zu begründen. Zum Beispiel: »Nein, ich kann keine Überstunden machen. Ich habe einen Zahnarzttermin.« Oder: »Nein, ich kann deine Katze nicht in Pflege nehmen. Ich fahre am Wochenende weg.«

Meist ist es aber klüger, keine Begründung zu geben. Jede Begründung regt beim anderen die Phantasie an, ein schlagendes Gegenargument zu finden.

Beispiel:

Chef: »Frau X, können Sie bitte am Samstag kurz ins Büro kommen?«

Frau X: »Nein, da will ich mit meinem Mann den Garten umgraben.«

Chef: »Das ist doch um diese Jahreszeit völlig falsch!«

Begründungen führen schnell zu Wortgefechten um die Berechtigung der Begründung. Rhetoriker legen einem in atemberaubender Logik auseinander, daß die Begründung alles andere als sinnvoll ist. Wenn einem dann nichts mehr einfällt, muß man sich geschlagen geben und doch ja sagen. Oder man sagt nach heftiger Diskussion schließlich: »Ich will aber nicht!« Und sogar in den eigenen Ohren klingt das nach kindischer Trotzreaktion.

Nein und basta. Das ist fast immer die beste Reaktion auf eine Bitte, die man nicht erfüllen will.

5. Erniedrigen Sie sich nicht selbst wegen des Neins.

Verzichten Sie auf Formulierungen wie: »Ich weiß, daß ich herzlos bin, aber...« Oder: »Das klingt jetzt sicher sehr rücksichtslos, aber...« Zeigen Sie lieber deutlich, daß Sie selbstbewußt zu Ihrem Nein stehen und sich nicht vor schlechtem Gewissen zerfleischen. Bringen Sie auch nicht von sich aus den anderen auf die Idee, über Ihren »miesen Charakter« zu spekulieren, nur weil Sie nicht gefällig sind. Sie haben weiter nichts getan, als mit dem Nein ein Ihnen zustehendes Recht in Anspruch zu nehmen. Das ist völlig in Ordnung.

6. Betteln Sie nicht um Zustimmung zu Ihrem Nein.

Es ist nicht notwendig, daß der andere ja zu Ihrem Nein sagt. Er muß es weder verstehen noch gutheißen. Er muß es nur gehört und in seiner unmißverständlichen Bedeutung begriffen haben. Je mehr Sie dem anderen begründen, erläutern und erklären, damit er einsieht, daß Ihr

Nein berechtigt ist, desto deutlicher wird dem anderen, wie abhängig Sie von seiner Anerkennung und seiner Zustimmung sind. Damit kann er Sie womöglich unter Druck setzen: »Entweder Sie tun, was ich sage, oder Sie verlieren meine Sympathie.«

Wer sich zum Beliebten bei allen machen will, endet schnell als Trottel aller!

Gerade dann, wenn die anderen Sie und Ihre Standfestigkeit noch nicht kennen oder Sie erst damit anfangen, »neinfähig« zu werden, müssen Sie mit Widerstand und Umstimmungsversuchen rechnen.

Es gibt fünf typische Manipulationstechniken, mit denen andere Sie doch noch zum Ja bringen wollen. Damit müssen Sie rechnen. Darauf sollten Sie nicht hereinfallen. Sparen Sie sich jedoch mühselige Diskussionen, daß Sie die Manipulationsversuche durchschaut haben. Das führt wieder nur zu nervendem Hin und Her, weil der andere es natürlich nicht auf sich sitzen läßt, manipulieren zu wollen.

Die fünf typischen Manipulationstechniken gegen ein Nein sind:

1. Appell an Mitleid und Teamgeist

»Du kannst uns doch nicht im Stich lassen!« »Bitte, tue es für Kollege Meier, der ist schon ganz überarbeitet.«

Auch traurige Augen, bedrücktes Schweigen und schweres Seufzen werden eingesetzt, Ihr Herz zu erweichen.

2. Schmeicheln

»Außer Ihnen kann das keiner!« »Nur Ihnen trauen wir das zu.« »Wir müssen Sie leider darum bitten, weil es wirklich gut werden muß.«

3. Appell an das Verantwortungsbewußtsein

»Wollen Sie, daß wir mit der Arbeit nicht fertig werden?« »Soll es an Ihnen liegen, daß dieses Projekt scheitert?« »Können Sie später damit leben, wenn es dann zu Problemen kommt?«

4. Moralische Diffamierung

»Das scheint Ihnen ja egal zu sein, was aus den anderen wird.« »Teamgeist ist wohl nicht Ihre Stärke.« »Dazu müßte man natürlich etwas mehr Kollegialität besitzen.« »Man darf nicht immer nur den eigenen Vorteil sehen.«

5. Drohungen

»Dann muß ich in Zukunft mit Ihnen wohl etwas anders umgehen.«

»Dann brauchen Sie bei uns auch nicht mehr auf Verständnis zu hoffen.« »Ich dachte, Sie wollten hier noch Karriere machen.« »Über Ihre Haltung muß ich doch mal mit der Geschäftsleitung sprechen.« »Auf Dauer können wir uns hier keine Leute leisten, die nicht bereit sind, auch einmal ein Opfer zu bringen.«

Das müssen Sie aushalten, wenn Sie sich jemals Respekt verschaffen wollen. Sie müssen es ertragen, daß man Ihnen mit »Liebesentzug« droht, Sie diffamiert oder Ihnen gar Karrierechancen streitig macht. Vor allem letzteres ist fast immer unbegründet. Meist hat der Chef, wenn Beförderungen anstehen, ohnehin nicht mehr vor Augen, wer ihm vor langer Zeit mal ein Nein gegeben hat. Außerdem hat er so viele Jasager um sich, die er gar nicht alle befördern kann. Deshalb ist die Logik falsch: Wenn ich nein sage, befördert er mich nicht. Also muß ich ja sagen, damit er mich befördert.

Darüber hinaus werden eher Selbstbewußte in verantwortungsvolle Positionen gehoben und nicht solche, die sich als devote Jasager profiliert haben.

Was Sie noch bedenken sollten: Sie haben immer das Recht, ein Nein (oder auch Ja!) nachträglich zurückzunehmen. Niemand ist bei neueren Erkenntnissen an Zu- oder Absagen gebunden, wenn sich diese inzwischen als falsch erwiesen haben. Sollten Sie zum Beispiel überrumpelt worden sein und versehentlich ein Ja gegeben haben, dann können Sie das getrost zurücknehmen und sagen: »Ich will doch nicht.« Auf der anderen Seite können Sie auch ein Nein wieder zurücknehmen: »O.K., ich hab' es mir überlegt. Ich bin einverstanden.«

Konrad Adenauer soll gesagt haben: »Was geht mich mein Geschwätz von gestern an? Jeder hat das Recht, über Nacht klüger zu werden.«

Na also!

7. Wie kommt man in der Hackordnung nach oben?

Die »Hackordnung« oder »inoffizielle Hierarchie« ist nicht per Organigramm festzulegen oder dauerhaft darstellbar. Dennoch wissen wir instinktiv auch in fremden Gruppen nach kurzer Zeit, wer weiter oben in dieser Hackordnung steht, wer am Rande mitläuft oder mitgezogen wird, wer sich im Mittelfeld bewegt und wer sich ganz unten in der Hierarchie befindet.

Ganz unten zu stehen bedeutet immer, von den anderen und vom Vorgesetzten nicht für ganz voll genommen zu werden und die erste Person zu sein, die unter Druck gesetzt oder gar gemobbt wird. Schon um das zu vermeiden, ist es sinnvoll, sich um eine etwas gehobenere Position zu bemühen oder sich gar bis nach oben hochzukämpfen.

Wer auch in der offiziellen Hierarchie als Führungskraft Karriere machen will, muß in modernen Unternehmen zuvor unbedingt eine gehobene Position in der Hackordnung besetzt haben. Das Management achtet verstärkt darauf, daß nur solche Personen mit Führungsverantwortung betraut werden, die man auch für fähig hält, andere Menschen zu leiten. Deshalb wird sehr wohl beobachtet, wer innerhalb eines Teams Einfluß auf die Kollegen hat und wer eher mitläuft oder am Rande steht. In traditionell hierarchisch geführten Unternehmen und in Behörden kann es noch passieren, daß Mitarbeiter befördert werden, weil sie ein gewisses Alter erreicht oder sich als besonders gute Fachleute erwiesen haben. Entsprechend lausig wird in solchen Unternehmen ja auch geführt. In patriarchalischen Firmen, wo der Gründervater selbst seinen Lieblingen zum Aufstieg verhilft, kann dies der geschmeidigste Katzbuckler, der attraktivste potentielle Schwiegersohn, ein junger Verwandter oder der Sohn eines alten Freundes sein. Ansonsten haben in den meisten der weitgehend professionell geführten Unternehmen inoffizielle Einflußpersonen auch die besten Chancen, offiziell an Machtpositionen heranzukommen.

Falls Sie, liebe Leserin oder lieber Leser, entsprechende Ambitionen hegen, dann müssen Sie sich notgedrungen mit der Frage befassen: Wie wird man im Team zum »Alpha-Tier«?

Die dafür erforderliche natürliche Autorität ist – wie jede andere Begabung auch – angeboren. Manche haben viel davon, andere weniger. Wer von Natur aus Kraft und Autorität oder gar Charisma ausstrahlt, braucht sich in dieser Hinsicht kaum Gedanken zu machen. Dann ist der Aufstieg fast unvermeidlich. Wer über wenig natürliche Autorität verfügt, muß Verhaltensweisen trainieren, die das Unterbewußtsein der Mitmenschen ansprechen und dort den Eindruck von Stärke vermitteln. Die Entwicklung gestaltet sich meist wie folgt:

1. Jemand entschließt sich, in der Hackordnung aufzusteigen, und trainiert entsprechende Verhaltensweisen.

2. Mit der Zeit werden diese erworbenen Verhaltensweisen zum festen Bestandteil des selbstverständlichen Verhaltensrepertoires. Sie können auch routiniert in Streß- und Erschöpfungssituationen angewandt werden.

3. Das Verhalten wirkt sich allmählich auf die Kollegen aus. Sie reagieren unbewußt auf die Signale von Stärke und Autorität. Sie beginnen, die betreffende Person als Einflußnehmer anzuerkennen.

4. Die Anerkennung der eigenen Autorität durch die Kollegen stärkt das Selbstbewußtsein. Die antrainierten Verhaltensweisen werden so zu natürlichen Verhaltensweisen.

5. Der Aufstieg in der Hackordnung ist unvermeidlich.

Leicht ist das nicht. Man muß sich täglich darauf konzentrieren und darf nicht andauernd zurückfallen in ein Verhalten, das Schwäche, Unterordnung und Bereitschaft zum Mitläufertum signalisiert.

Es mag manche anwidern, daß jemand durch gezielt trainierte Verhaltensweisen in der inoffiziellen und später auch offiziellen Hierarchie aufsteigt. Aber so funktioniert das unter Menschen nun mal. Niemand wird ernsthaft behaupten wollen, daß wir uns immer bloß den Intelligenten, Anständigen oder Gewissenhaften unterordnen. Dann müßte in vielen Unternehmen im Top-Management quasi die »Krone der Schöpfung« sitzen. Das tut sie aber nicht. Im Management sind mindestens ebensoviele Dumme, Unanständige und Gewissenlose vertreten wie in den unteren Ebenen.

Wir suchen unsere »Leithammel«, unsere »Gurus« oder unsere »Alpha-Tiere« nicht nach dem Verstand aus. Niemand analysiert, wem sich unterzuordnen »vernünftig« wäre. Wir reagieren instinktiv auf Personen, die auf uns stark und mächtig wirken, die uns faszinieren, beeindrucken, blenden, einschüchtern oder auch beschützen.

Wenn Sie, liebe Leserin oder lieber Leser, nun in der Hackordnung Ihres Teams aufsteigen wollen, dann sollten Sie nicht fleißiger, gewissenhafter, freundlicher oder klüger sein als die anderen, sondern sich lieber an folgende goldene Regeln halten:

1. Nehmen Sie immer viel Raum ein.

Breiten Sie bei Meetings Ihre Unterlagen vor sich aus und belegen Sie damit möglichst mehr von der Tischfläche als rechts und links Ihre Sitznachbarn. Sitzen Sie niemals mit krummen Schultern, zusammengeklemmten Beinen und eingezogenem Kopf. Gerade Frauen fällt es oft schwer, sich auszubreiten. Überlegen Sie sich niemals, ob es »damenhaft« ist, Raum einzunehmen. Sollten Sie sich mit solchen Skrupeln herumschlagen, müssen Sie sich selbst ernsthaft fragen, was Sie eigentlich wollen: berufliche Entwicklung mit eigenen Karrierezielen oder Nutzung des männlichen Kollegenkreises als Bewunderer Ihrer Weiblichkeit oder gar als Heiratsmarkt. Wenn es Ihnen weniger wichtig ist zu gefallen und Sie aufsteigen wollen, müssen Sie einfach Raum einnehmen. Orientieren Sie sich dafür an der eindrucksvollsten Sitzhaltung Ihres Chefs.

2. Seien Sie schneller als die anderen, ohne dabei gehetzt zu wirken.

Gehetzte Menschen wirken schnell wie huschende Mäuse. Das sieht zu sehr nach Flucht und Angst aus. Schnelligkeit können Sie bei Entscheidungen zeigen, bei Wortmeldungen während eines Meetings oder bei der Ergreifung günstiger Chancen. Menschen, die immer alles durchdenken und im Kopf jede Entscheidung hin- und herwälzen, wirken vielleicht klug, aber nicht zupackend und mutig. Eine zupackende und mutige Art strahlt viel mehr Autorität aus als vergeistigte Erbsenzählerei.

Trainieren Sie es, in chaotischen Situationen oder in verzwickten Zusammenhängen schnell den Überblick zu gewinnen und auf Detailbetrachtungen zu verzichten. Und dann ergreifen Sie das Wort oder packen zu.

3. Verschaffen Sie sich Gehör.

Besprechungen, Meetings, gemeinsame Kantinenbesuche und ähnliche Gruppenereignisse sind für die Festigung oder Änderung der Hackordnung entscheidend. Wer es schafft, sich bei diesen Gelegenheiten mit Wortmeldungen durchzusetzen, steigt auf. Wer jedoch brav dabeisitzt und bloß schüchterne Versuche unternimmt, doch auch einmal etwas sagen zu dürfen, der sackt mit jedem vergeblichen Versuch tiefer in der Hackordnung. Es gibt Menschen, die immer leicht den Finger heben wie brave Schüler, denen man beigebracht hat, erst aufzuzeigen und zu warten, ob sie »drankommen«. Sie stellen am Ende eines Meetings oft genervt fest, daß sich wieder alle schlecht benommen und rücksichtslos durcheinandergeredet haben. Damit haben sie zwar völlig recht. Leider strahlen nun mal die Höflichen, Braven und Gesitteten weniger Autorität aus als jene, die sich laut Gehör verschaffen können.

Überlegen Sie sich, ob Sie wirklich in der inoffiziellen Hierarchie aufsteigen wollen oder ob Sie lieber ein Exempel für gutes (»damenhaftes«!) Benehmen statuieren.

4. Legen Sie Regeln für andere fest.

Auch hier können Sie Meetings und andere Gruppenereignisse für sich nutzen. Regeln festlegen erfolgt durch bewußte Anweisungen an die anderen. Dazu müssen Sie in der Lage sein, sich innerlich von den sachlichen Inhalten des Meetings zu lösen, und statt dessen auf das Verhalten der anderen Einfluß nehmen.

Sollte zum Beispiel in der Runde des Teams diskutiert werden, ob man angesichts der Arbeitslosigkeit überhaupt noch japanische Autos kaufen soll oder nicht, dann sollten Sie gar nicht inhaltlich über die Frage nachdenken. Es ist völlig egal, welche Meinung Sie dazu haben. Statt dessen geben Sie Anweisungen. Das können Banalitäten sein wie: »Sag du doch mal was, Elke.« Oder: »Jetzt redet doch nicht alle auf einmal!« Oder: »Hört doch mal, was Karl gerade gesagt hat.«

Mit diesen eigentlich ganz unwichtigen Beiträgen können Sie – falls es Ihnen gelingt, sich Gehör zu verschaffen – das Verhalten der anderen beeinflussen. Inhaltlich mögen die Kollegen vielleicht gar nicht zur Kenntnis nehmen, was Sie sagen. Wenn sie sich aber davon beeinflussen lassen, dann »führen« Sie die Gruppe. Achten Sie darauf, ob Elke wirklich etwas sagt, nur weil Sie sie dazu aufgefordert haben. Hören die anderen mit dem Durcheinanderreden auf? Kommt Karl zu Wort, weil Sie das veranlaßt haben?

Wenn dem so ist, dann sind Sie ganz offensichtlich dabei, in der Hackordnung nach oben zu klettern.

5. Umgeben Sie sich mit Symbolen von Macht, Überlegenheit, Prestige.

Bei diesen Symbolen kann es sich um ganz einfache Dinge handeln wie zum Beispiel die richtige Kleidung. Ziehen Sie sich so an wie die Chefs über Ihnen, die bereits offizielle Machtpositionen eingenommen haben. In manchen Berufen kann das der übliche graue oder blaue Anzug oder das Kostüm sein. In anderen ist es der weiße Kittel.

Andere Symbole sind: akademische Titel, Handy, dicke Autos, teure Ledermappen, gelegentliche Hinweise auf persönliche Beziehungen zu Prominenten...

Schmücken Sie sich möglichst demonstrativ mit den in Ihrer Branche üblichen Häuptlingsfedern.

Versuchen Sie auf keinen Fall, eine bescheidene graue Maus zu sein. Man wird Sie dann vielleicht menschlich anerkennen und Ihnen so gründlich lobend auf die Schultern klopfen, daß es immer schwerer wird, dabei aufrecht zu bleiben.

Es kann natürlich sein, daß es Ihnen viel zu dumm oder zu unanständig ist, diesen »goldenen Regeln für die Hackordnung« zu folgen. Glauben Sie nur nicht, andere kümmern sich darum, daß Sie eine gehobene Position bekommen. Das müssen Sie selbst in die Hand nehmen. Wenn Sie nicht glauben, daß die obigen Regeln überhaupt erfolgreich sind, dann sollten Sie eine Weile Personen beobachten, die in Ihrem Team über natürliche Autorität verfügen. Sie werden feststellen, daß diese Leute – vermutlich instinktiv – das tun, was Sie vielleicht nur unter Widerwillen tun könnten, um an Einfluß zu gewinnen. Gehen Sie in Aktionärsversammlungen, schauen Sie einmal Managern samstags auf dem Golfplatz zu, besuchen Sie Parteiversammlungen... Folgen Sie nicht nur verstandesmäßig dem, was die Leute sagen. Achten Sie auf Körperhaltung, Stimmvolumen, Imponiergehabe und die Kunst der Verhaltensbeeinflussung.

Sie können natürlich auch versuchen, der oder die »Team-Heilige« zu werden.

8. Wie wird man zum Team-Heiligen?

Jedes Team hat mindestens einen Heiligen. Das ist die Person, die sich pausenlos aufopfert, alles erledigt, wozu kein anderer Lust oder Zeit oder die Fähigkeit hat, und die ständig um die Interessen des Teams oder des Unternehmens besorgt ist. Team-Heilige sind stets fleißiger als die anderen und entsprechend überfordert. Dennoch muß der Heilige leider fast immer verbittert feststellen, daß ihm nicht so gedankt wird, wie es ihm zusteht.

Heilige tun und machen, sie rennen und laufen, sie kommen morgens als erste und gehen abends als letzte, und nie wird der Berg an Arbeit – die nur sie selbst wirklich gut und zuverlässig bewältigen können – sichtbar kleiner.

Team-Heilige klagen und jammern wie Märtyrer. Sie selbst sind überlastet, die anderen sind unfähig, faul, rücksichtslos und undankbar. Team-Heilige wissen: »Ich kann am meisten. Ich tue am meisten. Ich mache es am besten und am schnellsten.« Aber auch: »Niemand dankt es mir!«

Das stimmt. Karriere machen andere. In den Augen der Team-Heiligen sind es immer die Dummen und Angeber, die Drückeberger und Einschleimer, die Rücksichtslosen und Hinterhältigen, die von den Chefs vorgezogen werden.

Das läßt die Heiligen im Laufe ihres Berufslebens verbittern. Undank ist der Welten Lohn!

Und trotzdem opfern sie sich weiterhin auf. Sie können nicht anders. Freunde und Kollegen raten ihnen, doch einfach die Arbeit liegenzulassen, pünktlich in den Feierabend zu gehen, sich nicht so unter Druck setzen zu lassen...

Das können sie aber nicht. Die Arbeit muß gemacht werden! Der Heilige weiß, wie schädlich es für die Firma wäre, würde dieses oder jenes nicht noch schnellstens und in bester Qualität erledigt. Briefe würden liegenbleiben, Kunden könnten sich beschweren, der Chef könnte in Schwierigkeiten geraten, die Firma ein gutes Geschäft verlieren... Das darf nicht sein. Und da keiner sich darum kümmert, wird der Heilige es auf sich nehmen. Wenn alle heimgegangen oder ins Wochenende gefahren sind, dann werkelt der Heilige noch herum und wird alles fertig haben, wenn am nächsten Morgen oder am Montag die anderen wieder zur Arbeit kommen.

Allerdings haben die Team-Heiligen auch ihre Triumphe:

- Sie wissen um ihre moralische Überlegenheit, weil ihr Engagement im Team unübertroffen ist.
- Sie wissen um ihre Unentbehrlichkeit, weil kein Kollege ihren hohen Perfektionsstandard erreicht und niemand die Zusammenhänge so durchschaut wie sie.

Wenn auch Sie gern die Triumphe der Team-Heiligkeit in Händen halten möchten, sollten Sie sich an folgende Empfehlungen halten. Dann können Sie sicher sein, daß niemand sich für das Team so aufopfert wie Sie, das Team oder gar die ganze Firma ohne Sie völlig aufgeschmissen wäre. Man wird es Ihnen nicht mit Gehaltssteigerungen oder Beförderungen danken. Aber gehört es nicht zur Heiligkeit, Gutes zu tun und dafür unter der Ungerechtigkeit dieser Welt zu leiden?

Die Empfehlungen zur Erlangung der Team-Heiligkeit sind:

1. Fühlen Sie sich für alles zuständig und verantwortlich.

Beschränken Sie sich keinesfalls auf Ihren eigenen Arbeitsbereich, sondern behalten Sie auch kritisch im Auge, was die anderen treiben. Vor allem bei jüngeren Kollegen und bei Team-Neulingen sollten Sie wachsam sein. Die machen oft viel falsch und können so der Firma schaden. Gehen Sie abends niemals heim, wenn noch unerledigte Arbeit herumliegt. Ganz egal, ob es sich um Ihre Aufgaben handelt oder um die eines Kollegen. Schaffen Sie alles weg, bevor Sie als letzter das Licht ausmachen. Melden Sie sich stets sofort, wenn neue Aufgaben verteilt werden. Auch wenn Sie eigentlich keine Lust haben, sich um die Zusatzaufgabe zu kümmern, sollten Sie sich melden. Wenn Sie es tun, können Sie und der Chef sicher sein, daß es gemacht wird, und zwar perfekt.

Sie sollten sich auch um die Probleme der anderen kümmern. Sorgen

Sie dafür, daß Kollege Huber seinen verschleppten Husten endlich dem Arzt vorstellt, belehren Sie Kollegin Müller über die schädlichen Folgen ihrer mangelhaften Ernährung. Greifen Sie schlichtend ein, wenn Kollege Schmid mit Kollege Meier streitet, und rufen Sie den Gatten der Chefin an, damit er sich mal darum kümmert, daß seine Liebste sich nicht immer so überarbeitet.

Übernehmen Sie auch die Aufgaben, die so leicht übersehen werden. Sorgen Sie stets für Nachschub in der Kaffeedose, kaufen Sie auf dem Weg zur Arbeit für die anderen die Pausenbrötchen mit ein. Führen Sie die Liste mit den Geburtstagen und gehen Sie jeweils rechtzeitig sammeln.

Ganz egal, um was es geht, Ihr Motto lautet: »Einer muß es ja machen.« Oder: »Einer muß sich darum kümmern.«

2. Machen Sie alles selbst und allein.

Verzichten Sie auf Delegation oder Arbeitsteilung. Greifen Sie bei jeder neuen Aufgabe so schnell zu, daß kein anderer daran kommt. Notfalls nehmen Sie anderen halbfertige Arbeiten auch aus der Hand. Halten Sie sich niemals damit auf, anderen etwas zu erklären. Bis ein anderer das begreift, haben Sie es schon zweimal selbst erledigt. Je weniger Sie die anderen in der Arbeit herumpfuschen lassen, um so weniger müssen Sie alles kontrollieren. Die anderen können dann weniger Unordnung in die Sache bringen, es besteht geringere Gefahr, daß jemand sich in Ihrer Abwesenheit an der Sache zu schaffen macht und alles verpfuscht.

Sie wissen, daß die meisten Kollegen schlampig und unzuverlässig sind und die richtige Einstellung zur Teamaufgabe vermissen lassen. Bevor zu viel in die Hose geht, sollten Sie dafür sorgen, daß möglichst viel von Ihnen ausgeführt wird.

3. Organisieren Sie alles nach Ihren Qualitäts- und Ordnungsansprüchen.

Lassen Sie nichts so, wie Vorgänger oder Kollegen es hinterlassen haben. Räumen Sie die Schränke um, heften Sie die Unterlagen anders ab, vertauschen Sie die Reihenfolgen von Vorgängen, legen Sie Arbeitsunterlagen nach Ihrem Prinzip ab. Je weniger die anderen wissen, wo was zu finden ist, wie welche Aufgabe zu erledigen ist und woran zu erkennen ist, was schon fertig oder noch in Arbeit ist, desto besser können Sie sich darauf verlassen, daß niemand etwas anzufassen wagt. Sollte sich doch einmal ein Kollege an den Dingen zu schaffen machen, dann greifen Sie sofort ein, reißen ihm alles aus den Händen, machen ihm klar, wieviel Arbeit er Ihnen allein dadurch macht, daß er die Dinge durcheinanderbringt.

4. Meiden Sie Absprachen mit den Kollegen.

Viele Ihrer Kollegen lieben es, sich die bezahlte Arbeitszeit mit Plauderei zu vertreiben. Schon aus dem Grund sollten Sie unnötigen Gesprächen möglichst aus dem Weg gehen.

Auf keinen Fall sollten Sie sich über Ihre Arbeit mit den anderen absprechen. Lassen Sie niemanden wissen, was Sie tun, wie Sie es tun und wann Sie es tun. Auch sollte außer Ihnen selbst niemand die Zusammenhänge zwischen einzelnen Arbeitsschritten kennen. Je weniger die anderen über das informiert sind, was Sie tun, desto geringer die Gefahr, daß jemand Sie im Falle einer Krankheit oder während des Urlaubs vertreten kann.

Für die Kommunikation mit den Kollegen reicht es völlig aus, wenn Sie sich auf das Jammern und Klagen über Ihre Überlastung und den Undank der anderen beschränken.

5. Machen Sie alles perfekt.

Zur Heiligkeit gehört eine gewisse Unfehlbarkeit. Stellen Sie höchste Ansprüche an Qualität und Perfektion. Machen Sie alles mit größter Gründlichkeit und kontrollieren Sie möglichst jeden Handgriff noch einmal nach. Das nimmt viel Zeit in Anspruch und steigert Ihre Überlastung. Dafür können Sie sicher sein, den Kollegen in der Qualität weit überlegen zu sein. Auch das wird man Ihnen nicht danken. Vielleicht kommt von Zeit zu Zeit sogar der Chef zu Ihnen und will Sie überzeugen, daß 80%-Lösungen auch reichen, aber darauf fallen Sie nicht herein. Was man macht, muß sitzen, sonst kann man es gleich lassen! Werden Sie sofort böse, wenn ein anderer Ihnen zu helfen versucht und sich dabei eine Panne erlaubt. Machen Sie jedem Ihrer Kollegen klar, daß es das beste ist, die Finger von Ihren Sachen zu lassen. Da Ihre Arbeitsergebnisse immer zuverlässig in höchster Qualität erledigt werden, können die anderen sich blind auf Sie verlassen. Das steigert die Abhängigkeit des Teams von Ihnen. Irgendwann haben Sie alles so perfekt im Griff, daß niemand sich noch traut, sich einzumischen.

6. Jammern und klagen Sie.

Klagen Sie über Ihre Überlastung. Jammern Sie über die Dummheit, Faulheit und Undankbarkeit der anderen. Ergänzen Sie diese Klagen mit Jammern über körperliche Symptome. Schildern Sie Ihre Rücken-, Kopf-, Bauch- und Magenschmerzen. Lassen Sie es ruhig alle wissen, daß Sie langsam dahinsiechen und wegen der Last, die allein auf Ihren Schultern ruht, keine Zeit für Arztbesuche haben. Weisen Sie immer darauf hin, daß Sie – anders als manche, deren Namen Sie nicht nennen wollen – nicht zu denen gehören, die gleich bei jedem Unwohlsein zu Hause bleiben. Schleppen Sie sich auch bei Fieber zur Arbeit und berichten Sie jedem, wieviel Grad Sie beim Messen erreicht haben. Lassen Sie sich von jedem einzelnen Ihrer Kollegen sagen, daß Sie doch besser im Bett liegen und sich auskurieren sollten. Dann seufzen Sie und schleppen sich sichtlich mit letzter Kraft durch den Tag. Sie können gar nicht krankfeiern, weil dann das Chaos ausbrechen würde!

Auch im privaten Kreis sollten Sie Ihre Krankenzustände genau schildern. Von Freunden lassen Sie sich dafür tadeln, daß Sie sich so ausnutzen lassen am Arbeitsplatz. Dann seufzen Sie und schildern, wieviel in der Firma an Ihnen hängt.

Ein guter Heiliger ist immer auch ein guter Märtyrer. Außerdem sollten Sie ruhig ein wenig das schlechte Gewissen von Chef und Kollegen schüren.

Als Team-Heiliger werden Sie sein:
- Unentbehrlich, weil niemand sich so auskennt wie Sie.
- Unangreifbar, weil es nichts gibt, was man Ihnen vorwerfen könnte.
- Gefürchtet, weil Sie niemandem einen Fehler durchgehen lassen.
- Bedauert, weil keiner so schuftet wie Sie.

- Verachtet, weil niemand in seiner Karriere so auf der Stelle tritt wie Sie.

Frauen sind besonders konsequente Team-Heilige. Sie sind es gewöhnt, sich stets die Aufgaben zuschieben zu lassen, die zu den typischen Frauenjobs gehören. Zum Beispiel: Protokolle schreiben, Schränke aufräumen, Kopierer nachfüllen, Blumen für Geburtstagskinder besorgen, Kaffee kochen, Traurige trösten, Fleißige entlasten, den Faulen die Dinge nachtragen und den Dummen alles x-mal vormachen. Frauen pflegen die weiblichen Tugenden der Hingabe, Nachgiebigkeit und Freigebigkeit, der Vor-, Nach- und Fürsorge für die Kollegen, die Kunden, den Chef und das gesamte Unternehmen.

Frauen haben viel mehr Angst als Männer, für egoistisch gehalten zu werden. Niemals sagen sie nein oder lehnen eine Arbeit ab. Sie schämen sich auch viel mehr als Männer, wenn es darum geht, mit dem Chef über das Gehalt zu reden.

Frauen fallen darauf herein, wenn man ihnen erzählt, sie müßten doppelt so viel und doppelt so gut arbeiten, um beruflich das gleiche zu erreichen wie ihre männlichen Kollegen. Während sie vor lauter Überarbeitung keine Zeit mehr finden, den Überblick zu bewahren, Prioritäten zu setzen, nützliche Kontakte zu knüpfen und die eigene Leistung herauszustellen, tun die Männer genau das und steigen auf. Deshalb ist auch gerade Frauen bewußt, daß Undank der Welten Lohn ist.

Frauen sind überdies überall perfekt: Sie engagieren sich vorbildlich im Team bis in die seelischen Befindlichkeiten der Kollegen hinein, sind nebenher perfekte Hausfrauen mit stets blank geputzten Wohnungen, achten auf die Gesundheit der Familie und bringen niemals Dosengemüse auf den Tisch, erledigen ganz nebenbei noch persönlich den Nachhilfeunterricht für die Kinder.

Deshalb kommen Frauen so oft nicht einen Karriereschritt weiter. Dann beeilen sie sich, jeden wissen zu lassen, daß ihr Leben höhere Werte kennt als die der kalten Ellenbogengesellschaft.

Wenn das keine Heiligkeit ist!

Zum Schluß

Die Meinung, daß Teamwork unbedingt besser ist als individuelle Einzelleistung, wird heute weitgehend akzeptiert. Zur Nutzenoptimierung im
Sinne des Arbeitgebers stimmt das meist auch. Jeder Mitarbeiter muß
sich teamfähig zeigen, jeder Vorgesetzte sich als Teammotivierer erweisen. Fragt man, was überhaupt unter »Teamwork« zu verstehen ist, bekommt man die üblichen Schlagworte zu hören: Zusammenarbeit über
die Grenzen von Abteilungen oder Bereichen hinaus, offene Kommunikation, gemeinsame Entscheidungsfindung, gemeinsame Verantwortung für die gemeinsamen Ziele des Teams, Engagement ohne persönlichen Egoismus, sondern für den Erfolg des Teams, Freiräume für kreative Prozesse, hierarchiefreies Miteinander in Harmonie...

Die Ideologie klingt wundervoll. Allerdings widerspricht sie grundsätzlich dem, was wir schon in der Schule lernen. Da ist von offener Kommunikation keine Rede. »Laß bloß keinen abschreiben!« Jedes Kind begreift schnell: »Wenn ich etwas weiß, was die anderen nicht wissen, ist
das mein Vorteil.« Die Kinder stehen sich immer mehr als Konkurrenten
gegenüber. Jedes bekommt seine eigenen Noten, und die Eltern interessiert: »Wie stehst du im Vergleich zu den anderen?« Mit der Kreativität
klappt es am besten in den unwichtigen Fächern wie Kunst oder Werken. Überall sonst ist im Interesse guter Noten fleißiges Pauken ange-
sagt.

Da man in der Schule schließlich »für das Leben« lernt und zunächst
auch für ein gutes Zeugnis, wird individuelle Leistung erwartet. Da
reicht es nicht, Mitschüler einer erfolgreichen Klasse – dem »Lernteam«
– gewesen zu sein.

Im Berufsleben ist es ähnlich. Beurteilungen, Beförderungen, Gehaltserhöhungen, qualifizierte Zeugnisse, das wird alles individuell an der
Einzelperson bemessen. Das gibt es nicht, daß ein Zeugnis für das gesamte Team erstellt wird, und jeder bekommt davon eine Kopie. Es wird
auch nicht ein gesamtes Team zum Abteilungsleiter befördert, sondern
die Person, die nicht so dumm war, auf die Teamlüge vom Verzicht auf
»Einzelglanz« hereinzufallen.

Lügen die Führungskräfte aus Absicht, damit die Mitarbeiter leichter zu handhaben sind?

Viele Führungskräfte plappern die Lehren der Teamideologie ihren Mitarbeitern gedankenlos vor, weil sie das entsprechende Vokabular für zeitgemäß halten. Sie führen ganz einfach so, wie sie es schon immer getan haben oder wie sie es »von Natur aus« tun würden, gäbe es das Thema nicht. Die einen Chefs sind liebevoll, die anderen hart. Die einen beratschlagen sich mit ihren Mitarbeitern, die anderen entscheiden autistisch. Das gab es schon immer und wird es auch noch geben, wenn Teamwork längst wieder »out« ist.

Mancher Führungskraft kommt die Lehre von der Teamarbeit jedoch gelegen. Sie versteckt ihre Führungsschwäche hinter ihrem Team und seinen Gruppenentscheidungen. Bei Fehlentscheidungen heißt es dann: »Das Team wollte es so.« Was kann der Chef dafür, wenn die Mehrheit das Falsche wollte?!

Andere Führungskräfte nutzen die Ideologie, um ihre Mitarbeiter fleißig und pflegeleicht zu halten. Wann immer sich ein fähiger Mitarbeiter mit Spitzenleistung oder mit Führungsqualitäten zeigt, wird er sofort zurückgestutzt auf das Mittelmaß: »Mach dich nicht als Individuum wichtig!«

Was nun? Sollen wir teamorientiert sein oder nicht? Eines ist klar: Was immer Sie, liebe Leserin oder lieber Leser, für sich in dieser Hinsicht beschließen, mit den Wölfen heulen müssen Sie, wenn Sie sich keinem unnötigen Streß aussetzen wollen. Sich offen gegen die Teamideologie zu äußern, kann schädlich für die Karriere sein. Mindestens so schädlich wie das Hereinfallen auf diese Ideologie.

Überlegen Sie, was Sie beruflich eigentlich wollen. Wenn Sie Harmonie, Geborgenheit, wenig Streß und keine Belastung durch persönliche Verantwortung wollen und für diese Bequemlichkeit auf Karriere verzichten können, sollten Sie sich für Teamwork entscheiden.

Wenn Sie Spitzenleistungen anstreben und beruflichen Aufstieg, dann muß das Bekenntnis zum Teamwork unbedingt ein Lippenbekenntnis bleiben!

Projekte clever managen

Hedwig Kellner
Die Posträuber-Methode
Erfolgsstrategien für
Selbst- und Projektmanagement
234 S. · broschiert · DM 36,–
ISBN 3-8218-1198-6

Ideen haben ist schön, aber wie können sie realisiert
werden, wie können berufliche und private Projekte
sinnvoll durch- und erfolgreich zu Ende geführt werden?
Kriminelle – so zweifelhaft ihr Vorhaben auch sein mag
– haben da den meisten von uns etwas voraus: sie arbeiten hart an ihrer Strategie und haben ihr Ziel genau im
Visier. Aber dann werden sie (meistens) doch erwischt.

Hedwig Kellner, erfolgreiche Unternehmensberaterin
und Autorin, hat die Durchführung krimineller Projekte,
z.B. von Dagobert oder Jürgen Schneider, untersucht:
wie sie Ideen strukturieren und die Realisationsmöglich-
keiten prüfen, wie sie die Umsetzung planen und
geeignete Partner finden und warum sie dann oft doch
noch scheitern.
In diesem Buch präsentiert sie ihre Ergebnisse, die
nicht nur amüsant zu lesen, sondern auch für den Erfolg
nicht-strafbarer Vorhaben äußerst nützlich sind.

EICHBORN schickt Ihnen gern ein Verlagsverzeichnis:

EICHBORN.

KAISERSTRASSE 66 · 60329 FRANKFURT
TELEFON 069/25 60 03-0 TELEFAX 25 60 03-30
INTERNT: HTTP://WWW.EICHBORN.DE